Pennar Davies

D. Densil Morgan

Golygydd Cyffredinol: Brynley F. Roberts

Hen gwestiwn mewn beirniadaeth lenyddol yw mater annibyniaeth y gwaith a ddarllenir; ai creadigaeth unigryw yw cerdd neu ysgrif neu nofel, i'w dehongli o'r newydd gan bob darllenydd; neu i ba raddau mae'n gynnyrch awdur unigol ar adeg arbennig yn ei fywyd ac yn aelod o'r gymdeithas y mae'n byw ynddi? Yn y pen draw diau fod gweithiau llenyddol yn sefyll neu'n cwympo yn ôl yr hyn a gaiff darllenwyr unigol ohonynt, ond aelodau o'u cymdeithas ac o'u hoes yw'r darllenwyr hwythau, a'r gweithiau a brisir uchaf yw'r rheini y gellir ymateb iddynt a thynnu maeth ohonynt ymhob cenhedlaeth gyfnewidiol am fod yr oes yn clywed ei llais ynddynt. Ni all y darllenydd na'r awdur ymryddhau'n llwyr o amgylchiadau'r dydd.

Yn y gyfres hon o fywgraffiadau llenyddol yr hyn a geisir yw cyflwyno ymdriniaeth feirniadol o waith awdur nid yn unig o fewn fframwaith cronolegol ond gan ystyried yn arbennig ei bersonoliaeth, ei yrfa a hynt a helynt ei fywyd a'i ymateb i'r byd o'i gwmpas. Y bwriad, felly, yw dyfnhau dealltwriaeth y darllenydd o amgylchiadau creu gwaith llenyddol heb ymhonni fod hynny'n agos at ei esbonio'n llwyr.

Dyma'r nawfed gyfrol yn y gyfres. Y gyfrol nesaf i ymddangos fydd bywgraffiad llenyddol o Lewis Morris.

W. J. Gruffydd	gan T. Robin Chapman
W. Ambrose Bebb	gan T. Robin Chapman
R. Williams Parry	gan Bedwyr Lewis Jones, golygwyd a chwblhawyd gan Gwyn Thomas
T. H. Parry-Williams	gan R. Gerallt Jones
'Doc Tom'; Thomas Richards	gan Geraint H. Jenkins
Talhaiarn	gan Dewi M. Lloyd
Daniel Owen	gan Robert Rhys
Islwyn	gan Glyn Tegai Hughes

Pennar Davies

gan
D. Densil Morgan

GWASG PRIFYSGOL CYMRU
CAERDYDD
2003

ISBN   0–7083–1834–7

Mae cofnod catalogio'r gyfrol hon ar gael gan y Llyfrgell Brydeinig.

Cynllun y clawr gan Chris Neale
Cysodwyd yng Ngwasg Prifysgol Cymru
Argraffwyd yng Nghymru gan Wasg Dinefwr, Llandybïe

I

Ann Bowen Morgan

Cynnwys

Dawn Dweud ii

Rhagair ix

Lluniau xi

1 'Y Daith o Aberpennar Dlawd', 1911–1936 1

2 Y Llanc yn Troi yn Ddyn, 1936–1939 23

3 'Mae gennyf gred, mae gennyf gân . . .', 1939–1946 41

4 Blynyddoedd Bangor, 1946–1950 66

5 Antur Aberhonddu, 1950–1955 87

6 Bwrlwm a Diflastod, 1956–1959 104

7 Cyffro'r Chwedegau, 1960–1969 122

8 Rhwng y Tlws a'r Mabinogi, 1970–1979 142

9 Gwas y Gwaredwr, 1980–1996 166

Nodiadau 184

Mynegai 205

Rhagair

'I ni oedd yn tyfu i fyny yn Abertawe yn y 1960au, ffigur eiconaidd oedd Pennar Davies.' Nid fi biau'r sylw ond Archesgob Caer-gaint mewn sgwrs ynghylch y gyfrol hon. Roedd y sylw yn drawiadol ac yn wir, ac yn arwydd fod rhai o blith ieuenctid Abertawe yn ymwybodol hyd yn oed y pryd hynny fod gŵr mawr yn byw yn eu plith. Er na chyfarfûm â Pennar yn ystod y cyfnod hwnnw gwyddwn yn iawn amdano, a phan ddechreuais ymddiddori mewn crefydd, llên a syniadaeth wleidyddol, deuthum i sylweddoli pa mor arbennig oedd ei waith. Ond nid tan i mi baratoi astudiaeth drylwyr ar grefydd a chymdeithas yng Nghymru'r ugeinfed ganrif, y cefais y cyfle i dafoli ei gyfraniad a gwir werthfawrogi'i ddawn. Cynyddodd yr ymdeimlad fod yma ffigur llenyddol o bwys a oedd yn haeddu astudiaeth arbennig iddo'i hun, ac wedi i mi betrus ymholi, sicrhawyd fi fod yr Athro Brynley F. Roberts, golygydd y gyfres Dawn Dweud, yn cytuno â'r farn. Dyma fynd ati, felly, i lunio astudiaeth o fywyd, gwaith a meddwl Pennar Davies, a chynhyrchu'r gyfrol hon.

Mae fy nyled yn helaeth iawn i nifer fawr o bobl. Yn gyntaf, rhai o blith cyfoeswyr Pennar a oedd, er gwaethaf pwysau'r blynyddoedd, yn barod naill ai i mi eu holi'n bersonol neu i ateb fy nghwestiynau trwy i mi ohebu â hwy. Cefais awr a hanner gofiadwy yng nghartref Gwynfor Evans yn Llanybydder a diwrnod hynod yng nghwmni Geoffrey F. Nuttall yn ei gartref yntau yn Sir Gaerwrangon. Roedd Dafydd Ap-Thomas, J. Gwyn Griffiths ac Isaac Thomas yn hynod hael trwy rannu'u hatgofion am Pennar ar bapur. Yna cefais sylwadau llu o bobl iau, rai ohonynt yn fyfyrwyr Pennar, a ysgrifennodd ataf neu a rannodd eu hargraffiadau mewn sgyrsiau achlysurol: Huw Ethall, Meredydd Evans, Aled Gwyn, Guto Prys ap Gwynfor, Derwyn Morris Jones, F. M. Jones, Dewi Lloyd Lewis, Ivor Rees, M. Wynn Thomas ac eraill yn ogystal. Mae'n hynod meddwl mai Pennar oedd pwnc y sgwrs olaf a gefais ag R. Tudur Jones ychydig cyn iddo farw. Roedd Gwasg John Penri newydd gyhoeddi'r adargraffiad o *Cudd Fy Meiau*, a chyflwyniad Tudur Jones i'r gyfrol yn arweiniad treiddgar i'r maes.

Ond yn fwyaf arbennig mae'n rhaid i mi nodi fy nyled i Mrs Rosemarie Davies a'i phlant, ac i Owain Pennar yn neilltuol. Cefais eu caniatâd parod i gloddio fel y mynnwn ym mhapurau helaeth Pennar (sydd, bellach, yng nghadw yn Llyfrgell Genedlaethol Cymru yn fwynglawdd ardderchog ar gyfer haneswyr llên) ac i'w holi am wahanol agweddau o fywyd un a oedd yn ŵr ac yn dad iddynt. Fe'm croesawyd fwy nag unwaith gan Mrs Davies, Geraint a Meirion i'r aelwyd yn Sgeti, ac yn amlach fyth i gartref Owain a Gaenor yng Nghaerdydd. Darllenodd Owain y deipysgrif yn fanwl a'm cadw rhag llithriadau lu. Hebddynt ni fyddai'r gwaith hwn wedi gweld golau dydd.

Mae staff archifdai a llyfrgelloedd wedi dangos caredigrwydd arbennig wrth i mi wneud y gwaith: Archifdy Morgannwg ym Mharc Cathays; Llyfrgell Bodley yn Rhydychen; Alma Jenner ac Elizabeth Radburn o Lyfrgell Coleg Mansfield Rhydychen; Sue Cole, swyddog gweinyddol yr Eglwys Ddiwygiedig Unedig yng Nghaerdydd; staff y Llyfrgell Genedlaethol yn Aberystwyth; staff Llyfrgell Firestone ym Mhrifysgol Princeton; a staff Llyfrgell Prifysgol Cymru, Bangor. Cefais gymorth amhrisiadwy gan Llion Pryderi Roberts a'i gydweithwyr yng Ngwasg Prifysgol Cymru ac elwais y tu hwnt i fesur ar ysgolheictod a gwybodaeth fanwl dau gyfaill a ddarllenodd y deipysgrif cyn iddi gyrraedd y Wasg, sef yr Athro Branwen Jarvis a'r Parchedig John Gwilym Jones. Ceisiais gynnwys eu sylwadau, ac eiddo'r Athro Brynley F. Roberts, yn y testun terfynol, ond myfi biau'r holl wallau sydd ar ôl.

Dechreuais ysgrifennu'r gwaith hwn yn nhymor yr hydref 2001 pan oeddwn yn Gymrawd Gwadd yn Athrofa Ddiwinyddol Princeton yn New Jersey, UDA. Yn anffodus, oherwydd gofal am y teulu a chyfrifoldebau gwaith, nid oedd modd i Ann, fy ngwraig, fod gyda mi am y tymor cyfan. Fel arwydd o ddiolch cyflwynaf y gyfrol iddi hi.

D. Densil Morgan
Bangor
Awst 2003

Lluniau

Rhwng tudalennau 86 ac 87.

1. Teulu Pennar Davies, Ionawr 1915.

2. Pennar Davies (tua 12 oed) a'i fam, tua 1923.

3. Pennar Davies a'i fam tua dechrau'r 1930au.

4. Coleg Balliol, Rhydychen, 1935.

5. Pennar Davies a Ted Taylor yn teithio drwy America, 1937.

6. Ystafell Pennar Davies ym Mhrifysgol Iâl.

7. Rosemarie Wolff yn ei gwisg nyrsio, Medi 1939.

8. Darlithwyr ac athrawon Coleg Mansfield, Rhydychen, 1942.

9. Myfyrwyr a darlithwyr Coleg Mansfield, Rhydychen, 1942.

10. Cerdyn post gan J. Gwyn Griffiths at Pennar, Mai 1946.

11. Pennar Davies a'i fab hynaf, Meirion, tua 1947.

12. Y teulu yn Abertawe, tua 1962.

13. Pennar Davies, tua 1977.

Diolchir am ganiatâd caredig teulu Pennar Davies i atgynhyrchu'r lluniau.

1 ❧ 'Y Daith o Aberpennar Dlawd', 1911–1936

Roedd gwreiddiau Pennar Davies yn ddwfn ym mhridd y Forgannwg ddiwydiannol er bod i Sir Benfro le pwysig yn ei gefndir teuluol. Perthynai ef i'r drydedd genhedlaeth o'i ach a anwyd yn hen blwyf Llanwynno, Cwm Cynon. Daeth Joseph Davies yr hynaf a Margaret, ei wraig, o fro'r Preselau i ardal y gweithiau yn y 1840au ac ymsefydlu yn ymyl y man lle llifai yr afonig Pennar i mewn i Afon Cynon ac Afon Cynon i mewn i Daf. Yna, yn Aberpennar y ganwyd y meibion: Evan ('Wncwl Ifan') a William (*c*.1855–1925) sef tad-cu Pennar a'r un a elwid ganddo yn 'Gu'.

Pwll Cefnpennar oedd yr atynfa i deuluoedd fudo o'r wlad i chwilio am waith, ac yno y cyflogwyd Joseph, a'r bechgyn pan ddaethant i oed. Un herciog a bywiog oedd William a gyfrannai i ddiwylliant egnïol y cymoedd diwydiannol ar y pryd. Fel y gweddai i ddyn â'i wreiddiau yn Sir Benfro, Bedyddiwr ydoedd, ac ymhlith sefydlwyr ifainc achos Bedydd-iedig y Ffrwd yn y 1870au, ond beth bynnag am ei ymlyniad crefyddol, aeth ei nwydau yn drech na'i safonau moes ac yn fuan iawn aeth i drybini mawr. 'Gwn i'r llanc rhy ddengar hwn wneud stomp o'i fywyd trwy afradlondeb rhywiol', meddai Pennar. 'Llwyddodd i wneud dwy ferch ieuanc yn feichiog o fewn ychydig fisoedd i'w gilydd'[1] a dim ond dechrau gofidiau oedd hynny. Enw un o'r cariadon anffodus hyn oedd Jane, ac yn y croesdynnu annymunol rhwng y teuluoedd yn sgil y cenhedlu, cafwyd perswâd ar William i'w phriodi hi yn hytrach nag Ann, y cariad arall. Ar 28 Medi 1875 ganwyd i Jane fab a alwodd yn Joseph (yr ieuaf), ond gyda hynny, bu farw'r fam. Tristwch, felly, a dryswch trychinebus a groesawodd 'Jo bach', tad Pennar, i'r byd.

Ac yntau'n amddifad o wraig a heb fodd i ofalu am ei blentyn newydd-anedig, gyrrwyd 'Jo bach' i Drealaw, y Rhondda, i'w fagu gan Ann Lewis, cyfnither Jane, a Thomas ei gŵr. Sylweddolodd William ei am-ddifadrwydd yn syth, dychwelodd at Ann Sage, y cariad arall a oedd erbyn hynny'n fam i Bili, ei blentyn arall, a gofynnodd am ei llaw hithau mewn priodas. Ac roedd yr Ann hon yn fodlon ei gymryd yn ŵr. Ond digon truenus fyddai eu bywyd o hynny ymlaen. Gydag awydd cynyddol y penteulu ifanc i dreulio'i amser hamdden nid yng nghapel y Ffrwd ond yn y lliaws tafarndai lleol, gafaelodd trachwant y ddiod ynddo ac erbyn plentyndod Pennar tyfasai'n 'feddwyn carpiog ac aflednais' (*CD*, t.5). Er mai atgofion melys oedd ganddo am blant William ac Ann, sef 'Wncwl Bili' ac Elizabeth, 'Anti Besi', a oedd yn byw ar lan ddwyreiniol Afon Cynon yng Nghae-draw a'r Darren Las, cymysg oedd yr atgof am 'Gu'. Bu ef a'i wraig yn byw am beth amser yn y seler o dan dŷ Jo, ei fab, yn Heol Duffryn (yn ôl y sillafiad lleol), ac yn dilyn marwolaeth Ann, byddai'r tad yn mudo rhwng cartrefi ei naill blentyn a'r llall cyn i'r plant deimlo bod y baich yn rhy drwm:

> Cyn i'w gyflwr ddirywio mor enbydus byddai'n edrych gyda rhyw falchder tyner ar ei ŵyrion . . . Ond fe aeth yn fwyfwy diofal gyda golwg ar lendid corff nes bod llau i'w gweld yn addurno ei siaced. Pan arhosai yn ein cartref ni nid oedd dim lle iddo gysgu ond yn fy ngwely i, a chan fod ei anadl yn llawn alcohol mi fyddwn i braidd yn feddw wrth godi yn y bore. (*CD*, t.2)

Cafwyd lle iddo mewn tŷ lodjin ar ffordd fawr Aberpennar, ond pan sylweddolwyd yn derfynol na allai ofalu amdano'i hun, llwyddwyd i gael noddfa iddo yn ysbyty meddwl Pen-y-bont ar Ogwr. 'Aeth yno yn anfodlon gan felltithio epil ei lwynau' (*CG* 2). Byddai'r plant yn ymweld ag ef yn ffyddlon ac yno y bu farw yn 1925, a'i feddwl erbyn hynny wedi chwalu'n ulw.

Fel ei dad, un sionc a main oedd Joseph Davies yr ieuaf, yn bum troedfedd pedair modfedd o daldra ac yn dywyll ei bryd. Er na syrthiodd erioed i enbydrwydd ei dad, 'hawdd, rhy hawdd, oedd ei berswadio gan ei gyfeillion i fynd i dafarn . . . Arweiniodd y gwendid yma, yn nes ymlaen, at ffraeo chwerw ar ein haelwyd' (*CD*, t.2). Fe'i magwyd, fel y dywedwyd, yn Nhrealaw, Cwm Rhondda, gan gyfnither ddi-blant i'w fam. Pan laddwyd ei gŵr yn nhanchwa glofa Pen-y-graig yn 1874, aeth hi i bwyso'n drymach ar ei chrefydd Fethodistaidd Galfinaidd ac ymdeimlodd Joseph â chaethiwed y fagwraeth honno. Nid nad oedd heb ei manteision. Cafodd gysur a gofal a'i drwytho yng ngwerthoedd yr ysgol Sul. Dysgodd ganu'r piano a meistroli'r sol-ffa ac ymhen blynyddoedd gallai godi tonau emynau yn gwbl ddiymdrech ar y piano. Gan fod ei fam faeth yn byw yn y tŷ capel ac yn 'cadw pregethwyr' fel y dywedid, daeth Jo yn gyfarwydd er yn fore â hoelion wyth yr Hen Gorff:

Dyfed, Owen Prys, James Llaneurwg 'a oedd yn feistr ar yr hwyl', a Dr Saunders, Abertawe, heb sôn am y rhai fel Morgan U. Ellis a Glynfab a oedd yn fwy lleol eu henwogrwydd. Ond ymwrthod a wnaeth â'r gynhysgaeth hon, yn enwedig ar ôl brwdaniaeth Diwygiad 1904. 'Peth arwynebol, ymsymudol, diflannol oedd crefydd iddo: cyfres o dröedig-aethau digyswllt fel tirynysóedd nefolaidd mewn anialwch o baganiaeth ddihidio a scciwlariaeth ddiamcan ac anffyddiaeth ddiobaith.'[2]

Mewn ymgais i dorri'n rhydd oddi wrth grefyddoldcr llethol y tŷ capel, rhedodd Jo i ffwrdd i Gaerdydd yn ei arddegau ac ymuno â'r Gatrawd Gymreig. Ymffrost barhaus iddo yn ddiweddarach oedd iddo wasanaethu yng nghyfnod Victoria, Edward VIIᵉ a hefyd Siôr V. Pan ymwelai â'r teulu ar *leave* oddi wrth y fyddin, nid i Drealaw ond at ei hanner brawd Bili neu at Besi, ei hanner chwaer, yr âi bob tro, ac yn ystod un o'r cyfnodau hyn y cyfarfu â'r ferch a ddeuai yn wraig iddo yn y man. Yn ffair Pontypridd tua throad y ganrif y gwelodd Jo Davies groten o Hirwaun o'r enw Edith Moss gyntaf. Ymserchodd y ddau yn ei gilydd ac addawodd hi ei weld eto y tro nesaf y deuai yn ôl o'i ddyletswyddau milwrol. Sylweddolodd Jo yn fuan iawn, os oedd gobaith i'w perthynas barhau byddai'n rhaid iddo gefnu ar y fyddin ac ennill ei gyflog fel y rhan fwyaf o wrywod y cymoedd, sef o dan ddaear yn y pwll glo. Dyna a wnaeth, ac fe'u priodwyd yn swyddfa gofrestru Aberpennar ar 13 Hydref 1902.

Os Cymro o Gwm Cynon oedd Jo Davies, tad Pennar, Saesnes o Hwlffordd, 'little England beyond Wales', oedd ei fam. Ganwyd Edith Anne Moss ar 13 Gorffennaf 1880, yn ferch i William Henry Moss ac Elizabeth, 'Bessie' (*née* Thomas). Ni chafodd Pennar erioed gyfle i adnabod tad ei fam fel y cafodd adnabod tad ei dad, ond 'dyn hapus, hyderus a llond ei groen' ydoedd, a barnu wrth y llun ohono a gedwid ar bared eu tŷ (CG 2). Fel Joseph Davies yr hynaf flynyddoedd ynghynt, symudodd y teulu hwn hefyd o Sir Benfro i'r gweithiau yn 1885 ac ymsefydlu yn nhref Aberdâr. Os aed â Maria Graham ('Anti Poli'), William Henry a Charles Llewellyn gyda'u rhieni i'w cartref newydd, gadawyd Edith, y plentyn hynaf, yn ôl yn Hwlffordd dan ofal William a Mary Thomas, ei thad-cu a'i mam-gu. Dair blynedd yn ddiweddarach, dyma hwy'n ymuno â'r lleill yn Aberdâr. Erbyn hynny roedd y teulu wedi tyfu'n fwy: daethai Martha Elizabeth ('Anti Patti') a Thomas John ('Jac') i ymuno â'r lleill. Yn 1892, pan oedd Edith yn ddeuddeg oed, symudodd pawb i Hirwaun ac ymgartrefodd William Henry a Bessie Moss a'u plant yn 16 Brecon Road, a William a Mary Thomas yn Bethel Place, gydag Edith yn mudo rhwng y naill gartref a'r llall.

Saesneg (ac Anglicanaidd) oedd iaith, diwylliant a holl ymagweddu teulu'r fam. 'Merch o Sir Benfro oedd ei mam, merch hollol ddi-Gymraeg a siaradai Saesneg yn nhafodiaith ddeheuol Sir Benfro.'[3] Iddynt hwy peth cwrs ac aflednais oedd diwylliant gwerinol Hirwaun, ac yno 'fe ddysgai fy mam gasáu'r Cymry a'r Gymraeg'.[4] Un bropor a pharchus oedd Edith ac yn meddu ar ryw urddas tawel. Yr unig Gymraeg a wyddai oedd ym-adroddion fel 'cau dy fwstwr' a glywsai gan blant y pentref, ac ni wnaeth priodi i mewn i deulu Jo ddim i liniaru ei rhagfarnau gwrth-Gymraeg.

Ar ôl iddi briodi fy nhad a dod i fyw i blith ei bobl, fe gadarnhawyd y dyb hon gan y darganfyddiad nad oedd ei pherthnasau-yng-nghyfraith Cymreig mor barchus ac mor lân ac mor ddirwestgar ag a ddisgwyliai. Diflannodd ei gobeithion am fywyd teuluol cyffyrddus a didramgwydd a pharchus mewn un nos.

Ni roddai'r profiad o ymgartrefu yn Aberpennar ymhlith y gweithwyr a'u teuluoedd un rheswm iddi hi beidio â thybio bod Cymreictod ac anwarineb yn gyfystyr: 'Nid oedd hi wedi gweld dim tebyg i baganiaeth drefol ddilyffethair y glowyr hyn. Yr oedd yn wrthwynebol i bopeth a oedd yn Seisnig ac yn barchus.'[5]

Bywyd llwm a thlawd oedd y bywyd a gafodd Edith a Jo yn eu cartref rhent yn 11 Heol Duffryn, Aberpennar. Magent eu plant yn y tŷ hwn, dwy ystafell i fyny a dwy i lawr, cegin fechan, seler a thŷ bach y tu allan. Edith Jessie ('Jess') oedd yr hynaf, a llais canu hyfryd ganddi, etifeddodd ddiddordeb ei thad ym myd cerdd. Fe'i ganwyd ar 22 Mawrth 1905 a phriodi, ymhen amser, â Cliff Maddern, bachgen o'r pentref a oedd â'i wreiddiau yng Ngwlad yr Haf. Ganwyd Doris May ('Dol') ar 1 Mehefin 1910, flwyddyn a phum mis o flaen ei brawd. 'Yn ystod ein plentyndod yr oedd perthynas hyfryd rhyngof fi â'm chwaer Dol', meddai Pennar, 'yn bennaf am ein bod yn agos i'n gilydd o ran oedran. Yr oedd Dol ryw flwyddyn a hanner yn hŷn na'i brawd. Cawsom lawer o fwynhad wrth gyd-dyfu er gwaethaf y tlodi a'n gorfododd ni i wisgo hen ddillad clytiog' (CG 2). Un o'r enw Alf Binding fyddai ei gŵr, eto o'r pentref, a'i wreiddiau yntau yng Ngwlad yr Haf. Ar 12 Tachwedd 1911 y ganwyd William Thomas – a rhoi ei enw bedydd ar Pennar – ac fel Dol, ym-debygai i'w fam yn hytrach na'i dad o ran ei wedd a lliw golau ei wallt. Yna, dair blynedd yn ddiweddarach ymddangosodd Florence Graham ('Fflos'), y mwyaf direidus ohonynt i gyd; fe'i ganwyd ar 7 Ebrill 1914. Wedi iddi hi symud i ffwrdd i weini, priododd â gŵr ifanc â'r enw annhebygol Walter Scott ac aethant i fyw i Hull, yng ngogledd Lloegr.

Does dim arlliw o amheuaeth nad oedd Pennar yn hoffi ei chwiorydd yn fawr iawn. Cadwodd mewn cyswllt cyson â hwy ar hyd ei fywyd a soniai amdanynt gydag anwyldeb bob tro. 'Gallaf ddweud yn gwbl hyderus mai serchog a charedig oedd y berthynas rhyngom a'n gilydd yn fy hen gartref yn Aberpennar' (CD, t.18).

Fel ei rieni, rhai cyffredin eu gallu oedd y chwiorydd hyn a buan y daethant i sylweddoli bod diddordebau darllengar ac ymarweddiad breuddwydiol eu hunig frawd yn ei osod ar wahân iddynt. 'Arhosai fy chwiorydd i bob pwrpas yn ddi-Gymraeg', meddai. 'Yn nes ymlaen, wedi clywed fy mod yn siarad Cymraeg ac wedi cynhyrchu llyfrau o ryw fath yn yr iaith ryfedd honno, daethant i'r casgliad fod mwy nag un ffurf ar wallgofrwydd!' (CD, t.20). Ond mae'n ymddangos mai serch yn hytrach na chenfigen a reolai agwedd y merched tuag at 'our Willie', eu brawd, a chydsynient ag awydd eu rhieni i sicrhau na fyddai'n gorfod dilyn eu tad i lawr i'r pwll glo. Daeth Jo i gasáu ei waith dan ddaear fwyfwy gyda'r blynyddoedd. 'Dyn bychan o gorffolaeth oedd fy nhad, gŵr synhwyrus, cellweirus, hynaws, hynod o serchus yn ei hwyliau gorau ond ag arno ofn peryglon ei waith beunyddiol yn y pwll glo.'[6] 'Reidar' ydoedd, sef un a fyddai'n gofalu am y 'siwrneiau', neu'r dramiau dur a gariai lo ar hyd y rheilffyrdd tanddaearol, o'r ffas i'r siafft. Oherwydd tuedd y dramiau pan fyddent yn drymlwythog i dorri'n rhydd a rhedeg yn wyllt, 'Gwaith hynod o gyfrifol a dychrynllyd o beryglus oedd ganddo. Byddai fy nhad yn dod adref o'i waith bob amser yn lluddedig ond yn falch o'r ffaith ryfeddol ei fod yn fyw o hyd' (CG 2).

Ac yntau wedi torri'n rhydd oddi wrth ddisgyblaeth y capel, Seisnig a secwlaraidd oedd diwylliant y tad. Ar wahân i ganu corawl, paffio oedd diddordeb mawr Jo Davies. Canai glodydd Jimmy Driscoll yn ddi-ball ac ymffrostiai yn y ffaith – p'un ai yn gam neu yn gywir – ei fod yn gefnder i Freddy Welsh, y bocsiwr o Bontypridd a fu'n bencampwr pwysau ysgafn Prydain. Ond eto ef a gynrychiolai Gymreictod oddi mewn i'r teulu. Cymraeg glowyr y Rhondda oedd ganddo ac un ymadrodd a ddefnyddiai'n gyson oedd 'Stick it, the Welch!' 'Pan fyddai'r ddannoedd arnaf, neu ddolur clust neu rywbeth felly, byddai'n strocio fy mhen a dweud "Stick it, the Welch!"'[7] Roedd ei gatrawd yn ymestyniad o'i wladgarwch ac yn hynny o beth roedd yn dra gwahanol i'w wraig a fynnai ddweud o hyd mai Saesnes ydoedd: 'I'm English really.' Er gwaethaf dymuniad Edith i enwi ei mab yn Merlin, ar ôl Merlin's Bridge yn ymyl ei hen gartref yn Hwlffordd, 'give him a good old-fashioned Welsh name' a fynnai'r tad; felly y cafwyd yr enw William Thomas. 'Un diwrnod gofynnais i'm tad pam nad oedd ef wedi siarad Cymraeg â mi', meddai Pennar ymhen blynyddoedd. '"I've only got Rhondda Welsh" oedd ei ateb. Dywedais wrtho y buasai'n falch iawn gennyf gael bod yn llithrig yng Nghymraeg Cwm Rhondda' (*CD*, t.15). Er gwaethaf ei Brydeindod, ei deyrngarwch di-ildio i'r Goron ac i'r mudiad llafur anghymreig, daethai i ymffrostio'n dawel yng Nghymreictod cynyddol ei unig fab. Ond nid digwyddiad dros nos oedd hyn. 'Syndod dryslyd i'r ddau oedd fy nghlywed i'n parablu'n fwyfwy hyderus o ddydd i ddydd mewn iaith a oedd yn rhy estronol i'm mam ac yn rhy gaboledig i'm tad' (*CD*, t.18).

Os Jo a gynrychiolai Gymreictod oddi mewn i'r teulu, Edith oedd y ffocws ar gyfer awdurdod moesol y plant. 'Un dirion a chydwybodol ac ymroddedig oedd fy mam',[8] a'r cwlwm rhyngddi a'i mab yn odiaeth o dynn. Ymhen blynyddoedd lluniodd Pennar gymeriad mewn nofel a chanddo fam 'a'i chariad at ei hunig fab braidd yn orlethol ac yn gaethiwus'.[9] Diau fod sawr hunangofiannus ar y disgrifiad hwnnw. '"Mab fy mam" oeddwn yn anochel', meddai (CG 2), a chyfeiria'n gyson at 'ei mwynder a'i nerth a'i haeriad cyson mai'r iawn sy'n iawn' (*CD*, t.18). 'Gwraig fwyn, dawel, gydwybodol, dyner, ddioddefus oedd fy mam.'[10] 'Gwraig fwyn a charedig oedd hi heb ddim twyll na hunan-gais' (CG 2). Ymhlith y trysorau a gadwodd Pennar ar hyd ei oes yr oedd cerdyn cardbord dwy fodfedd sgwâr a wnaeth ef yn blentyn yn yr ysgol Sul a'r adnod 'Thou art my hiding-place and shield' (Salm 119:114) arno. Yn ysgrifenedig ar ei gefn, yn llaw ei fam, yr oedd y geiriau 'From my dear son Billy, aged 11½ yrs.' Roedd ei hurddas a'i boneddigeiddrwydd, meddid, 'wedi aeddfedu o dan ddylanwad crefydd ei chapel' (*CD*, t.2). Er iddi hi gael ei magu'n Eglwyswraig, roedd y cyfrifoldeb o ofalu am ei gŵr, ei thad-yng-nghyfraith ar adegau heb sôn am fagu pedwar o blant bach wedi'i rhwystro rhag mynychu'r oedfaon yn Eglwys y Santes Fargaret yn y plwyf, ac ers blynyddoedd nid oedd yn aelod yn unman. Fodd bynnag, wrth i'r amser symud ymlaen, 'Daeth i deimlo y dylai ei phlant bychain dyfu yn yr adnabyddiaeth o Dduw' (*CD*, t.2). Er i'r plant fynychu ysgol Sul y Ffrwd i ddechrau, lle dysgodd Pennar yr wyddor Gymraeg, fe'u symudwyd maes o law i Providence, capel yr Annibynwyr Saesneg nad oedd ond ychydig lathenni o'u cartref. Nid tan 1922, pan oedd Edith yn 42 oed, y dechreuodd ei henw ymddangos ar restr cyfran-wyr eglwys Providence. 'Dechreuodd fy mam fynd â ni i gapel Providence a chyn hir cafodd wahoddiad taer i fod yn aelod yno. Er gwaethaf ei magwraeth Anglicanaidd cydsyniodd â'r cais, a bu'n aelod yn Providence ar hyd ei hoes' (*CD*, t.19). Fel Annibynnwr Saesneg felly y magwyd Pennar ac fel 'Master Willie Davies', ac o 1923 fel 'Willie Davies' moel, y cofnodwyd ei enw ar restr y capel. Tair ceiniog yr wythnos yr un oedd ei gyfraniad ef a'i chwiorydd at yr achos, a phrin y gallai Edith Davies fforddio hynny a'r swllt a roddai hi yn ddi-feth.[11]

Nid oedd modd perswadio Jo dros ei grogi i fynychu'r capel, boed Providence Saesneg neu Ffrwd, neu Ebeneser y Methodistiaid Calfinaidd Cymraeg. Er gwaethaf y serch diffuant, y tynnu coes mynych a'r anwyldeb a ffynnai rhyngddo ac Edith, rhedai islais bygythiol trwy eu byw ynghyd. Wrth gofnodi'i atgofion, daeth Pennar yn ôl at yr elfen hon o hyd ac o hyd.

Rhaid cydnabod er mwyn y gwirionedd fod gormod o gweryla rhwng fy nhad a'm mam. Yr oedd cyflog fy nhad yn fach er mor enbyd o beryglus oedd ei waith fel glöwr tan-ddaear. Yr oedd fy nhad yn boblogaidd ymhlith ei gydweithwyr a hoffai fod yn boblogaidd. Cas ganddo oedd gwrthod mynd gyda rhyw 'gyfaill' i ryw dafarn, ac yn aml efe fyddai'n talu am y cwrw i'r 'cyfaill' yn ogystal ag iddo ei hunan. Yr oedd yn eithaf poblogaidd ymhlith ei gydlowyr, ond derbyniodd ei boblogrwydd ar draul ei deulu gartref . . . Rhai annwyl oedd y ddau, a'm gofid pennaf pan oeddwn yn fachgen oedd clywed a gweld y gwrthdaro torcalonnus rhyngddynt. (CC)

Cyrhaeddodd y gwrthdaro hwn uchafbwynt sgrechlyd pan fynnai Jo fynd gyda'r côr meibion lleol yr oedd yn aelod ohono ar daith noddedig adeg y Dirwasgiad i'r Unol Daleithiau. Roedd hyn yn gyfle unigryw yng nghanol cyni'r cyfnod ac yn un na fynnai ei droi i lawr. Gofidiai Edith y byddai awydd ei gŵr am boblogrwydd a'i analluogrwydd i beidio â mynd gyda'r lli, yn ei arwain at drybini. Ac roedd cysgod gwarth ei thad-yng-nghyfraith yn arswyd parhaus. 'Yr oedd fy mam yn wrthwynebus i unrhyw beth a allai roi cyfle i'm tad gael cyfathrach rywiol â merched eraill' (CC) meddai, ac ofnai y byddai'r temtasiwn i fynychu puteindai Chicago ac Efrog Newydd yng nghwmni aelodau eraill o'r côr yn fwy nag y byddai'n medru'i wrthsefyll. 'Ar ôl cryn dipyn o drafod cwerylgar sylweddolodd fy nhad fod dyfodol ei briodas yn y fantol a phenderfynodd beidio ag ymuno â'r wibdaith Americanaidd' (CC).

Nid Jo oedd yr unig un i beri rhywfaint o ofid i Edith. 'Yr oedd fy mam yn awyddus i weld ei merched yn priodi'n barchus ond priodi mewn rhywfaint o frys a wnaeth y tair' (CC). Merched nwyfus, dengar a hardd oeddent, yn llawn asbri ac yn boblogaidd ymhlith y bechgyn, a'r un fyddai eu hanes hwy ill tair: 'Yr oedd y tair chwaer yn "gorfod priodi" fel y dywedid y pryd hynny' (CC). Nid oedd cwestiwn ynghylch cariad di-amod eu rhieni atynt a chafodd eu gwŷr newydd groeso hael gan Edith, Jo a chan William Thomas yntau. 'Am a wn i, yr oeddent yn gwbl hapus yn eu bywyd priodasol' meddai'r brawd (CC), ond ac ystyried mynyched yr anffodion hyn a'r hanes teuluol ehangach, nid oedd hi'n syndod bod lle'r cnawd a'i berthynas â'r ysbryd yn un o destunau myfyrdod difrifolaf y Pennar hŷn.

Dechreuodd ar ei yrfa addysgol yn dair oed yn Ysgol Babanod y Duffryn yn 1914. Symudodd oddi yno i Ysgol Bechgyn y Duffryn yn 1916, a threuliodd saith mlynedd, rhwng 1922 a 1929, yn yr ysgol ramadeg, Ysgol Sirol Aberpennar. Rhai dymunol a llawn swyn oedd y blynyddoedd cynharaf; daliai i gofio yn ei henaint am chwarae cowbois ac indiaid, marblis a jac ar y stryd a chasglu cardiau sigarennau. Roedd ganddo gyfeillion agos yn yr ysgol gynradd: Ronald Stock a oedd yn byw y drws nesaf i fyny, Charlie Webb a oedd yn byw y drws nesaf i lawr a Glyn Lewis a oedd yn byw gyferbyn ac a fu farw o'r dicléin pan nad oedd ond deng mlwydd oed. Rhoes yr atgof am anhwylder Glyn, ei ddirywiad cyflym i welwder angau a'r trawma a achosodd hyn, destun stori fer ganddo flynyddoedd wedyn. Wrth lunio'i hunangofiant soniai lawer am y bechgyn hyn: 'Hoffaf alw i gof fy nghyfeillion gynt' (CC).

Os pleserus ydoedd yr ysgol gynradd, nid felly o gwbl yr ysgol sirol. I fachgen sensitif, deallus a fagwyd ymhlith merched ac a oedd yn gannwyll llygad ei fam, purdan hunllefus oedd y saith mlynedd nesaf. Yn un peth roedd yn wanllyd ei iechyd ac yn welw ei bryd. 'Byddai fy mam yn dweud wrthyf i a'm teulu a'm cymdogion fy mod i'n fachgen "delicate" yn yr ystyr fy mod i'n wan o ran iechyd ac yn agored i ddal pob math o haint' (CC). Yn dilyn yr arholiad mynediad, 'fy enw i oedd y cyntaf ar y rhestr' ac felly y bu ar ddiwedd pob blwyddyn. A'r canlyniad? 'Yr oeddwn yn wrthrych cenfigen a malais o'r dechrau' (CD, t.14). 'Teflid y gair "swot" ataf yn ddirmygus ac yn aml' (CC). Gwaethygwyd hyn gan ei ymarweddiad – roedd Pennar yn dal eisoes a chyn gadael y chweched dosbarth roedd yn fodfedd dros ei ddwylath – a'i aneffeithiolrwydd yn ddiarhebol ym myd y campau. 'Yr oeddwn yn welw fy wyneb ac yn lletchwith fy symudiadau ac yn wrthrych gwawd ac erlid parhaus' (CD, t.9). O ran natur roedd yn ddof ac yn ofnus yng ngŵydd cŵn a bwlis fel ei gilydd ac roedd malais ei gyd-ysgolheigion yn annioddefol ar dro. 'Dechreuodd rhywun fy sarhau trwy alw "pasty-face" arnaf ac wele laweroedd yn ymuno yn y sarhad' (CC). Er gwaethaf gofid chwerw ei fam a chysur di-ball ei dad – calonogodd Jo ei fab trwy ddweud mai enw anrhydeddus oedd 'pasty-face' fel 'pale face' yr indiaid cochion ac na ddylai dalu unrhyw sylw i eiriau maleisus bechgyn drwg –

arteithiol oedd llencyndod Pennar Davies yn yr ysgol sirol o ran ei ymwneud cymdeithasol o leiaf. Y cysur, wrth gwrs, oedd iddo gael cyfle i ddisgleirio yn academaidd a dechrau gosod seiliau i lawr ar gyfer diwylliant a dysg. Saesneg, fel y dywedwyd, oedd byd Pennar Davies hyd yn hyn. Saesneg oedd cyfrwng ei addysg yng nghapel Providence ar y Sul ac yn yr ysgol ddyddiol, er bod Cymraeg yn bwnc ar amserlen yr ysgol ramadeg. Yn ei flwyddyn gyntaf roedd mwy na hanner y plant yn dod o deuluoedd Cymraeg. Roedd prifathro'r ysgol, Watcyn Uthr Williams, yn fab i'r bardd Fictoraidd a'r eisteddfodwr Peter Williams, 'Pedr Hir'. Fel ei dad roedd yn wladgarwr pybyr, felly yn wahanol i lawer ysgol uwchradd ar y pryd, magwyd y disgyblion i ymfalchïo yn nhraddodiadau diwylliannol eu cenedl. Ac roedd Bili Davies – fel yr adwaenid ef bellach – eisoes yn synhwyro mai Cymro ydoedd ac nid Prydeiniwr, ac yn sicr nid Sais. 'Yr oeddwn eisoes yn ymdeimlo â chenedligrwydd arbennig Cymru ac yn ymfalchïo yn ei threftadaeth' meddai (CC). Pan oedd cynifer o blant dirwasgedig y cymoedd yn dyheu am gyfle i gefnu ar y cwbl ac ymadael â'u gwlad am byth – 'There's nothin' 'ere, nothin' but 'ard work an' low wages' (CC) – roedd y cwlwm rhyngddo a'i fro yn tynhau'n feunyddiol. Erbyn hyn roedd y Gymraeg yn fwy na phwnc ar amserlen, roedd yn destun diddordeb cynyddol a chyfaredd hyd yn oed. 'Ymhlith selotiaid y Gymraeg [ar staff yr ysgol] yr oedd Miss James a Miss John, a mawr yw fy nyled i'r ddwy', meddai (CD, t.22). Miss James a'i harweiniodd i werthfawrogi gogoniannau llên Cymru a chan Miss John y'i dysgwyd i sgwrsio mewn brawddegau syml, Cymraeg. Erbyn y pumed dosbarth gallai Pennar ddarllen Cymraeg yn rhwydd a'i hysgrifennu'n gywir ac yn lân fel y dengys y llyfrau ysgol a gadwodd yn daclus ymhlith ei bapurau, er nad oedd ganddo'r hyder i'w siarad y tu allan i'r dosbarth. Cymraeg, Saesneg a Lladin oedd y pynciau a gymerodd ar gyfer y safon uwch a chafodd y canlyniadau uchaf ym mhob un. Dengys ei lyfrau ysgol daclusrwydd mirain ei ysgrifen, ehangder ei wybodaeth (am Shakespeare yn arbennig), ac aeddfedrwydd anarferol ei farn. Roedd yn traflyncu cyfrolau llenydd-iaeth eisoes: *Electra* Euripides yng nghyfieithiad Gilbert Murray, *The Gift of Image* gan O. Henry, *Under the Greenwood Tree* gan Thomas Hardy, *The Skin Game* gan Galsworthy, cerddi Saesneg W. H. Davies heb sôn am awdl 'Y Lloer' J. J. Williams a chyfrol *Yr Haf a Cherddi Eraill* R. Williams Parry. O feddwl am anfanteision dybryd ei gefndir teuluol a chyfyngder enbyd y tŷ bychan yn Heol Duffryn, pery hyn yn gryn ryfeddod o hyd.

Er bod Pennar yn ymarfogi'n academaidd yn ysgol sirol Aberpennar yn ystod y 1920au, digon diddorol, yn ogystal, oedd rhawd ei ddatblygiad ysbrydol ar y pryd. Roedd yn ffyddlon yn yr ysgol Sul ac yn selog yn yr oedfaon yn ei arddegau cynnar, a thrawiadol yw'r sôn am yr hyn a alwodd fwy nag unwaith yn 'dröedigaeth'. Er iddo fynd drwy gyfnod hir o amheuaeth ac agnostigiaeth ymhellach ymlaen, byddai'r cof am ei dröedigaeth yn gysgod arno'n barhaus, fel ysbryd Banquo yn y wledd. Gan na fagwyd ef yn grefyddol erioed, esgeuluswyd ei fedyddio pan oedd yn faban, a chan iddo fynychu eglwys bellach lle na fedyddid neb ond babanod, fe'i hamddifadwyd eto o'r ddefod hon. 'Ni'm bedyddiwyd â dŵr', meddai, 'ond [bedyddiwyd fi] unwaith â'r Crist atgyfodedig' (CC). Cyfeiriad yw hwn at y deffroad crefyddol ysgytwol a gafodd yn nyddiau ei lencyndod ar ymweliad efengylydd o'r enw Barraclough â Providence i gynnal cenhadaeth.

Pan oeddwn yn rhyw ddeuddeg oed cefais rywbeth tebyg i dröedigaeth grefyddol. Yr oedd pregethwr selog yn arwain deffroad ysbrydol yng Nghapel Providence ac yn gallu traethu ei neges yn hynod afaelgar. Nid myfi o bell ffordd oedd yr unig aelod a ymatebai i'w neges a'i frwdfrydedd. Daeth y gair 'efengyl' yn llawn ystyr i mi wedyn, yn newyddion da o lawenydd mawr. (CD, t.20)

Moel ac aneglur yw'r cyfeiriad hwn, ac yn codi mwy o gwestiynau nag atebion. Ceir rhywfaint mwy o oleuni yma a thraw yn ei nodiadau hunangofiannol, ond yr hyn sy'n amlwg yw i'r profiad fod yn un tyngedfennol iddo. Er iddo geisio mygu'r cof amdano a chywilyddio o'i blegid yn ŵr ifanc,[12] byddai'n dychwelyd ato'n gyson ymhellach ymlaen.

Cododd rhyw ugain ohonom o'n seti ac ymuno â'n gilydd yn y gofod rhwng y pulpud a'r sêt fawr. Cawsom groeso a bendith yno a'r pregethwr yn dod i lawr o'r pulpud i ysgwyd llaw pob un. Myfi oedd yr ieuengaf o'r dychweledigion, ac fe dynnodd sylw at hyn wrth ysgwyd fy llaw. Ond tybed a oeddwn yn rhy ieuanc i brofi euogrwydd o'r iawn ryw? . . . Rwyf wedi fy hen ddadrithio ynghylch y math yma o dröedigaeth, ond ni allaf anghofio gwerth effaith y profiad arnaf na geiriau'r pregethwr wrthyf ym mhresenoldeb y gynulleidfa dra niferus 'Rhown yr enaid i'r Tad a'i creodd a'r Mab a fu farw drosto'. (CC)

Pan ddaeth i'r afael eilwaith â'r ffydd Gristionogol wedi blynyddoedd o amheuaeth, gallai weld ei brofiad cynnar mewn cyd-destun ehangach ac

mae lle i gredu – fel y dengys ei nofel *Anadl o'r Uchelder* (1957) – fod
gwedd brofiadol tröedigaeth ysbrydol yn bwysig iddo.

Un canlyniad uniongyrchol i'r deffroad hwnnw oedd parodrwydd
newydd i dystio'n gyhoeddus i'w ffydd. Fwy nag unwaith yn ei nodiadau
hunangofiannol cyfeiria at 'gwrdd gweddi Providence'. Un o athrawon
ysgol Sul Providence oedd Gomer Davies, Cymro Cymraeg a fu'n athro
ar Pennar yn ysgol gynradd y bechgyn ac a fu'n gefn ac yn ysbrydiaeth
iddo o'r dyddiau cynnar ymlaen: 'Yr oedd ei ddylanwad arnaf yn fawr'
(CG 2).

Cwrdd gweddi Providence – fi'n mentro cymryd rhan. Gomer yn fy
nghanmol wrth siarad â mam. Fy ngweddïau o'r frest yn y cyrddau
gweddi yn ddigon anaeddfed, ond rhywbeth anghyffredin yn ein heglwys
ni oedd gweld rhywun ifanc yn mentro. Ar ôl y cynnig cyntaf yr oedd fy
ngweddïau mor rhugl ag yr oeddent yn adleisiol. Dechreuodd rhywun
awgrymu y dylwn feddwl am y weinidogaeth fel gwaith sylfaenol fy
mywyd. (CG 2)

P'un ai bod hedyn wedi'i hau neu beidio, erbyn i Pennar ddechrau
meddwl o ddifrif am yrfa, roedd gweithiau T. H. Huxley wedi swcro
amheuaeth ynddo a llwyddo i'w argyhoeddi mai ofergoel oedd y grefydd
draddodiadol, mai seicolegol yn hytrach nag ysbrydol oedd profiadau
crefyddol, ac mai ffoleb oedd credu dim byd heb brawf; yn sicr nid oedd
dim prawf o fodolaeth y Duw yr oedd Cristionogion (gan gynnwys ei
fam, Gomer Davies ac aelodau eraill Providence) yn ei addoli. Felly o
ganol ei arddegau ymlaen, atheistiaeth oedd piau hi, am ryw hyd beth
bynnag. Daeth math o ramantiaeth bantheistaidd i ddisodli'r annuwol-
iaeth hon cyn hir, yr hyn y daeth i'w alw yn 'fywydaeth', 'y syniad fod
pwrpas ac anturiaeth ac ardderchowgrwydd rhyw ddaioni mawr yn rhoi
llewyrch i'r hen ddaear yma ac i bob bywyd ac i'r ddynolryw'.[13] Eto nid
pantheistiaeth Gristionogol oedd hyn: nid y Duw Cristionogol oedd yn
cynysgaeddu'r greadigaeth â nwyd bywyd iddo ac nid oedd lle i berson
Crist oddi mewn i hyn o gyfundrefn. Er hynny roedd yn ymdeimlo â
dirgelwch y greadigaeth, yn ymchwilio am ystyr bywyd ac ni allai wadu,
hyd yn oed pe mynnai, ei fagwraeth a phrofiadau llencyndod yng nghapel
Providence. I'r capel hwnnw y dychwelodd pan ailafaelodd yn y ffydd, ac
fel aelod ohono y cychwynnodd ar ei rawd fel ymgeisydd am y weinidog-
aeth a phregethwr yr efengyl. Ond roedd yr holl bethau hyn eto i ddod.

Ac yntau wedi profi nad oedd gwaith academaidd yn boendod yn y
byd iddo, ymrestrodd ym mis Medi 1929 fel myfyriwr yng Ngholeg y

Brifysgol, Caerdydd, i astudio Lladin, Saesneg a Chymraeg. Er iddo
ennill ysgoloriaeth sirol gwerth £60, nid oedd hyn o nawdd yn ddigon
iddo dalu'r ffioedd ac i letya yn y dref, ac fel cynifer o fyfyrwyr o'r
cymoedd diwydiannol, byw gartref a theithio yn ôl ac ymlaen ar fws a
wnaeth ar gyfer ei ddarlithoedd bob dydd. Parhâi i ddarllen yn awchus
ac yn eang, ond oherwydd yr orfodaeth a oedd arno i deithio i'w wersi,
ni chafodd fawr elw o'r bywyd cymdeithasol a oedd yn ffynnu yn y coleg
ar y pryd. Cyfeiriodd yn ei nodiadau at gyfoeswyr a ddaeth yn ad-
nabyddus yn y man: Moelwyn Merchant o Aberafan a ddaeth yn Athro
Saesneg ym Mhrifysgol Caer-wysg ac yn glerigwr yn yr Eglwys yng
Nghymru; W. D. Davies o Lanaman a enillodd enwogrwydd fel ysgolhaig
Testament Newydd yn Princeton a Phrifysgol Duke, Gogledd Carolina;
Idris C. Evans, llywydd undeb y myfyrwyr a D. P. Michael a oedd yn
ysgrifennydd iddo; Rheinallt Nantlais Williams a fu flynyddoedd wedyn
yn athro a phrifathro yng Ngholeg Diwinyddol Aberystwyth ond a
oedd, fel myfyriwr, yn ennill bri fel un chwim ei dafod a miniog ei
feddwl yn y gymdeithas ddadlau. Yn y Gymdeithas Gymraeg roedd
R. Wallis Evans yn llywydd a W. B. Griffiths, a ddaeth yn weinidog
nodedig gyda'r Annibynwyr, ymhlith y sêr. Ond y cyfeillgarwch mwyaf
arwyddocaol a wnaeth a'r un hwyaf ei barhad oedd gyda John
Gwyn Griffiths, myfyriwr yn y Clasuron fel yntau a mab i weinidog y
Bedyddwyr o'r Pentre, Cwm Rhondda.

> Roeddwn yn sgrifennu cerddi'n weddol helaeth ar y pryd yn Gymraeg ac
> yn Saesneg ac yn ofni eu dangos nhw i neb. Rown i'n gwbl ddiffygiol
> mewn hunan-hyder ac yn ofni mentro siarad Cymraeg er fy mod i'n
> cymryd y Gymraeg fel pwnc yng Ngholeg Caerdydd ar y pryd. Mentrais
> ddanfon y soned 'Amor' i gylchgrawn y coleg ac fe'i cyhoeddwyd . . . Yn
> fuan wedi i'r soned ymddangos yn y *Cap and Gown* rown i'n digwydd
> bod yn gweithio yn llyfrgell y dre a dyna gydfyfyriwr yn dod ata i ac yn
> dweud wrtha i yn Saesneg – roedd yn gwybod nad own i ddim yn siarad
> Cymraeg – ei fod wedi darllen y soned a'i hoffi. Rydw i'n cofio cochi'n
> sgarlad ac yn methu yngan un gair. John Gwyn Griffiths oedd y cyd-
> fyfyriwr ac rydw i'n edmygydd mawr ohono byth wedyn.[14]

Gwyn Griffiths a'i cymhellodd pan oedd y ddau ohonynt yn fyfyrwyr yn
Rhydychen i ddechrau arfer sgwrsio yn Gymraeg (roeddent mewn *punt*
ar Afon Cherwell ar y pryd!); cadwodd gysylltiad agos trwy lythyr pan
oedd Pennar yn astudio ar gyfer ei ddoethuriaeth ym Mhrifysgol Iâl;
priododd Gwyn Griffiths ag Almaenes, Käthe Bosse a oedd ymhlith y

rhai a gyflwynodd Pennar gyntaf i Rosemarie Wolff, Almaenes arall, a
ddaeth yn wraig iddo; ac ef hefyd oedd prif symbylydd gweithgareddau
Cylch Cadwgan a fu mor bwysig yn nhwf diwylliannol Pennar adeg yr
Ail Ryfel Byd. Pan symudodd Pennar a'r Coleg Coffa i Abertawe yn
1959, un atynfa amlwg oedd y ffaith fod Gwyn Griffiths yn byw yn y
dref a braint nid bychan iddo yn 1986 oedd derbyn gan ei hen goleg yng
Nghaerdydd gymrodoriaeth gyflawn, anrhydedd a roddasid i'w gyfaill
dair blynedd ynghynt. Ffrwythlon a pharhaol oedd y berthynas hon ac
yn hollbwysig yn eu gyrfaoedd llenyddol hwy ill dau.

Er iddo fynychu darlithoedd W. J. Gruffydd a Griffith John Williams
yn ei flwyddyn gyntaf, a chael ei drwytho, mae'n amlwg, yn egwyddor-
ion beirniadol Gruffydd ac elwa ar ei wybodaeth banoramig am hanes
ein llên,[15] dewisodd yn hytrach ddarllen am radd mewn Lladin. Cryn
siom oedd hyn i Griffith John Williams – 'Griff bach' i'r myfyrwyr i'w
wahaniaethu oddi wrth ei bennaeth sef 'Gruff mawr' – a synhwyrodd
fod gan Pennar alluoedd academaidd ymhell y tu hwnt i'r cyffredin.
'You must take Welsh as a subject. Not to do so would be a disservice to
Welsh scholarship!' (CC)[16] Ond roedd swildod y llanc o Aberpennar
mewn Cymraeg llafar yn rhwystr iddo barhau â'r pwnc, ac roedd yr
argraff ffafriol a wnaed arno gan H. J. W. Tillyard yn adran y Clasuron
a Cyril Brett ac E. W. Llewellyn ym maes Saesneg, yn ei ddenu at eu
pynciau hwy. Cofiai J. Gwyn Griffiths un o'i ddarlithwyr Lladin, sef y
Cymro Eric Evans, yn rhoi alpha i Pennar am draethawd ar Nero. 'Tipyn
o adyn oedd Nero, ond llwyddodd Pennar i ganmol rhai agweddau
addawol yn rhan gyntaf ei deyrnasiad.'[17] Graddiodd Pennar a Griffiths
gydag anrhydedd yn y dosbarth cyntaf mewn Lladin yn 1932, a dyblodd
Pennar y gamp flwyddyn yn ddiweddarach pan gafodd radd dosbarth
cyntaf mewn Saesneg.

Roedd dau ben i fywyd Pennar yn ystod y cyfnod hwn, y naill yng
Nghaerdydd a'r llall ymhlith ei deulu yn Aberpennar dlawd. Er gwaethaf
ei agnostigiaeth grefyddol, parhâi i fynychu'r oedfaon yn Providence ac
roedd yn ddigon gwerthfawrogol o weinidogaeth y Parchedig D. Garro-
Jones. Brodor o Bentre Estyll, Abertawe, oedd David Garro-Jones (1863–
1935), a addysgwyd yn y Coleg Coffa, Aberhonddu, ac a fu'n weinidog
yn Sir Benfro ac yn y canolbarth cyn dod i'r cwm. 'His stalwart
Christianity and the comfort and cheer he carried with him on his
pastoral visits endeared him to his people', meddai'r *Congregational
Yearbook* amdano, 'and won their highest respect.'[18] Daeth ei fab, y
Capten George Garro-Jones, yn aelod seneddol Rhyddfrydol dros
Ogledd Aberdeen. Weithiau byddai Pennar yn crwydro i gapeli eraill ar

y Sul fel y gwnaeth ar 22 Mehefin 1930 pan wrandawodd ar ei gyd-fyfyriwr, y Bedyddiwr poblogaidd Walter P. John, yng 'nghyrddau mawr' y Ffrwd.

Yn ystod y cyfnod hwn, pan oedd 'helynt Tom Nefyn' yn siglo Cyfundeb y Methodistiaid Calfinaidd a'r efengyl gymdeithasol yn fater trafodaeth frwd ymhlith Ymneilltuwyr blaengar,[19] darllenodd Pennar bapur gerbron cymdeithas ddiwylliannol capel Providence ar y testun 'The new Wales'. Er iddo godi'i het i'r radical Tom Nefyn – y Parchedig Tom Nefyn Williams – a oedd dan ddisgyblaeth gan ei gyfundeb am ymwrthod â sylwedd y Gyffes Ffydd, llenyddol yn hytrach na chrefyddol oedd natur ei sylwadau ac yn arwydd glir o dwf ei syniadau ar y pryd. Fe'i swynwyd yn llwyr gan farddoniaeth Ramantaidd W. J. Gruffydd a Silyn Roberts, ac roedd yn werthfawrogol o awen fodernaidd J. T. Jones (John Eilian) a Prosser Rhys, ond y meistr yn ddiau oedd Bardd yr Haf:

> We now come to Mr R. Williams Parry, and here, metaphorically speaking, I should take my shoes off my feet for the ground on which I stand is – to me, at any rate – holy ground. I am not exaggerating when I say that Williams Parry's 'awdl' on 'The Summer' is the finest poem I have ever read.[20]

Rhagorai gwaith Williams Parry ar John Keats am fod cariad y Cymro at dlysni yn llai synhwyrus ac anianol nag eiddo'r Sais, ac yn fwy ysbrydol. A'r elfen ysbrydol, mewn barddoniaeth ac mewn crefydd, oedd yn bwysig i'r beirniad ugain oed. Beth bynnag am ei broblemau deallusol gyda chynnwys y ffydd erbyn hynny, nid mater o athrawiaeth neu ddogma oedd Ymneilltuaeth iddo ar ei gorau, ond mynegiad o brofiad dilys a theimlad dwys. Mewn geiriau eraill, mynnai dafoli crefydd yn ôl categorïau Rhamantiaeth:

> To our forefathers religion was intensely and gloriously a spiritual thing. To men God was a Spirit, and they worshipped him in spirit and in truth. Their lives were dominated by the 'hwyl'. Welsh preaching in the past was more than doctrine or rhetoric – it was poetry. Unprogressive? Perhaps. Narrow? Yes. Bigoted? Without a doubt. But there was something in it which lifted up the listeners, which poured from the mouth of the preacher in a white heat of emotion and left his spirit chastened from the grossness of earthly delights. It swept over the congregation and left their souls naked in the presence of Something which they could not understand, but which they knew with all the certainty of faith was great

and noble and true. And it is that glorious uplift which I believe is at the
bottom of all true religion.[21]

Byddai angen mwy nag 'uplift', pa mor llesmeiriol bynnag, i brofi
gwerth crefydd a'i gwirionedd, ond o leiaf nid oedd Pennar wedi cefnu'n
derfynol ar y capel eto. Y gwir yw na allai ymysgwyd yn rhydd oddi
wrth ei fagwraeth ysbrydol, ac roedd crefydd yn dal i gyfrif iddo o hyd.
Mae'n amlwg ei fod yn dechrau treulio amser yng nghwmni merched
erbyn hyn. Bu'n gohebu ag Almaenes o'r enw Lissette Doubs rhwng
1932 a 1937 a hefyd, wedi mynd i Rydychen, â Saesnes ysgafala o Oxted,
Swydd Sussex o'r enw Bunty Beaton, ond mae un enw – May Davies – yn
britho'i nodiadau hunangofiannol yn fwy na neb. 'Ymhlith fy nghyfeill-
ion yr oedd merch ieuanc ag iddi'r enw "June Lewis", merch olygus,
feddylgar. Tyfodd y cyfeillgarwch rhyngom ar sail ein cyd-ddiddordeb
mewn llenyddiaeth Saesneg' (CC). Un o Gaerdydd oedd May Davies –
canys dyna oedd ei henw cywir – a bu'r ddau ohonynt yn dilyn y cwrs
anrhydedd Saesneg pan oeddent yn y brifysgol. Roeddent yn gweld
llawer ar ei gilydd am beth amser, yn gymaint felly nes i Edith Davies
holi a oedd ei mab yn bwriadu ei phriodi. Mewn cyfeiriad arall trowyd
'June Lewis' yn 'Joan Pritchard' at ddibenion ei hunangofiant. 'Un
diwrnod tynnodd fy mhen i lawr â'i dwylo er mwyn fy nghusanu' er i
Pennar, yn ei swildod, dynnu oddi wrthi. Cafodd May gryn siom ymhen
blynyddoedd pan unwyd ef â Rosemarie Wolff. 'Pan gynigiais briodi â
ffoadures o'r Almaen yr oedd cyfeilles a oedd gennyf ar y pryd yn ddig
iawn', meddai (CC). Priododd hithau â gŵr ifanc arall yn bur fuan
mewn adwaith chwyrn. Er i Pennar a May Davies fod yn ddigon agos
am ysbaid, ac iddo gyfeirio ati, yn 1942, yn un o'i gerddi serch,[22] eto 'ni
fu dim perthynas rywiol rhyngof fi a Joan' (CC). Gŵr ifanc golygus,
nwydus, normal oedd Pennar a'r gynneddf rywiol ynddo yn gref. Byddai
eros ac *agape* yn ymgiprys am y lle blaenaf ynddo yn aml, fel y dengys
thema'r cnawd ac ysbryd sy'n rhedeg fel llinyn arian trwy'i waith. Nid
oedd ganddo achos i gywilyddio yr un fymryn ynghylch hyn.

Wedi llwyddo mor dda yn ei waith academaidd, treuliodd Pennar
flwyddyn hapus a diddorol rhwng 1933 a 1934 yn dysgu crefft bod yn
athro ysgol. Fe'i gyrrwyd i ddwy ysgol dra gwahanol eu naws ar gyfer ei
ymarfer dysgu: Ysgol Bechgyn Stacey Road yn Sblot i ddechrau, ac
yna Ysgol Uwchradd y Bechgyn yn Cathays. Yn Sblot cafodd ddysgu
rhychwant eang o bynciau yn cynnwys mathemateg, dylunio a cherdd. 'I
noticed', meddai wrth adrodd am y wers Gymraeg, 'that many of the
readers had difficulty in accommodating their Cardiff accent to the

Welsh sounds.'[23] Cafodd ganolbwyntio yn Cathays ar Ladin, Saesneg a Chymraeg. Mwynhaodd ei hun yn fawr, yn fwy yn Sblot nag yn Cathays. 'At ei gilydd', meddai, 'yr oedd yn brofiad tra dymunol' (CC). 'Try to be brisker and more forceful in your exposition and questioning' oedd cyngor ei diwtor iddo. 'You should also look to your discipline . . . You are somewhat too retiring in disposition' (CG 1, t.7), sylw a oedd yn fwy gwir na threiddgar. Disgleiriodd yn rhan ddamcaniaethol ei hyfforddiant a chafodd flas ar feistroli egwyddorion cymdeithaseg dysgu a seicoleg plant. Wrth gyflwyno tystlythyr iddo i fynd i Goleg Balliol yn 1934, cyfeiriodd yr Athro Olive Wheeler, pennaeth Adran Addysg Coleg y Brifysgol, Caerdydd, at ragoriaeth ei draethawd hir: 'This work showed that he had read widely and with insight, that he had unusual powers of sustained and ordered thought, and both in literary style and intellectual ability he was far above the average.'[24] Cymeradwyodd yr Athro ei disgybl dawnus fel un a allai yn rhwydd, o roi'r cyfle iddo, wneud cyfraniad sylweddol i fyd dysg. Ymhen ychydig wythnosau roedd yn parhau â'i astudiaethau, ond yn Rhydychen y tro hwn.

Prin y gwyddai Jo ac Edith Davies beth i'w wneud o'u mab disglair erbyn hyn. Roedd yn dal i fyw gartref, yn ddyn mawr mewn tŷ mor fychan ymhlith chwiorydd nad oedd ganddynt ddiddordeb academaidd o fath yn y byd. Mewn gwirionedd, roedd 'Billy' yn dipyn o enigma iddynt. 'Nid oedd gan fy mam unrhyw awydd am weld ei merched yn cael addysg ar ôl y tipyn a oedd yn orfodol. "You must go into gentlemen's service" meddai'n aml wrth y merched a dyna a ddaeth i'w rhan i gyd' (CG 2). Cymerwyd yn ganiataol mai ef yn unig a fyddai'n mynd ymlaen yn y byd, a buddsoddodd ei rieni bopeth er mwyn cael y gorau i'r mab. Does dim amheuaeth nad ef oedd y ffefryn, a chafodd ei faldodi, braidd, gan y teulu i gyd. Roeddent o hyd yn eithriadol o dlawd a Jo, erbyn hyn, wedi cael ei anafu'n dost o leiaf ddwywaith yn y gwaith glo. Digwyddodd yr anap cyntaf yn 1926 pan dorrodd bont ei ysgwydd a'r eildro yn 1930 pan dorrodd dair asen, bwrw ei forddwyd o'i lle a chleisio'i goesau'n ddifrifol iawn. Creodd y damweiniau hyn boendod seicolegol gwirioneddol ynddo, ac o hynny ymlaen fe'i parlyswyd gan ofn. Ar ben y cwbl, deuswllt a thair ceiniog a gafodd yn iawndal am y mawr ddrwg hwn. 'Yr oeddwn yn gwybod', meddai Pennar, 'fod fy rhieni yn gwneud aberth i sicrhau fy mod yn cael addysg y tu draw i bopeth yr oeddent wedi ei gael eu hunain a'r tu draw i bopeth yr oedd fy chwiorydd hŷn wedi ei gael ac i bopeth yr oedd yr ieuaf, Fflos, yn disgwyl ei gael' (CC). Parodd hyn rywfaint o euogrwydd ynddo, neu o leiaf yr ymdeimlad fod rhaid iddo ymorol am gyflog cyn gynted â phosibl er mwyn ysgafnhau'r baich arnynt hwy. A dyna pryd y camodd y gymwynaswraig ddirgel Mrs Fitzgerald, yn annisgwyl ac yn ddiwahoddiad, i mewn i'w fywyd.

Un diwrnod daeth bonesig ryfedd i'n tŷ tlawd, mewn dillad du a chyda gorchudd yn cuddio ei hwyneb. Dywedodd mewn Saesneg a hwnnw'n Saesneg dieithr o goeth ei bod yn awyddus i roi cymorth ariannol i fachgen tlawd a oedd yn ei haeddu. (CC)

Gwraig fonheddig o Saesnes oedd hon a oedd newydd golli ei gŵr. Etifeddodd ei gyfoeth ac roedd yn awyddus i barhau â'i waith o roi nawdd academaidd i fechgyn tlawd. Roedd y cymoedd ar y pryd ymhlith ardaloedd mwyaf dirwasgedig Prydain, a doedd neb llai na Thywysog Cymru, a ddeuai mewn byr amser yn Edward VIII, wedi ymweld â de Cymru a dweud yn gofiadwy 'Something must be done'. Teimlodd Mrs Fitzgerald y dylai ymateb i'r argyfwng, felly aeth i Forgannwg ar ei hunion ac wedi holi'r meddyg lleol cafodd wybod am fachgen disglair a oedd yn byw yn 11 Heol Duffryn. Ymwelodd â'i deulu yn ddiymdroi. Bu'r ymweliad yn rhyfedd a dweud y lleiaf ac yn ddigon arswydus yn ei ffordd.

Edrychodd arnaf yn chwilfrydig fel un yn ceisio ffurfio barn amdanaf. Prin y dangosodd unrhyw ddiddordeb ym mhresenoldeb fy mam a phan ddaeth fy nhad i weld beth oedd yn digwydd ni chafodd yntau ddim [cyfarchiad?] oddi wrth yr ymwelyddes. Ynof fi yn unig yr oedd ei diddordeb. Yn sydyn tynnodd ei gorchudd. Wyneb gwelw, urddasol ydoedd heb na gwg na gwên. Ni welais ei hwyneb hi fyth wedyn ar ôl yr ymweliad hwn. Cyn ymadael â'n tŷ estynnodd Mrs Fitzgerald bapur punt i mi. Edrychais arno mewn syndod. Yr oedd fy nhad yn gorfod mentro ei fywyd a cholli chwys am hanner wythnos bron i gael cymaint â hynny o gyflog. Wedi i ni ganu'n iach i'r Fones, edrychasom ar ein gilydd mewn syndod. (CC)

Ymhen pythefnos daeth pecyn o lyfrau i'r tŷ, yn rhodd gan y noddwraig ddieithr ac yn eu plith un ar fywyd Iesu o Nasareth. Byddai i hyn arwyddocâd mwy na'r arferol ym mywyd Pennar maes o law. Ynghyd â hyn daeth nawdd ariannol digonol i'w yrru'n gyntaf i Rydychen a wedyn, yn rhannol, i Brifysgol Iâl. Llythyrai yn gyson ag ef o fannau pellennig fel Biarritz, Lausanne ac o'i *chalet* ym mynyddoedd y Swistir, er na chafodd wybod yn union pwy ydoedd na ble roedd yn byw. Y cwbl a wyddai oedd ei bod yn gefnog, yn alarus ac yn awyddus i roi nawdd i fachgen tlawd. Er i'r berthynas rhyngddynt ballu mor ddisymwth ag y dechreuodd yn 1939 pan gafodd wybod i Pennar gofrestru fel gwrthwynebydd cydwybodol, iddi hi, y gymwynaswraig annisgwyl, roedd yn ddyledus am gyfle i fynd yn ei flaen. 'Wrth ei chofio', meddai dros hanner canrif yn ddiweddarach, 'cofiaf bob amser y gorchudd du'. (CC)

Roedd Coleg Balliol yn y 1930au ymhlith colegau mwyaf adnabyddus Rhydychen ac ymhlith yr uchaf ei barch o ran safon ei ddysg. Yr hynaf o golegau'r brifysgol (yn ôl rhai) gan ddyddio yn ôl i'r drydedd ganrif ar ddeg, mae ei leoliad, ar y cornel rhwng St Giles a'r Stryd Lydan yn ymyl cofgolofn y merthyron Protestannaidd ac Eglwys Mair Fadlen, yn ganolog ar gyfer y ddinas a'r brifysgol fel ei gilydd. A. M. Lindsey oedd y Meistr yn 1934, un sydd â'i enw yn adnabyddus o hyd ar bwys ei gyfraniad i fyd athroniaeth. Nid un o Balliol serch hynny ond o Goleg Corpus Christi a benodwyd yn gyfarwyddwr ymchwil ar Pennar, sef H. F. B. Brett-Smith, Darllenydd y Brifysgol mewn llenyddiaeth Saesneg. Dewiswyd, fel testun ymchwil, John Bale (1495–1563) – 'Bilious Bale' – ysgolhaig o hynafiaethwr a berthynai i Urdd y Carmeliaid ac a gefnodd ar Babyddiaeth gan ddod maes o law yn esgob Ossory yn Iwerddon. Roedd yn llenor, yn ddramodydd ac yn ddadleuydd eiddgar o blaid y Brotestaniaeth newydd, a byddai'r traethawd ymchwil arno yn arwain ymhen dwy flynedd at radd B.Litt.

Cyrhaeddodd Pennar ar 12 Hydref 1934, ac roedd yn ddigon ffodus i fyw i mewn yn ystod ei flwyddyn gyntaf yno yn hytrach nag mewn llety allan yn rhywle ar Ffordd Woodstock neu y tu hwnt i Folly Bridge. 'I hope that you are comfortable and happy, dear', meddai ei fam wrtho, 'and I am glad you have a fire, also a *bathroom* at last.'[25] Dyna gysuron na wyddai gweithwyr cymoedd Morgannwg ddim oll amdanynt yn y 1930au. Byddai Edith Davies yn hysbysu'i mab am holl weithgareddau'r teulu a'r gymdogaeth trwy lythyr. Yn Chwefror 1935 daeth gweinidog newydd i gapel Providence, ac adroddiad Edith amdano yn fyrlymus:

Mr Idris Evans preached his first sermon last night and there was a fine crowd there to hear him. The chapel was packed downstairs and quite a lot in the gallery. He is very nice, but a bit shy and reserved yet, but I expect he will get over this by and by.[26]

Cyswllt rhwng dau fyd cwbl wahanol i'w gilydd oedd yr ohebiaeth hon, y naill yn nhlodi dirwasgedig cymoedd de Cymru a'r llall yng nghyfoeth diwylliannol Lloegr uchelwrol. Roedd Bil Davies eisoes wedi cychwyn ar daith a fyddai'n mynd ag ef ymhell o dlodi Aberpennar.

Mewn llythyr at ei gyfaill a'i gyd-hanesydd o Annibynnwr, Geoffrey F. Nuttall a fu ei hun yn Balliol ychydig flynyddoedd ynghynt, soniodd am yr argraff a adawyd arno gan ei gyfoeswyr yn y lle:

> There was much friendly discourse between me and a rather nervous and seemingly inadequate young man named Constant – Harvey Constant unless my memory is playing a rather odd trick with me – who needed me even more than I needed him. But this did not blossom into a lasting friendship. He was always telling people that I had told him that I came from the lowest level of the Welsh mining proletariat. I had said something like that in a jocular way but with no thought of having it circulated . . . One thing I owe to Constant was an introduction to the environs of Oxford in his car, an open-to-the-air Lanchester. I remember him once disturbed after he had found out somehow that his mother was illegitimate.[27]

Wedi graddio mewn economeg yn 1937 aeth Constant yn gyfreithiwr a chollodd gysylltiad â'i gydnabod proletaraidd Cymreig. Ond nid at Saeson cefnog y câi Pennar ei dynnu fwyaf ond at bobl yr ymylon neu at rai a oedd ychydig ar wahân.

> My closest friend in my Balliol days was a Brahmin Hindu named Bimal Biharu Bannerjee from Calcutta. He was not in Balliol. His B.Litt. thesis was on John Sheffield, Earl of Mulgrove. He gave me his address in Calcutta when we parted, and I wrote to him about four times and never had a reply. A marriage had been arranged for him to take place on his return to India. Bimal envied the success of his friend Nandi (of 'lower' caste) as a womanizer. Bimal was not entirely unsuccessful himself.

Ymhlith ei gyfeillion hefyd roedd 'an intelligent Hindu named Mal', Mullavasal Sundaram oedd ei enw llawn, ac Ahmed Mirza Nasir, 'a very earnest Muslim from the Punjab . . . who tried to convert me to Islam'. Roedd eraill ymhlith y cwmni ecsotig hwn: 'I also remember a fellow-researcher named Chakravarty or something very like it who I believe afterwards made good.' Wedi ennill ei D.Phil. yn 1937 bu Amiya Chandra Chakravarty yn Athro Saesneg yn Lahore cyn symud i'r Ganolfan Uwchefrydiau yn Princeton a gorffen ei yrfa fel athro cadeiriol ym Mhrifysgol Boston.

O ran y Saeson: 'I remember Oxford and Asquith [sef Julian Edward George, ail Iarll Rhydychen ac Asquith a gafodd yrfa dra llwyddiannus fel llywodraethwr Zanzibar a'r Seychelles] but I did not really know him!' Fe adwaenai, serch hynny, George John Malcolm a ddaeth wedyn yn gôr-feistr Eglwys Gadeiriol Gatholig Westminster. 'I liked Malcolm and would seek him out at mealtimes. He didn't really mind me either but I had then only a passing acquaintance with music and since he worshipped at Aely-Waggers [sef St Aloyisus, yr Eglwys Babyddol] we both felt we lived in different worlds'. Roedd Peter Geach, myfyriwr israddedig yn y Clasuron, wedi cyrraedd Rhydychen ar union yr un pryd â Pennar. 'For a whole year I was Peter Geach's closest Balliol friend and he was mine. He of course did most of the talking and I most of the listening.' Anghredinwyr neu amheuwyr crefyddol oedd y ddau ohonynt ar y pryd, er i Geach briodi'r athronydd Pabyddol Elizabeth Anscome yn ddiweddarach a dod i arddel ei ffydd. 'I met him once after his conversion to Roman Catholicism but otherwise silence has reigned between us.' Penodwyd Geach yn Athro Athroniaeth Prifysgol Birmingham yn 1951 cyn symud i Leeds yn 1966 gan aros yno tan ei ymddeoliad yn 1981. Roedd un enw arall y bu rhaid i Pennar ei gofnodi gyda mwy o ofid nag o foddhad, sef eiddo'r Sgotyn David Daiches:

> Daiches I remember with admiration but not with warmth. He was malicious when I was afforded a Commonwealth Fund Fellowship. Whether he had applied for one I do not know, but he was much more prosperous than I.

Roedd cystadleuaeth agored rhwng y ddau, a phan aeth Pennar o Rydychen i Iâl yn 1936 dilynodd Daiches ef ymhen y flwyddyn i Brifysgol Chicago cyn symud oddi yno i Washington ac yna i Cornell. Penodwyd ef maes o law yn Gymrawd yng Ngholeg Iesu, Caer-grawnt. Pan ymwelodd â Choleg Abertawe yn y 1960au ar wahoddiad yr adran Saesneg, cyfarfu â Pennar am y tro cyntaf ers 30 mlynedd ond oeraidd oedd y cyfarchiad a'r dieithrwch yn parhau.

Os oedd tramorwyr, Saeson a Sgotiaid ymhlith ei gydnabod yn Rhydychen, roedd Cymry yno yn ogystal yn troi o gwmpas Cymdeithas Dafydd ap Gwilym. Roedd hi'n gyfnod llewyrchus yn hanes y Dafydd gyda bechgyn fel J. R. Jones (a oedd yntau yng Ngholeg Balliol), Hywel D. Lewis, Harri Williams, Dafydd Ap-Thomas, Gwynfor Evans a Gwilym O. Williams yn aelodau. 'Yn Rhydychen mewn cyfarfod o Gymdeithas Dafydd ap Gwilym y gwelais Gwynfor Evans gyntaf', meddai, wrth ddwyn i gof yr achlysur hwnnw:

Un o bobl yr ymylon yng Ngholeg Balliol oeddwn ar y pryd ac yn gorfod edrych dros y bwrdd amser brecwast a chinio'r hwyr yn y Neuadd yno ar wynebau ysbrigau o bendefigaeth yr Alban a Lloegr yn ogystal â chenawon dosbarth mwyaf hunanhyderus y meistri diwydiant ac arglwyddi'r gyfnewidfa. Ond yn y Dafydd y gwelais y llanciau a wnaeth yr argraff fwyaf arnaf, argraff debyg i'r argraff a gafodd Peredur wrth weld marchogion am y tro cyntaf, ac ymhlith y gwroniaid harddaf yr oedd y gwŷr ieuainc sydd erbyn hyn yn Archesgob Cymru ac yn Llywydd y Blaid.[28]

Eto prin y daeth i'w hadnabod yn drylwyr yn y cyfnod hwnnw oherwydd mewn gwirionedd un o 'bobl yr ymylon' ydoedd yn y Dafydd hefyd. Aeth i gyfarfod o'r Dafydd am y tro cyntaf yn nhymor Mihangel 1934, ar 17 Tachwedd, ar wahoddiad J. Gwyn Griffiths, a oedd ei hun erbyn hynny yn dilyn cwrs ymchwil ym Mhrifysgol Lerpwl er iddo fod, flwyddyn ynghynt, yn fyfyriwr uwchradd yng Ngholeg y Frenhines. Cafodd Pennar a D. R. Griffiths, brawd iau Gwyn, a oedd yn fyfyriwr israddedig yng Ngholeg Iesu, eu croesawu i'r cwmni fel ymwelwyr. Dyma'r noson y derbyniwyd Gwynfor Evans yn gyflawn aelod o'r gymdeithas trwy'r ddefod gyfrin arferol.[29] Mae'n rhaid fod y ddau lanc o dde Cymru yn meddwl eu bod wedi dod ar draws ymgynulliad cudd o'r Seiri Rhyddion yn hytrach na'u bod mewn cyfarfod o gymdeithas ddiwylliannol Gymraeg. Daeth Pennar eilwaith ymhen mis pan ddarllenodd Gwilym O. Williams bapur ar Iolo Morganwg, ond ar ôl hyn mae'n diflannu o'r golwg yn llwyr gan golli cryn dipyn o hwyl, bwrlwm a difyrrwch athrylithgar trwy wneud.[30] Y gwir yw nad oedd Pennar eto yn esmwyth ymhlith Cymry hyderus eu Cymraeg a oedd yn gwbl sicr o'u hunaniaeth ddiwylliannol. Saesneg oedd cyfrwng ei ymgom ar y pryd, ac felly y byddai'n parhau am amser eto i ddod. Cymerai flynyddoedd iddo fwrw'r swildod hwn. Ond roedd y cysylltiad wedi'i wneud a'r awydd i ymuniaethu â'r Cymry yn amlwg.

Beth bynnag am y profiadau ymhlith ei gyd-fyfyrwyr, budd academaidd yn fwy na chymdeithasol a gafodd Pennar yn ystod ei ddwy flynedd yng Ngholeg Balliol. Bachgen distaw a swil ydoedd o hyd ac yn anghysurus, braidd, ym mhob cwmni yn arbennig ymhlith pobl bwerus ac uchel eu cloch. Nid oedd rhaid i neb ei argyhoeddi o'r diffygion hyn. 'I am admittedly rather diffident and lack to a considerable degree what may be called a social presence of mind', meddai yn ddiweddarach.

I believe that my early adolescence was exceptionally miserable. I suffered in secret from a tormenting combination of a rigid moral sense with a powerful religious evangelicalism and an even more powerful religious scepticism . . . Ever since I have been troubled with a faltering timidity and reserve as a social being, balanced by a quiet and perhaps entirely misplaced belief in myself as an individual. Cardiff did nothing to change this.[31]

Ni wnaeth Rhydychen fawr mwy, ond sicrhaodd ei lwyddiannau academaidd yno fod ganddo botensial i flodeuo yn y man. Roedd gan ei athrawon, Brett-Smith, James Osborne a Percy Simpson o Goleg Oriel feddwl uchel o'i waith, a phan gyflwynodd ei draethawd 'John Bale and his Dramatic Works' ar gyfer gradd B.Litt., cafodd gymeradwyaeth neilltuol gan neb llai na C. S. Lewis a'i harholodd. Er mai llenyddol oedd natur y gwaith, dangosodd Pennar feistrolaeth ar hanes dyrys y Diwygiad Protestannaidd a'i syniadaeth, a byddai hyn yn baratoad rhagorol ar gyfer ei waith diweddarach fel hanesydd eglwysig. Roedd y traethawd yn ymestyn dros 650 tudalen, a'i safon ymhell uwchlaw yr hyn a ddisgwylid ar gyfer gradd baglor. 'I found Mr Davies a most satisfactory and capable research student', meddai H. F. B. Brett-Smith.

The subject which he chose was one which could not be pursued without an unusual amount of reading and investigation, and I was impressed both by the thoroughness of his methods and by the maturity of his judgement . . . I have a high regard for his personal character.[32]

Cyhoeddwyd peth o ffrwyth ei ymchwil mewn erthygl hirfaith yn Nhrafodion Cymdeithas Lyfryddol Rhydychen yn 1939, ac ymddangosodd yr astudiaeth fel cyfrol ar wahân.[33] Ni roes 80 tudalen *A Bibliography of John Bale* argraff deg o swmp a manylder y gwaith gwreiddiol, ond sicrhaodd fod enw ei awdur, 'W. T. Davies', yn hysbys yn y cylchoedd academaidd. Argoelai yn ffafriol ar gyfer swydd golegol iddo maes o law.

Beth bynnag, gyda'r radd wedi'i hennill a chyda chymeradwyaethau fel yr uchod, enillodd Pennar wobr academaidd eithriadol ei bri, sef Cymrodoriaeth y Gymanwlad i astudio mewn unrhyw brifysgol yn y byd. Dewisodd groesi'r Iwerydd a mynychu Prifysgol Iâl.

2 ✑ Y Llanc yn Troi yn Ddyn, 1936–1939

A c yntau bellach yn 24 oed, yn raddedig o Brifysgol Cymru ac o Rydychen, mentrodd Pennar i New Haven, Connecticut, ddiwedd yr haf 1936 a chofrestru'n fyfyriwr yn adran Saesneg Ysgol Graddedigion Prifysgol Iâl. Daeth yn aelod yng Ngholeg Branford, un o'r naw coleg a berthynai i'r brifysgol, ac yn fuan iawn daeth i werthfawrogi'r lle yn fawr. 'I enjoyed my time at Yale, from 1936 to 1938. I was a Commonwealth Fund Fellow, and that means a comfortable income such as I had never enjoyed before and shall never enjoy again.'[1] Dyma fab Jo ac Edith Davies yn parhau i fyw bywyd a oedd ymhell y tu hwnt i ddychymyg ei rieni a bellach yn mwynhau cysuron na allent hwy ond breuddwydio amdanynt. Roedd yr amrywiaeth goludog a oedd ar werth yn siop Macy yn rhyfeddod syfrdan iddo ac yntau â digon o arian i fedru manteisio arni yn llawn. Roedd y bywyd cymdeithasol yn wefr, y gwmnïaeth newydd yn amheuthun a'r cyfle i ddatblygu ei sgiliau academaidd yn ysbrydiaeth ac yn her. Dechreuodd ymddiddori mewn pêl-droed Americanaidd, gan ddilyn gemau'r colegau yn gyson, a lledodd ei adenydd diwylliannol i gynnwys cerddoriaeth a'r celfyddydau gweledol yn ogystal â drama a llên. Ymwelodd yn gyson â Thŷ Opera'r Metropolitan a daeth yn gryn *connoisseur* o'r cyngherddau a gynhelid yn wythnosol yn Neuadd Woolsey dan nawdd ysgol gerdd y brifysgol. Ar 20 Hydref 1937, er enghraifft, bu'n gwrando ar ddatganiad piano gan Sergei Rachmaninov ac ar 8 Rhagfyr clywodd am y tro cyntaf Yehudi Menuhin ar y fiolin. Erbyn hyn roedd Bil Davies (fel yr oedd ei gyfeillion yn ei adnabod) yn blodeuo'n gymdeithasol ac yn magu'r hunanhyder y bu'n boenus amddifad ohono ymhlith bonheddwyr Rhydychen a Chymry Caerdydd hyd yn oed, yn Gymraeg ac yn ddi-Gymraeg. Mewn gair, roedd Pennar o'r diwedd yn wirioneddol yn ei elfen.

Daw'r ymdeimlad o ryddhad deallusol ac o anturiaeth ddi-ben-draw i'r golwg mewn dau waith a gadwodd o'r cyfnod hwn, sef disgrifiad hynod fywiog o daith modur dri mis ar draws America yng nghwmni cyfaill iddo, Ted Taylor, yn haf 1937, ac yna, ddyddiadur manwl yn cofnodi'i brofiadau a'i argraffiadau mewnol – a'i farn finiog am bobl eraill – yng ngwanwyn 1938. Ni chyhoeddwyd yr un ohonynt. Gwelwn yma'r llanc megis yn troi yn ddyn.

Cychwynnodd ef a Taylor ar eu taith ar 24 Mehefin. Erbyn 13 Medi yr oeddent wedi teithio 13,000 milltir ar draws cyfandir cyfan gan gyrraedd Monterrey, México yn y de ac ymestyn at Vancouver, Canada, yn y gogledd a chyffwrdd â phob cornel o'r Taleithiau Unedig (a'r tu hwnt) wrth fynd. Soniai, wrth gychwyn, am 'this magnificent expanse of country . . . with bewildering intimations of vast wealth and terrifying barrenness and grotesque extravagance and supremely intimate beauty',[2] ac am ei ddymuniad i gadw gwrthrychedd, pellter a rhyw oerni dadansoddol wrth fynd yn ei flaen. Buan iawn, fodd bynnag, y cafodd ehangder y wlad, mawredd y cyfandir a chyfaredd y bobl y gorau arno, a doedd dim amdani ond rhyfeddu'n syn. Cyfeirio tua'r de a wnaethant gyntaf, trwy'r 'taleithiau canol' (New Jersey a Pennsylvania) ac i mewn i'r de, Maryland, Virginia ac yna Kentucky a Tennessee. Mynnai gymharu'r wlad â Rhufain gynt a'i ffyrdd hwylus, ei chymesuredd clasurol a'i rhaniadau creulon rhwng caeth a rhydd. 'Even Memphis, Negro slums and genteel residences alike, oddly suggested some city of the Roman Empire' (t.2). Ffrwydrodd ei ddychymyg wrth gael ei wynebu â chynifer o olygfeydd ac â chynnwrf y ddrama ddynol yn ymagor o'i flaen:

> If this was the Roman Empire it was a backward province where the slaves had been freed in a local revolution and were playing at freedom with fecklessness and boredom. We seemed to be manoeuvering our way through a long party of Negro stragglers on their way home from their chapel in their Sunday clothes. We had to drive carefully at night because we did not know when and where and how suddenly a yellow frock might stroll across the road or an ancient car show up, parked without any lights, full almost to suffocation with pairs of Negro lovers whose eyes would watch us curiously as we passed. (t.2)

Roedd y cwbl mor ddieithr a chyntefig ac estron a byw.

Fel y gellid disgwyl gan Gymro oddi cartref a wyddai boen dirwasgiad economaidd a llymder byw, cael ei ddenu a wnaeth Pennar nid at yr Americaniaid gwynion, cyfain, pwerus, iach, ond at y lleiafrifoedd ethnig, yr Affro-Americaniaid a'r Mecsicaniaid a'r Americaniaid brodorol yn nes ymlaen. 'While there were poverty and pain and ugliness enough in the lives of the impoverished classes of the South these things were poignant rather than depressing' (t.2) oedd ei farn. Buont yn New Orleans am ysbaid rhwng 5 a 9 Gorffennaf, aethant ymlaen trwy Texas ac yna, erbyn 23 Gorffennaf cyrraedd New México a dinas Santa Fé. Yn ymyl Santa Fé roedd pentref Taos ac roedd yr atynfa i'r lle yn un amlwg iawn. Yno roedd D. H. Lawrence wedi'i gladdu ymhlith y gymuned fohemaidd o artistiaid a llenorion a droes y pentref llychlyd, crasboeth hwnnw yn werddon greadigol. Roedd gwraig Lawrence, Frieda, yn byw yno o hyd, ond nid gyda hi ond gyda llenor arall y dechreuodd Pennar ymgomio. 'I talked with a literary man who was interested in promoting regional cultural activity' (t.4), meddai, a pho fwyaf y siaradent, mwyaf oll y sylweddolent pa mor debyg oedd eu diddordebau.

Mab i genhadon Presbyteraidd oedd Haniel Long (1886–1956) a anwyd yn Rangoon, Burma, a'i addysgu ym Mhrifysgol Harvard. Bu'n dysgu Saesneg ym Mhrifysgol Pittsburg, Pennsylvania, am gyfnod cyn symud i Santa Fé yn 1929 er mwyn ceisio gwneud bywoliaeth trwy ysgrifennu. Rhyw fath o gyfrinydd delfrydgar oedd Long, 'an idealist and reformer, deeply religious and courageously independent in his beliefs'[3] yn nhraddodiad Henry David Thoreau a Ralph Waldo Emerson. Roedd yn gyfaill ac yn ysbrydoliaeth i nofelwyr Americanaidd cyfoes fel Paul Horgan ac Oliver La Farge, ac roedd Pennar ac yntau yn deall ei gilydd i'r dim. 'He is a good fellow, thoughtful, balanced, unpretentious', meddai Pennar, wrth adrodd am ei gyfaill newydd wrth ei rieni:

> Haniel Long and I talked enough with each other to know that we wanted to talk much more. I think that we were both genuinely sorry to part from each other . . . I felt that here was something like my intellectual milieu . . . At Santa Fé with Haniel Long I knew what I wanted: to participate in the interaction of minds that were concerned with the problems of right living, and to participate in a literature that was not just another artistic embellishment on life, but a gravitation towards living life more decently and honourably and fully.[4]

Cychwynnodd cyfeillgarwch rhyngddynt a fyddai'n parhau tan farwolaeth Long ugain mlynedd yn ddiweddarach. Cyflwynodd Pennar ei gyfrol o gerddi *Naw Wfft* (1957) 'er coffadwriaeth Haniel Long, Santa Fé, New Mexico: cyfaill, llenor, dyngarwr'. Ond ar y pryd prin y sylweddolodd y Cymro y byddai'r berthynas yn tyfu mor glòs. Roedd New México am y ffin â'r hen México a'i brodorion tlawd yn llawn miri cwrs a chân: 'These people reminded me vividly of the industrial proletariat of South Wales' (t.5).

Os ymdeimlai Pennar ag aruthredd y greadigaeth gan gydymdeimlo
â'r werin, yn Sbaenwyr neu yn bobl ddu, taranai, yn ystrydebol braidd,
yn erbyn baster masnachol Dallas a Fort Worth a oedd yn gynnyrch 'a
generation of intellectual and emotional dwarfs' (t.5). Roedd hi fel petai
delfrydiaeth y *noble savage* ac efallai ormod o gwmni Haniel Long wedi
ei rwystro rhag priodoli dim daioni i'r America ddinesig, fodern.
Mawrygai yn hytrach 'the deserts and the silver-hinting sagebrush and
the strange sense of the godlike concentration of inanimate things in the
prayerful silence of the peaks and the proud rush of the canyon streams'
(t.6). Wedi'i swyno gan New México a bwrw cyfnod mor hapus yn
Santa Fé, mor wahanol oedd erchylltra poblog Los Angeles, ffenomen,
meddai, yn fwy na dinas, 'the Babylon of Ballyhoo!' (t.8). (Byddai'n
dweud bod Chicago hefyd, 900 milltir i'r gogledd a hanner cyfandir i
ffwrdd yn 'more primitive than Babylon. Here was Babel, stricken with a
confusion of appetites and itches; competition roved in murderous
frenzy everywhere' (t.12)). Ffansi hunandybus y llenor ifanc a geir yn ei
ddisgrifiad o ddinas fawr arall California, San Francisco: 'If Venice is the
spouse of Neptune, San Francisco must surely be his favourite mistress. I
watched her gesture and her gait with a simple delight of a young man
in the beauty of a woman with a past' (t.9). Ond eto nid y dinasoedd a
aeth â'i fryd, hyd yn oed y rhai chwaethus, gwâr, ond gogoniannau
natur, y mynyddoedd, y fforestydd a'r gwŷdd. Am Yosemite a Yellow-
stone, 'I had seen it all before in romantic poetry' (t.9).

O San Francisco anelodd y ddau ar hyd arfordir y dwyrain mor bell i'r
gogledd â Seattle ac wedi gwibio i mewn i Ganada, lle buont yn aros am
wythnos ddiwedd mis Awst, aethant yn ôl drachefn trwy Wyoming a
Montana i gyfeiriad Sioux Falls. Er iddynt ymweld â Chicago, Detroit,
Buffalo a Syracuse gan ffinio â'r Llynnoedd Mawr, dirmyg oedd ganddo
at yr America fecanyddol, fodern: wele 'Dwarfdom threatening the
whole world like a horrid cloud of locusts' (t.12). Yr hyn a feddiannodd
ei enaid, yn hytrach, ac a fyddai'n aros yn y cof am yn hir, oedd 'the
human America of labourers and lovers whom I had glimpsed in shy
peeps, the august and lovely America of inhuman things to which I have
yearned . . . knowing that this would not be again' (t.12). Roedd
mawredd ac ehangder ac ysblanderau'r wlad wedi ymestyn gorwelion ei
ddychymyg a'i ryddhau o hualau tŷ teras cyfyng yn un o gymoedd culion
de Cymru. Nid nad oedd yn Gymro gwlatgar o hyd a'i wladgarwch yn
prysur droi yn genedlaetholdeb pendant, ond bellach roedd y cyd-destun
yn newydd, yn helaethach, yn ehangach. Dyma ddyn ifanc, hoenus â byd
newydd megis yn ymagor o'i flaen.

Cadwodd mewn cysylltiad â'r hyn a oedd yn digwydd gartref trwy lythyru'n gyson â'i fam. 'My son will be a great author one day', meddai Edith Davies gyda balchder mawr ar 4 Mawrth 1937. 'Do you do any more on those novels you started at home?'[5] Roedd y dychymyg llenyddol a arddangoswyd yn adroddiad y daith eisoes wedi'i fynegi mewn nofel na chafodd fyth mo'i chwblhau ac a alwodd Pennar *The Break-Away*. Hanes Math Rosser a'i frawd Arthur ydoedd, eu cyfaill Arnold Gwatkin, a'u dau gariad, Gwen ac Ann Porteus. Dau fab i deulu gweddol gefnog yn Nhre-sais (Tresayce) yng nghymoedd Morgannwg ydynt, y ddau wedi cael addysg yn Rhydychen, ac yn ymdeimlo â chyfyngder eu cefndir. Mae'r ddau yn artistig gydag un yn ymgorffori delfryd 'celfyddyd er mwyn celfyddyd' a'r llall yn bwriadu ymroi i fath iwtopaidd o wleidyddiaeth. Mae Arnold Gwatkin, ar y llaw arall, yn fwy bydol ei ddiddordebau, a'i ffigur yn gweithredu fel gwrthbwynt yn y stori i ddelfrydau aesthetig y ddau frawd. Cynrychioli dwy agwedd ym meddwl Pennar ar y pryd a wnâi Arthur a Math. 'It will be taken for granted that the world as it is is unworthy of man at his noblest', meddai'r awdur. 'The contest will be between the methods adopted by two different minds to deal with the situation.'[6] Mae'r nofel – neu'r un bennod y llwyddodd Pennar i'w chwblhau – yn drymlwythog o syniadaeth ac athroniaethau, a'r ddeialog, o'r herwydd, yn ymhonnus ac yn afreal iawn. Nid oes ynddi strwythur amlwg ond mae'r disgrifiadau o Dre-sais yng ngolau lleuad yn fyw a'r ymgais at greu cymeriadau diddorol – os anarferol ac od – yn glodwiw. Ni raid dweud bod yr elfen hunanddisgrifiadol yn gref iawn. Dyma Pennar wedi dechrau ar y proses o fod, os nad yn 'awdur mawr' yn y termau yr oedd Edith Davies wedi'u proffwydo, o leiaf yn awdur toreithiog a chanddo'i lais a'i weledigaeth ei hun.

Materion teulu, capel a bro oedd byrdwn sylwadau llythyrau ei fam, gydag Edith, ac ambell waith Jo neu'r chwiorydd, yn hysbysu 'Billy' am ddigwyddiadau lleol. Crybwyllid materion cyhoeddus ar adegau, fel Rhyfel Cartref Sbaen, carwriaeth y Brenin Edward VIII â'r Americanes Wallace Simpson, a llosgi'r ysgol fomio ym Mhenyberth, Llŷn. Er iddi hi fynegi'i chydymdeimlad â Saunders Lewis wedi iddo golli ei swydd yng Ngholeg y Brifysgol Abertawe, meddai Edith: 'I don't think we shall ever see Home Rule for Wales. I think Wales is gone too poor now.'[7] Ond nid gwleidyddiaeth oedd gwir ddiddordeb ei fam ond materion llawer mwy real y cartref. Wedi crybwyll ei gofidiau ariannol a'i gofal beunyddiol am ei gŵr a oedd yn dal i ddioddef yn dilyn ei anafiadau yn y gwaith, meddai: 'We can't have everything our own way in this world, and besides it would not do, it could make us very selfish.' A hithau yng ngolwg ei mab y wraig fwyaf anhunanol a fu erioed, dyma Edith yn awgrymu pa mor llwm oedd pethau arnynt mewn gwirionedd: 'but we poor people could do with a bit more joy in our lives.'[8] Cysur Edith Davies a Jo a'u gorfoledd diamheuol oedd llwyddiannau ysgubol eu mab. Roedd y cwlwm teuluol yn dal yn odiaeth o dynn.

Ar wahân i lythyrau ei fam, roedd amryw o'i hen gyfeillion yn cadw cysylltiad ag ef hefyd. 'I didn't understand a word of your last letter', meddai'r Saesnes benchwiban Bunty y daeth Pennar yn gyfeillgar â hi yn Rhydychen. 'I can't see why you have to make life so terribly difficult for yourself – by the time you've finished puzzling things out, if ever, you'll be too old to enjoy life at all.'[9] Roedd llythyrau May Davies, ar y llaw arall, yn feddylgar, yn ddiwylliedig ac yn ddwys. Roedd ei hagwedd hi at fywyd am y pegwn â synnwyr cyffredin anghymhleth Bunty. 'I've always associated you with unlimited, inexhaustible powers of writing', meddai, 'and I somehow expect you to live up to them.'[10] Er na cheir arlliw o'r peth yng ngohebiaeth y ddwy ferch hyn, roedd argoelion fod serch a rhywioldeb yn perthyn i'r ymagor nwyfus yr oedd Pennar yn ei brofi ar y pryd. Cafodd gryn flas ar gofnodi yn ei ddyddiadur barti tra bohemaidd ei naws y bu ynddo adeg y Nadolig 1937 'when Marilyn Martin danced with castanets and let eight of us make love to her at once and when Dorothy Koch felt sick and sprawled in an armchair saying "I want to be poked!"'[11] Canasai ganeuon erotig eisoes. Yn 'Diffyg traul' a ddyddir tua 1936, disgrifia'r weithred rywiol gan sôn am 'gyd-dywallt neithdar ar y llawr' sy'n gyfeiriad at anhawster mab a merch i ymgyrraedd at orgasmau rhywiol cydamserol. Nid oes, meddai

> D[d]im problem ond y broblem fanwl, ddofn,
> problem gohirio hyd yr eithaf awr
> y cyffro rhythmig olaf; a dim ofn
> ond ofn yr ecstasi ardderchog, fawr . . . [12]

Gellid awgrymu mai ffrwyth ei ddarllen a'i ddychymyg oedd hyn ac ôl syniadaeth D. H. Lawrence arno'n drwm. Fodd bynnag, roedd serch, ysbryd a'r cnawd yn thema bwysig yn holl gorff canu Pennar ymhellach ymlaen a chynhwysai *Cinio'r Cythraul* (1946) a *Naw Wfft* (1957) gerddi serch o'r 1930au a oedd yn dyner ac yn nwyfus iawn. Soniai fwy nag unwaith wrth ei gyfeillion yng Nghylch Cadwgan adeg y rhyfel am ferch o Féxico y bu'n ei chanlyn yn America. Hon oedd 'Y Fadfall Lwyd', 'rhiain a garwyd unwaith gan y bardd', y bu'r cof am eu 'neithior' yn

ysbrydiaeth flynyddoedd wedyn.[13] Ni wyddai ei gyd-aelodau yng
nghyfeillach Cadwgan faint o goel i'w roi ar hanes y Fadfall; pwy yn
union ydoedd a beth oedd natur eu cyd-berthynas. 'During the con-
fessional sessions of the "Cadwgan Circle" Pennar used to speak of a
ceremonial espousal with the "Grey Lizard", an Indian girl from Mexico
when he was Commonwealth Fund Fellow at Yale University', meddai
Gwyn Griffiths. 'This was a two-year period, and doubtless much was
possible during the long vacations down Mexico way.'[14] Er nad oes sôn
am unrhyw gariadon yn yr adroddiad am ei daith Americanaidd,
dywedodd yn *Cudd Fy Meiau* fod 'digwyddiadau rhywiol yn hanes pob
un ohonom na allwn sôn amdanynt wrth ein cyfeillion agosaf'.[15] Er iddo
dynnu llen dros y manylion, mae grym ac angerdd y cerddi '*Manibus
date*: er cof am Yvette Cauchon' ac 'I Barbara' gyda'i sôn am

> . . . [b]ob stranc
> Addurnodd burdan fy ieuenctid drud,
> Glendid Yvette a serch y Fadfall Lwyd[16]

yn awgrymu i *agape* ac *eros* ymgiprys am y llaw uchaf yn ei fywyd
carwriaethol, nid lleiaf yn ystod ei flynyddoedd yn Iâl.

Ond nid nwydau serch nac eangderau'r mynyddoedd a'r paith oedd yr
unig bethau i ledu pyrth profiad y Pennar ifanc ymhell o'i famwlad.
Roedd cwmnïaeth a gwrthdaro ymhlith ei gyd-fyfyrwyr yn symbyliad
parhaus. Augustus Baer (1917–75) a Clem Linnenberg (g.1912) oedd yr
agosaf o blith ei gyfeillion. Wedi cymryd yr enw crefyddol Alban, ym-
aelododd 'Gus' Baer ag Urdd Sant Bened a bu'n fynach ym Mhriordy
Sant Anselm yn Washington DC am gyfnod ac yna yn Abaty Grigor
Sant, Portsmouth, Rhode Island, lle bu'n athro Saesneg yn yr ysgol a
berthynai i'r abaty am weddill ei oes. Cafodd Linnenberg yrfa barchus
os ananturus fel economegydd yng ngwasanaeth sifil yr Unol Daleithiau
a chadwodd gysylltiad agos â Pennar am yr hanner canrif nesaf. (Byddai
o hyd yn dwyn ar gof daith gofiadwy a gafodd y ddau ohonynt i
Provincetown ar ben eithaf Cape Cod, Massachusetts, yng ngwanwyn
1937.)

Perthynai'r tri ohonynt i gylch disglair o fyfyrwyr ymchwil a oedd yn
estyn ffiniau dysg yn Iâl ar y pryd. Yr hyn sy'n drawiadol, onid yn
syfrdanol, am y dyddiadur a gadwodd Pennar rhwng 1 Ionawr a 26
Ebrill 1938 yw nid yn gymaint ei onestrwydd – cafwyd prawf o hynny yn
y dyddlyfr enaid *Cudd Fy Meiau* a luniodd ddegawd a hanner yn
ddiweddarach – ond yr elfen gref o ysictod ysbrydol sydd ynddo gan

ymylu ar brydiau ar nihiliaeth lwyr, a'r parodrwydd i sgrafellu'i gydnabod yn ddidostur iawn. Pan gydnabu ymhen blynyddoedd yr elfen o ddyngasedd a oedd yn ei gyfansoddiad, ychydig a oedd yn ei goelio. 'Blynyddoedd yn ôl', meddai yn 1955, 'cyn imi droi yn derfynol at yr Ymgnawdoledig, yr oedd dyngasedd chwyrn a diflas yn elfen barhaol yn fy ymarweddiad. Ciliodd dan belydrau'r Haul, gan adael yn unig ryw amlinell rimynaidd o syniciaeth chwerthinus.'[17] Gwelir yma nad ffansi'r llenor oedd y gyffes honno ond bod iddi sail ffeithiol a gwrthrychol iawn. Beth bynnag arall oedd y dyddiadurwr herfeiddiol hwn, un tra gwahanol ydoedd i'r 'bersonoliaeth gyfoethog, hardd a chywir, arwrol ei weledigaeth a thra gostyngedig ei feddwl a'i ymarweddiad'[18] y dysgodd Cymru yn ddiweddarach i'w barchu mor fawr.

Awydd mawr Pennar yr adeg hon oedd cael bod yn artist. Er gwaethaf ei hyfforddiant academaidd uwchraddol, yr ysfa greadigol oedd bwysicaf iddo o ddigon. Datgelodd hyn mewn llythyr at Evan Davis, cynrychiolydd ei noddwraig Mrs Fitzgerald: 'I can honestly say that even my academic career has been a minor interest', meddai. 'I am not a steady and devoted academician . . . But I believe that given a little luck and a little leisure I could write literature which would justify in some measure the egotism of this letter.'[19] Ysgrifennai gerddi a straeon byrion yn achlysurol, a'i ddymuniad mawr oedd gwneud ei farc ym myd llên. Creadigrwydd oedd ei eilun a'r bywyd artistig oedd ei wefr. 'Since agnosticism has no ethical meaning it is necessary for me to live unethically or to choose an ethic', meddai yn ei ddyddiadur ar 1 Ionawr 1938.[20] Roedd ef yn cynnal deialog fewnol ar y pryd â Julian Huxley (1887–1975) a Gerald Heard (1889–1971), dau boblogeiddiwr damcaniaeth esblygiad, ac yn cael ei dynnu rhwng dibwrpasedd metaffisegol a math o ddirfodaeth a oedd yn seiliedig ar yr egnïon creadigol a deimlai oedd yn cwrsio trwy'r byd. 'I must create my cosmology as I would create a drama or a novel' (t.1). Yr unig integriti oedd integriti artistig a'r unig farnwr arno oedd ef ei hun: 'This is what I mean when I declare my resolve to be an artist in living, my moral life is to be part of my art' (t.2). Allan o'i gyflwr presennol, 'the débris of my present hand-to-mouth moral existence' (t.3), crefai am gyfanrwydd ac am drefn, a gwyddai fod rhaid iddo greu'r drefn honno allan o ddefnyddiau o'i wneuthuriad ei hun. Roedd crefydd draddodiadol a chyfundrefnau athronyddol megis Platoniaeth yn haniaethau diystyr iddo bellach, ond yn ddiddorol iawn credai fod y profiad diwygiadol a gafodd pan oedd yn llanc yn fynegiant dilys o bŵer y greadigaeth. 'Talking to Clem last night, I spoke of that religious experience of mine at the Barraclough meeting at the age of 12 as an "orgasm".' Er bod y cynnwrf yn un emosiynol a heb arwain at ymlyniad crefyddol parhaol, eto amlygai rywbeth o'r *élan* a wnâi fywyd yn werth ei fyw. 'That was perhaps my nearest identification with the stuff of life which is common to the exponents of life' (t.5). Ac roedd yr elfen erotig yn rhan o'i ystyr a'i hanfod, rhywbeth y byddai'n parhau i'w gredu ymhell wedi iddo ddod i arddel y ffydd.

Ond eto amheuwr ydoedd fel y mynnai o hyd. Pan oedd ei gyfeillion yn galaru oherwydd cwymp y gwareiddiad modern a geudeb honiadau crefydd, gwyddoniaeth a moes,

> I remarked how good it was to have begun as an agnostic and see all the world gradually be converted to *you* without your lifting a finger, to see researchers and philosophers and scientists working in a frenzy to vindicate *your* platitude, to be able to say 'I told you so' everlastingly. (tt.31–2)

Roedd mwy fyth o orchest yn ei ymateb mewn trafodaeth a gynhaliwyd ymhlith ei gydnabod ar 15 Ionawr. Er bod ei gyfeillion yn trafod, yn fwy neu lai o ddifrif, sacramentau crefydd a'r syniad o gyfryngu gras,

> I rejected the necessity for any means of grace. I rejected the whole notion of a something higher than myself which it was necessary for me to contact. I knew nothing higher than myself. I was the most complete incarnation of God that I knew, and so I was not merely un-Christian but anti-Christian! (t.49)

Roedd y cabledd herfeiddiol hwn yn fynegiant i ingoedd mewnol Pennar a'r anesmwythyd cynyddol yr oedd ei ddiffyg ffydd yn ei greu. 'My little speech was a gross and violent enunciation of the prejudices which have been stirred in me by Heard', cyfaddefodd iddo'i hun. 'I am not so petty a proud rebel as my speech would indicate' (t.51).

Roedd yn sicr yn gybolfa ferw o dueddiadau croes: yn egotistig ac yn ostyngedig, yn haerllug ac yn dyner, yn annymunol ac yn dosturiol am yn ail. 'It would be easy for me to become merely famous', meddai ddeuddydd yn ddiweddarach. 'What I want is a self worthy of the self-respect of which I know I am capable' (t.54). Ond er gwaethaf ei hyder academaidd cynyddol, a'r cyfleoedd a gafodd i ymddiwyllio ac i ehangu ei orwelion ymhell y tu hwnt i'w freuddwydion mwyaf carlamus gynt, gwyddai ei fod yn fach: 'Shall I ever be reconciled to my own littleness?'

(t.71) gofynnodd. 'I am indisputably and irredeemably small' (t.103). Nid oedd yn ddim namyn methiant cymdeithasol ac efrydd seicolegol, 'a psychologically crippled son of a wretchedly poor South Wales miner' (t.103). Ac yn waeth na'r cwbl, roedd y blynyddoedd yn llithro heibio'n gyflym tu hwnt: 'I am twenty-six and the wells of life and love are drying up in me' (t.71).

Os oedd hunan-dyb a melodrama yn ymdoddi i'w gilydd yn y sylwadau hyn, roedd ei ddisgrifiadau o'i gyfoeswyr yn aml yn grafog ac yn gas. Byddai ef, Gus Baer a Clem Linnenberg, yn mynychu bob wythnos seiat dan nenbren Cecil Driver, athro Gwleidyddiaeth a chymrodor Coleg Timothy Dwight, a thrafod, ymhlith pethau eraill, y berthynas rhwng ffurf a chynnwys mewn celfyddyd, pwrpas ymchwil mewn prifysgol, geudeb neu wirionedd crefydd, gwerth cymharol llên greadigol a llên ffeithiol ac yn y blaen. Roedd hi'n gyfle amheuthun i hogi'r meddwl a byddai Pennar yn cyfrannu'n ddigon huawdl at y sgwrs. Ond roedd eraill yno hefyd: Karl Olsen, 'that great nomenclator of authors . . . without his names that man would be banal' (tt.17, 18); George Newbury, 'bright, detached, shallow and only negatively pleasant' (t.18); yr Albanwr John Grey, 'this graceless Calvinistic vulgarian . . . I suppose God and Calvin know what *he* tried to say (tt.17, 48); y Sais Christopher Howard, 'so petty and facile and self-interested . . . Christopher's deepest feelings are pertness and condescension. He is incapable of intellectual penetration or conceptual profundity (tt.74, 75); a Don Frazier, 'a fat and earnest Platonist from the Divinity School . . . [whose] plebian preacher's manners and mixture of humility and self-reverence which the self-dedicated or God-dedicated young man exudes like a body odour masquerading as an odour of sanctity' (tt.17, 46).

Roedd y caleidosgop lliwgar o bersonoliaethau a fu'n wrthrych gwawd Pennar yn ymestyn y tu hwnt i gylch y myfyrwyr. Roedd yn cynnwys aelodau o staff y brifysgol, a'u gwragedd, a'r rheini yn aml wedi bod yn ddigon caredig tuag ato. Dyna David Winser yng Ngholeg Davenport a oedd 'a moral and intellectual invertebrate' (t.62), a Mrs Ladd 'who ekes out her existence with the emotional futility of Tschekov's plays and the intellectual frivolity of Trollope's novels' (t.24). 'The *reductio ad absurdum* of bourgeois social gatherings is perhaps a buffet luncheon at the Reeds' (t.25) meddai, ond roedd yn ddigon parod i dderbyn y gwahoddiad i fynd yno. Ni allai osgoi yn y gweithgareddau cymdeithasol hyn 'an alarming number of dolts and boors' (t.24), ond o leiaf cafodd gyfle yno i ladd ar 'the blasé apathy of the modern intelligentsia' (t.25). 'I used to be oppressed by the spectacle of stupidity in my immediate environment, and still I am', meddai ar 18 Chwefror. 'But now I am frequently more oppressed by the spectacle of wasted intelligence' ymhlith ei gydnabod disglair ym Mhrifysgol Iâl. 'O the triviality of their minds!' (tt.94–5).

Yng nghanol yr hunan-dyb bustlaidd ac annymunol hwn, nid oedd y Pennar ifanc yn gwbl amddifad o ddynoliaeth nac o ddelfrydiaeth. Mae'n ddigon tebyg fod y dyngasedd hwn yn beth preifat iawn; ni rydd llythyrau diweddarach Clem Linnenberg ato unrhyw awgrym drycsawrus ac mae'r llythyrau a dderbyniodd gan Alexander Witherspoon, cymrawd yng Ngholeg Berkeley a fu hefyd yn wrthrych ei ddirmyg – 'Everyone wonders how Witherspoon keeps his job and how [Charles] Nagle [cymrawd Coleg Berkeley] got promoted' (t.65) – yn ddymunol dros ben. 'My dear Bill Davies,' oedd ei gyfarchiad, 'I send you my hearty and affectionate good wishes.'[21] Ni fwriadodd Pennar i neb ddarllen y dyddiadur hwn ac ni chyfeiriodd ato wrth neb erioed, am a wn i. Eto, mae'n ddatguddiad gwerthfawr o enaid clwyfedig a chymysglyd iawn. Yr unig dro iddo fwrw heibio theatricaliaeth ei ddig oedd wrth ddwyn i gof ei blentyndod. Mewn pedwar tudalen gyda'r mwyaf sobreiddiol a luniodd erioed, disgrifiodd enbydrwydd ei fagwraeth, tlodi ei rieni a'r tensiwn annioddefol a achosai pryder ei dad yn y berthynas rhyngddo ac Edith, ei wraig:

I recalled the poverty of my childhood and youth today – with a shock. I remember periods when none of us saw an egg for months and lived on bread and butter and tea for days. I remember four children sharing two eggs between us. I remember my mother crying very quietly but helplessly, broken under the stress of the slow, merciless terror – Friday after Friday as she fingered the money Dad had brought home – eight shillings or less perhaps to keep us on and pay 'clubs' with after paying the rent. I remember occasions when my father went out for long walks – to be absent for meals when there was not enough food for us. I remember that time when mother wept for gratitude and love when Mrs Griffiths sent her a parcel of food hoping she would not be 'offended' . . . Dad was in the hospital with that first horrible accident. (tt.27–8)

Os oedd y pwysau corfforol a seicolegol ar ei dad yn drwm, roedd y pwysau ar ei fam os rhywbeth yn fwy. 'The terror of his work had become a dominating, relentless, destroying agony to Dad', meddai ei fab, ac roedd yr awr honno cyn iddo fynd dan ddaear yn hunllefus i bawb. Ar ei fam y syrthiodd pen trymaf y gwaith, a hithau 'loving and gentle and soothing, caught in a tension of dread', yn ei galonogi a'i gymell ymlaen.

> Other times all the misunderstanding cruelty that one tormented person can lavish on another would make the hour hideous, making anger and clamouring grief and bitter, bitter loathing and crushed, brow-beaten despair. I hope I shall never see so much unproductive pain again. (t.29)

Yng nghanol hyn bu ei fam o fewn trwch blewyn unwaith at golli ei synhwyrau a bygythiodd gymryd ei bywyd ei hun. 'On that terrible night . . . her voice rose in a horrid unnatural raw-tooth monotone "I will put an end to this sometime"' (t.29). O glywed hyn dechreuodd y plant lefain mewn ofn, torrwyd y tensiwn ac adferwyd pwyll a synnwyr cyfrifoldeb eu mam, 'So the terror was over' (t.29). Ond roedd yr atgof yn peri arswyd i Pennar o hyd: 'How complex and utterly miserable were the lives of us few people' (t.30).

Rhag rhoi'r argraff mai gwewyr mewnol a gwawd oedd unig gynnwys bywyd y Cymro ifanc yn y blynyddoedd hyn, cafodd gryn flas ar ei fywyd academaidd a fyddai'n arwain at lwyddiant diamheuol maes o law. Dramodwyr Saesneg Oes Elisabeth fyddai testun ei draethawd ymchwil ond cyn cychwyn arni roedd rhaid sefyll arholiad rhagbaratoawl. 'Mature and judicious, with well integrated interpretation of types and tendencies', ysgrifennodd ei arholwr, G. H. Nettleton, ar 24 Mai 1938 ar ei bapurau prawf. 'Restoration drama is well served and firmly evaluated', a'i basio gydag 'Honors'.[22] Llwyddodd hefyd yn ei arholiad llafar. Ac yna, dan gyfarwyddyd Charles Tucker Brooke, cymrawd yng Ngholeg Calhoun, cychwynnodd ar anghenfil o draethawd Ph.D. gyda'r teitl 'The Comedies of George Chapman (1559–1634) in Relation to his Life and Times'. Byddai'r ddwy gyfrol yn ymestyn dros 900 o dudalennau ac ni fyddent yn cael eu cyflwyno tan 1943. Erbyn hynny roedd bywyd Pennar wedi ei chwyldroi yn llwyr a'i newid i gyfeiriad na fyddai wedi'i ddychmygu pan adawodd am New Haven saith mlynedd ynghynt. Ond roedd hynny eto i ddod.

Ar wahân i'w ddiddordebau academaidd yn llenyddiaeth yr unfed a'r ail ganrif ar bymtheg roedd Pennar yn dal i farddoni yn Saesneg ac yn Gymraeg. Y gerdd gynharaf o'i eiddo hyd y gwyddys yw 'Rhieingerdd', soned hiraethus a rhamantaidd a luniodd ar 10 Mawrth 1931,[23] ac yna'r ddau bennill 'Do, anobeithiais innau', dyddiedig 31 Mawrth ac 8 Ebrill, y mentrodd eu cyhoeddi yn *Cinio'r Cythraul*. Er gwaethaf treigl y blynyddoedd cyhoeddodd Pennar fwy o'i gerddi cynharaf yn *Naw Wfft* yn 1957. O'u plith mae tair arall yn dyddio o 1931 a phedair a luniwyd rhwng 1936 a 1937. Serch, hiraeth a marwolaeth yw'r testunau gyda chyfeiriadau crefyddol ynddynt (ar wahân i un eithriad) sy'n fwy confensiynol na gwreiddiol. Eto, rhyw fath o ymchwil ysbrydol sy'n eu nodweddu a'r awydd i gyfuno'r ysbryd a'r cnawd mewn ffordd a fyddai'n cyfannu bywyd yn hytrach na'i rwygo yn amlwg iawn. Mae un pennill o'r gân 'Diffyg traul' a dau o 'Trioledau', sef 'Yr Immoraliste' a'r 'Cablwr Cyfiawn' yn rhoi blas y cyfan:

> Rhaid, rhaid bod bro wahanol iawn i hon
> ac ennyd sy'n wahanol iawn i hwn.
> Rhaid, rhaid bod nefoedd cydgnawdoliaeth lon,
> rhyw fydan sydd yn berffaith ac yn grwn:
> awr aur ac etholedig tra bo Dau,
> bro briod a bendigaid lle bo Duw,
> cynhanesyddol nod y galon fau,
> rhagderfynedig esgus imi fyw:
> gwlad hwyliog ymbalfalu'n fud, yn fwyn,
> yn felys mewn tywyllwch llaethog llawn,
> a phob anadliad main yn deifiol ddwyn
> rhyw ystyr mewn distawrwydd a fo'n ddawn.
>
> 'Diffyg traul'[24]

> Does gennyf rinwedd yn y byd,
> Gan nad oes rinwedd mewn dyhead.
> Ar Ddydd y Farn mi fydda'i'n fud:
> Does gennyf rinwedd yn y byd.
> Pan brisir y rhinweddau i gyd,
> Pa bris a roir ar hiraeth cread?
> Does gennyf rinwedd yn y byd
> Gan nad oes rinwedd mewn dyhead . . .

> . . . 'Bu Iesu farw er mwyn dyn.'
> Mor rhad yw'r gras andwyol
> Â lliwiau'r machlud. Dros bob un
> Bu Iesu farw: 'er mwyn dyn'.
> Gwell marw drosof fi fy hun
> Na byw am byth drwy ing dirprwyol.
> 'Bu Iesu farw, er mwyn dyn'.
> Mor rhad yw'r gras andwyol.
>
> 'Trioledau'[25]

Yn ogystal â'r cerddi hyn ac ambell un anghyflawn a arhosodd mewn llawysgrif, lluniodd un stori fer orffenedig yn ystod y cyfnod hwn a dynnai ar ei gefndir teuluol yn y cymoedd. Hanes pâr priod oedd 'Heartsickness', a chyni'r dirwasgiad yn creu tensiwn annioddefol rhyngddynt. Yr unig beth a gynigiodd obaith i Bryn, gŵr y tŷ, oedd y chwecheiniog y byddai'n eu gwario yn wythnosol ar y cyd â'i gyfaill, Charlie, ar y pyllau pêl-droed. Ond troes y sefyllfa ariannol mor dynn, a'i aflwyddiannau mor fynych, nes iddo benderfynu fforffedu hynny o bleser hyd yn oed. A'r union wythnos iddo beidio â mentro ei chwecheiniog, dyna Charlie yn ennill ei ffortiwn. Roedd ysictod Bryn a'i chwerwder gerbron Gladys, ei wraig, yn eithafol:

> He felt that . . . the whole system of things had been created to outrage him, and him alone. His whole life seemed to be an unavailing struggle against all things that were about him, and all things seemed to be controlled by something vast and pervasive which was moving to defeat him.[26]

Roedd y stori yn dywyll, ac mae'r ymdeimlad o anobaith sydd ynddi yn llethol. Mae'i gwead yn gelfydd, mae'r ddeialog sydd ynddi yn dra effeithiol, tra bo'r darlun seicolegol o effaith y cyni ar fywydau llwm pobl gyffredin yn drawiadol iawn.

Hyd yma preifat ac anghyhoeddedig oedd y cynnyrch hwn ond cafodd Pennar lythyr gan Gwyn Griffiths tua diwedd 1937 yn ei annog i gyfrannu i gylchgrawn blaengar Aneirin ap Talfan, *Heddiw*, er bod Keidrych Rhys wedi pwyso arno i lunio cerddi i'w gylchgrawn yntau, *Wales*. Ymddangosodd rhifyn cyntaf *Wales* yng Ngorffennaf 1937. Roedd llenyddiaeth greadigol yn blodeuo yng Nghymru yn y ddwy iaith ar y pryd, a tho ifanc o lenorion disglair yn mynnu ymdopi â phrofiadau'r dydd yn eu hidiom eu hunain. Beth bynnag am draddodiadaeth delynegol rhai fel Crwys, Elfed, J. J. Williams ac eraill o feirddbregethwyr troad yr ugeinfed ganrif, roedd newydd-deb T. H. Parry-Williams, Prosser Rhys, Saunders Lewis (yn *Williams Pantycelyn* (1927) a *Monica* (1930)) heb sôn am awduron iau *Tir Newydd* Alun Llywelyn-Williams (1935–9) a beirdd arbrofol fel Aneirin ap Talfan a W. H. Reese yn *Y Ddau Lais* (1937), yn brawf fod ffresni a modernrwydd yn bosibl yn y Gymraeg. Ar yr un pryd digwyddodd rhyw fath o 'spontaneous combustion',[27] chwedl Glyn Jones, mewn llenyddiaeth Saesneg yng Nghymru gyda gwŷr fel Dylan Thomas, Vernon Watkins, Idris Davies, David Jones a Glyn Jones ei hun yn ennill clod mawr yng Nghymru ac, oherwydd cefnogaeth cwmnïau megis Dent, Faber, Cape a Gollancz, ymhell y tu hwnt. Mae lle i gredu i Pennar sylwi ar y bwrlwm hwn a sylweddoli ei botensial a'i arwyddocâd mewn adolygiad ar *Wales* a ymddangosodd yn *The Welsh Nationalist*, Hydref 1937.[28] Erbyn hynny roedd yn agosáu at dri-chwarter ffordd drwy ei gyfnod yn yr Unol Daleithiau a phan ddychwelodd i Gymru, ar fwrdd llong y *Queen Mary* ym Mehefin 1938, roedd yn benderfynol o gyfrannu at y bwrlwm a chreu pont rhwng llenorion y ddwy iaith.

Beth bynnag a allai fod ganddynt yn gyffredin, roedd drwgdybiaeth rhwng y naill garfan ieithyddol a'r llall. Roedd y Cymry di-Gymraeg, ar y naill law, wedi'u moldio, at ei gilydd, gan brofiadau garw-gynhyrfus diwydiannaeth cymoedd de Cymru, ac yn ddibris os nad yn gwbl anwybodus o gyfoeth a hynafiaeth y traddodiad Cymraeg. Roedd y Cymry Cymraeg blaengar, ar y llaw arall, yn gorfod ymdopi nid yn unig â rhagfarn o du eu cyfoeswyr Saesneg eu hiaith ond â chulni a phiwritaniaeth y llenorion hŷn. Ac roedd cysgod du Caradoc Evans yn dal i orchuddio'r ddwy gymuned fel ei gilydd a goleuni cyd-ddealltwriaeth, felly, yn brin. I un o gefndir teuluol Pennar a'i brofiad o gyni ar faes glo Morgannwg a oedd hefyd yn gwerthfawrogi ysblander a phwysigrwydd y gynhysgaeth Gymraeg, roedd y carfanu hwn yn annioddefol, a mynnai wneud yr hyn a allai i gymodi'r ddwy blaid a hynny er budd y genedl gyfan.

Cafodd gefnogaeth frwd i'w genhadaeth gan yr eithafwr llenyddol lliwgar Keidrych Rhys, a chyda'i gefnogaeth ef, aeth ati yn haf 1939 i sefydlu rhyw fath o academi awduron Cymreig.[29] Trwy ei waith fel golygydd, sbardunwr a chynhyrfwr *par excellence*, bu Rhys eisoes yn allweddol yn y dadeni Eingl-Gymreig ac er mor wahanol oeddent o ran anian a phersonoliaeth, cafodd Pennar ynddo gydymaith ffyddlon ac egnïol am ryw hyd.

> Un nos a minnau gyda Keidrych yn eistedd o flaen tân yn ei fwthyn yn Llan-y-bri – a Lynette Roberts, ei wraig yn y dyddiau hynny, eisoes wedi mynd i'r gwely – dyma fy ngwesteiwr, ynghanol ffraethinebau di-rif ar draul y cywlenorion ymhlith ei gydnabod, yn cynnig ein bod ni'n sefydlu cymdeithas o lenorion Cymraeg ac Eingl-Gymreig, a minnau'n drefnydd ac ysgrifennydd y fenter.[30]

Roedd gyrfa academaidd hirfaith Pennar wedi'i hymestyn yn hwy erbyn hynny am iddo ennill Cymrodoriaeth Prifysgol Cymru yng Nghaerdydd a oedd yn ei alluogi i barhau â'i astudiaethau tan 1940.

Roedd wedi ceisio am swyddi eisoes: un ym Mhrifysgol Caer-wysg, un arall yng Ngholeg Goldsmith, Prifysgol Llundain, ac un arall yng Ngholeg y Frenhines, Belfast. Ond ei wir uchelgais oedd bod yn ddarlithydd yn un o adrannau Saesneg Prifysgol Cymru, swydd a fyddai'n debygol o arwain at gadair maes o law. Eto, ar hynny o bryd, llenydda'n greadigol oedd yn mynd â'i fryd a'r awydd i waredu'r bywyd llenyddol Cymreig o'r plwyfoldeb a'r amaturiaeth a oedd, yn ei farn, yn ei andwyo. Mewn corwynt o ohebiaeth, yn bennaf rhyngddo a Keidrych Rhys, gwelir pa mor fyrlymus oedd y gweithgaredd yn sgil y bwriad i greu'r academi newydd a chymaint yr oedd y syniad wedi gafael yn nychymyg y ddau ohonynt. Meddai Rhys ar 28 Mehefin 1939:

> I've been working on the idea: yesterday young David Evans, who's a real Welsh literary aristocrat (a nephew of Wil Ifan and D. J. Williams) called and I showed him your letter. He seemed very keen, quite enthusiastic in fact and immediately promised to do all he can when he returns to Aberystwyth . . . Evans said Emyr Humphreys and Gwyn Illtud Lewis – both at Aber – would revel in something like this.

Y cynllun oedd creu maniffesto a fyddai'n gosod allan nod y gymdeithas, 'to substitute energy and responsibility for the dilettantism and provincialism of Welsh life and literature', yna i gysylltu ag oddeutu deugain o gefnogwyr posibl o blith y genhedlaeth iau, gofyn iddynt ymuno yn y groesgad a threfnu cynhadledd i ddilyn: 'There must be lots of work for us', meddai Keidrych. 'To do the planning properly would really need a lot of files!'[31] Roedd sylwadau Rhys yn grafog, yn ddoniol ac yn aml yn aflednais iawn: 'The more I have to do with our intelligentsia, the more I despair. Almost all are ready to betray the country . . . but Wales is a rum, queer place; [you] never know what may turn up.'[32] Y gelyn oedd y sefydliad Cymreig, y capeli, yr Eisteddfod Genedlaethol a'r Brifysgol, a'r werin lwfr a thaeogaidd a oedd mor barod i dderbyn y drefn: 'You can't expect people who pin their faith in Elfed to take part in any social struggle can you? That's why I equate Welsh literature with Dyfnallt Snr, Wil Ifan, J. J. and the rest.'[33]

Ymhlith yr atebion cynharaf a dderbyniodd Pennar oedd rhai gan Dylan Thomas, Vernon Watkins a'r aristocrat llenyddol, chwedl Keidrych, sef David Evans. Er yn dymuno'n dda i'r fenter, roedd Dylan yn ddrwgdybus o'r sawr cenedlaetholgar a oedd i'r academi arfaethedig, yn amharod i gefnogi unrhyw faniffesto ac yn credu yn annibyniaeth onid unigrwydd hanfodol y bardd.[34] Yr un oedd barn Vernon Watkins er i'w goegni ef frifo Pennar yn ddwfn: 'Those nationalists who are most bitter at this moment should try to distinguish between the imperfections of their country and the imperfections of their style.'[35] Roedd Evans, er hynny, yn hynod frwd; meddai: 'Most certainly would I like to be associated with this movement which promises to be one of the only vital things in tired Wales.' Fel Keidrych, roedd Evans yn sgrafellog yn erbyn llenorion hŷn y ddwy iaith: 'Guard against people like Jack Rhonddabout and Gwyn Jones shoving their big noses in', meddai. 'The society must be small and distinctive . . . consisting of fearless people whose religion is not status quo.' Hyn yn unig a fyddai'n ei chadw rhag 'all sorts of Hitlers bach of the Western Mail and BBC doing their devilish best to trample the movement into Welsh orthodoxy and mediocrity'.[36]

Gwnaeth Keidrych ei orau i gynnal brwdfrydedd Pennar, yn enwedig yn wyneb oerni nawddoglyd Vernon Watkins. 'His faults are many, and bloody aggravating', meddai ar 29 Gorffennaf:

> He lives the beautiful life in a dream suntrap house in Gower and his mother feeds him dainties all day. He parades all before Ma – and with all the sympathy in the world you can't write about the working class if you're a broker's son with a little money of your own. Very Goodbye to Berlin![37]

Roedd sylwadau eraill Rhys ar feirdd Cymru a llenorion Lloegr yn agoriad llygad i Pennar ac yntau mor frwd i'w hachub er lles y wlad. Am Ken Etheridge o Rydaman:

> That boy's a mess . . . Talked about his pal Jack Jones and how right St.John Irvine was in attacking T[....?] Poetry in the Observer . . . and then kicked me out after half an hour because he believed he was going to write a lyric. God he's the goofiest dreamer bastard I've ever come across and that's saying some.[38]

Roedd yr academydd Gwyn Jones, golygydd *The Welsh Review*, yn llenor mwy pwysfawr o lawer nag Etheridge, ond roedd gwatwaredd Keidrych yr un mor llym: 'If I'd more energy I'd write to Gwyn Jones a very personal scurrilous letter that would smash off his decaying balls.'[39] Cafodd Dylan Thomas ei eithrio o'r beirniadu llachar hwn, yn bennaf ar gyfrif natur eithriadol ei ddawn. 'Dylan . . . always kicks up a fuss at whatever I try to do, but he's a bloody good poet; it's sheer witchcraft even when he's picking words out of a hat.'[40]

Parhaodd y llenorion i adweithio i lythyrau Pennar ac erbyn mis Awst, ymhlith y Cymry Cymraeg o leiaf, roedd yr ymatebion yn fwy cadarnhaol. Ysgrifennodd Gwyn Griffiths o Rydychen gan ddweud: 'Y mae'n bleser gennyf ymuno â'r grwp.'[41] Yna, yn y cyntaf o lu o lythyrau a fyddai'n nodi dechrau cyfeillgarwch pwysig dros ben, ysgrifennodd Gwynfor Evans ato. Er iddynt fod yn gyfoeswyr yn Rhydychen, prin yr oedd y ddau yn adnabod ei gilydd. 'Annwyl Mr Davies', ysgrifennodd Gwynfor. 'Byddai gweithredu yn ôl eich awgrym yn cwrdd ag un o anghenion dwysaf llenyddiaeth Gymreig, ac er nad ydwyf fi yn llenor nac yn fab i lenor fe wnawn unrhyw beth a allwn i hyrwyddo ymgyrch o'r fath.'[42] Ymhen tridiau cyrhaeddodd llythyr gan Idris Williams o Cross Keys yng Ngwent, cyfaill i Pennar o ddyddiau Coleg Caerdydd, ac un y ceisiodd Pennar yn aflwyddiannus feithrin ei ddiddordeb mewn pethau Cymreig. 'I still don't think there is anything in Wales that can serve as a milieu for *you*', meddai. 'Its stuff is *too* poor. Do your bit for Wales by all means! But I don't see how anyone else can contribute anything.'[43] Ond fel yr oedd yr ymgyrchwyr yn ymgyrchu a'r llenorion yn llenydda, roedd Adolf Hitler ar fin goresgyn Gwlad Pwyl a newid patrwm bywyd Ewrop am byth. Er mawr syndod i'w gyfeillion, Cymraeg a di-Gymraeg, roedd sail a phatrwm bywyd Pennar yntau ar fin newid yn ddramatig iawn.

3 ⁊ 'Mae gennyf gred, mae gennyf gân . . .', 1939–1946

Rhoes y rhyfel, a gyhoeddwyd ar 3 Medi 1939, derfyn ar gynlluniau Pennar a Keidrych Rhys i greu Cymdeithas Cymru Newydd sef yr academi a arfaethwyd ar gyfer llenorion Cymraeg a di-Gymraeg. Ond erbyn hynny roedd ei rawd yntau ar fin newid yn llwyr. Dyma pryd y bwriodd heibio'n derfynol ei agnostigiaeth ac ymrwymo'n ddigwestiwn wrth grefydd Crist. 'Mewn argyfwng y trois i'n bendant at y broffes Gristnogol', meddai ymhen blynyddoedd, 'ac i mi argyfwng dyn, nid cynnydd dyn, yw amgylchfyd ei edifeirwch a'i ffydd.'[1] Mae cryn ddirgelwch yn parhau ynglŷn ag union achos y cyfnewidiad hwn er iddo fod, yn ôl Gwynfor Evans, ynghlwm wrth argyfwng Cymru a'r ddynolryw ar drothwy'r Ail Ryfel Byd.[2] Cryptig yw'r sylwadau yn ei nodiadau hunangofiannol: 'Troi oddi wrth agnosticiaeth . . . Duw sydd yma yn trechu diddymdra ac yn rhoi ystyr i fywyd' (CC) er bod eu hystyr hefyd yn ddigon plaen. Er gwaethaf ei strancio, histrionig braidd, ymhlith ei gyfeillion yn Iâl, mae'n amlwg ei fod yn ymladd y pryd hwnnw yn erbyn rhywbeth pur sylfaenol o'i fewn. Roedd y rhodres anghrediniol, i raddau, yn ffrynt. 'Wedi mynd hanner y ffordd o fod yn agnostig a dweud nad ydym yn gwybod a oes Duw byw neu beidio ac yn gwamalu rhwng ffydd ac amheuaeth', digwyddodd rhywbeth na wyddom eto beth ydoedd yn iawn. 'A minnau'n myfyrio fel hyn cefais ryw gipolwg ar y cariad na chwymp ymaith' (CC). Byddai a wnelo'r cariad hwnnw â Iesu Grist – ni wyddai Pennar eto yn union beth – ond o hynny ymlaen daeth Crist y Testament Newydd, yn enwedig Crist yr efengylau synoptig, Mathew, Marc a Luc, yn sail ac yn allwedd i'w ffydd. 'Yn raddol fe dyfai yn fy nghalon a'm cydwybod yr argyhoeddiad bod y Crist a groeshoeliwyd gan filwyr yn wir Geidwad byd' (CC).

A gaf draethu hanes rhyw Gymro? [meddai yn 1974] Collais ffydd fy maboed pan gyrhaeddais lencyndod; ac er i ffydd newydd ddechrau tyfu ynof yn fuan ni bûm erioed yn fodlon ar fy nghyflwr, a *viator*, fforddolyn, ydwyf o hyd, a nod fy mhererindod weithiau ymhell bell ac weithiau'n agos. Ar y cyntaf y fewnfodaeth ddwyfol ym mywyd llifeiriol y ddaear a'i holl breswylwyr – planhigyn, anifail, dyn – oedd prif gynnwys fy llonder. Ond yr oeddwn yn sicr o'r dechrau mai dioddefaint, aberth, marw i fyw ac i fywhau, oedd craidd y wyrth fywydol hon. Y mae ymgais i fynegi hyn mewn soned gynnar gennyf, 'Amor'.[3] Croes Crist oedd yr arwyddlun mawr. Dyfnhaodd y profiad yn y cyfnod byr y ceisiais gymuno ag Ysbryd y Bydysawd yn fy ymweliadau â'm cysegr arbennig fy hun ar ben y mynydd heb fod ymhell o'r Garreg Siglo rhwng Cwm Cynon a Chwm Taf, ceudwll soserog perffaith luniaidd lle yr oedd modd gorwedd a syllu i'r nwyfre heb fod dim yn tarfu ar y llonyddwch. Ar wastad fy nghefn yn fy mhantle cylchog deuthum i deimlo fod yn llifeiriant bywyd ac yn anferthedd y bydysawd ryw Dydi a oedd yn llefaru wrthyf ac yn gwrando arnaf. Dechreuais ymdrechu i amgyffred y dirgelwch trwy feddwl am lwybrau'r sêr di-rif, ond yr oedd y llus a phryfetach y mynydd yn agosach ac yn anwylach a chefais fy nhaflu'n ôl i gwmni fy nghydgreaduriaid ar y ddaear. Wrth feddwl yn arbennig am fywyd dyn deuthum i deimlo fod ei holl ystyr wedi ei chrynhoi yn nrama ddigyffelyb Iesu o Nasareth.[4]

Ysictod ac anghrediniaeth oedd yn nodweddu ei brofiad mor ddiweddar â Medi 1938, a'r cyfaddawd a ddeilliai o gyfarfyddiad Chamberlain ag Adolf Hitler ym München wedi'i serio yn ei feddyliau. 'Disillusionment would not be the right word to apply to my mood in the last few days', meddai wrth Clem Linnenberg, 'but it came pretty near bleak despair.'[5] Ond rhwng hynny a blwyddyn yn ddiweddarach ildiasai'r dadrith i obaith a'r amheuaeth i ffydd. 'When I went out to the United States in 1936 I was an agnostic, a pagan and a cynic,' meddai. 'Since my return from America in 1938 . . . I have given my life to the work of the Christian ministry.'[6] 'Cyfaddefaf yn rhwydd mai Cristion rhyfedd ydwyf ar lawer cyfrif', meddai wrth ei gyfaill, y llenor Alun Llywelyn-Williams, yn 1940, 'ond rwy'n Gristion taer a didwyll a phenderfynol yn ôl fy nehongliad fy hun.'[7] Erbyn yr hydref 1939 roedd wedi mynd drwy fwlch yr argyhoeddiad nid yn y dull efengylaidd yn gymaint ag yn yr ystyr o weld popeth yn dod o hyd i'w ddiben yn Nuw gyda Iesu o Nasareth yn fynegiant o'r undod hwnnw.

Er mor ddwys oedd y profiad hwn, ni chollodd Pennar mo'i synnwyr digrifwch. Lluniodd ymhen ychydig fisoedd y pennill hwn sy'n cyfeirio at ei dröedigaeth:

O diolch i ti, gyfaill, diolch i ti:
  Tydi a'm dug i'r Tad sydd wrth y llyw –
  Tydi a ddwedodd 'Cap'n, dyma Davies
  Llaw newydd swil, a Davies, dyma Dduw'.[8]

Hiwmor neu beidio, roedd grym penderfyniad ac nid ychydig angerdd moesol yn ysbrydoli'r Cristion newydd-gofrestredig hwn. Beth bynnag arall a ddeuai i'w ran ni fyddai'n symud iot oddi wrth yr argyhoeddiad hwn weddill ei oes.

Erbyn mis Medi digwyddodd dau beth a fyddai'n dylanwadu ar Pennar yn fawr: y rhyfel â'r Almaen i ddechrau ac yna ymgartrefodd John Gwyn Griffiths a'i wraig newydd Käthe Bosse yn y Pentre, Cwm Rhondda Fawr. Priodasant o fewn dyddiau i ddechrau'r rhyfel a symud i dŷ o'r enw 'Cadwgan' yng nghysgod Moel Cadwgan, y mynydd a saif rhwng y Pentre a'r Maerdy yn y Rhondda Fach. Roedd Gwyn newydd ddechrau ar ei yrfa fel athro Lladin yn Ysgol Ramadeg y Porth. Almaenes o dras Iddewig oedd Käthe Bosse a ffoes rhag Hitler i Rydychen ac yno gyfarfod â'i darpar-ŵr. Nid cynt y cyrhaeddodd y ddau nag i'w haelwyd ddod yn ganolfan i gylch o awduron a fyddai'n gwneud cyfraniad tra arwyddocaol i lên Cymru'r ugeinfed ganrif. Yno y cafodd Pennar y symbyliad, yr ysbrydoliaeth a'r her na chawsai o'r blaen yng Nghaerdydd, Rhydychen na New Haven. Unigolyddwr swil ydoedd yng Ngholeg Caerdydd; un o bobl yr ymylon ydoedd ymhlith pendefigion Balliol, ac er bod ganddo atgofion cynnes am Brifysgol Iâl, ac iddo wneud yno gyfeillion oes, ni chafodd eto'r math o gymdeithas greiddiol a dofn y byddai aelwyd 'Cadwgan' yn ei roi iddo rhwng 1939 a 1943.

Yn un peth roedd Cymreigrwydd deallusgar y rhai a ddôi ynghyd yn amheuthun. Yn ogystal â Gwyn roedd ei frodyr D. R. (Dafydd) Griffiths – hen gydnabod Pennar o ddyddiau Rhydychen – a Gwilym, y naill, erbyn hyn, yn fyfyriwr diwinyddol a'r llall yn ddarpar athro, yn aelodau o'r criw. Yna daeth Rhydwen Williams a fyddai'n cael ei sefydlu'n weinidog yn Ynys-hir yn 1941 ac roedd eraill fel y cerddorion John ac Arwel Hughes ac yn ddiweddarach y bardd ifanc Gareth Alban Davies, a oedd yn ddisgybl chweched dosbarth yn Ysgol Ramadeg y Porth ar y pryd, yn aelodau hefyd. Ar ben hynny roedd delfrydiaeth aelodau'r gymdeithas, eu cenedlaetholdeb di-ildio a'u heddychiaeth ronc yn donig wedi mursendod a gwamalrwydd moesol y beirdd Eingl-Gymreig. Doedd dim amheuaeth i Pennar gael ei siomi gan oerni gwrth-genedlaethol Dylan Thomas, Vernon Watkins, Nigel Heseltine a'u math. Ystyriai eu hamharodrwydd i ymrwymo i ddim byd amgenach

na 'chelfyddyd' ei hun yn llwfr, a'u hawydd am glod ymhlith *literati*
Bloomsbury yn wrthun dros ben. Ar ben hynny roedd obsesiynau
Keidrych Rhys yn troi'n ddiflastod:

> Fy nghymhelliad i oedd yr awydd am weld y Cymry di-Gymraeg yn magu
> teyrngarwch i Gymru a'r hen ddiwylliant. Yng Ngheidrych – felly y tybiaf
> wrth edrych yn ôl – yr oedd cymhelliad arall yn gryfach, yr awydd am roi
> i'r llenorion Eingl-Gymreig yr arbenigrwydd o fod yn 'Welsh' – label oedd
> yn denu sylw yn Llundain y pryd hynny.[9]

Felly er gwaethaf y frwdaniaeth, yr ymgyrchu a'r synau ymhlith
llenorion *Wales*, rhywbeth ar yr wyneb oedd eu Cymreictod, a bychan
oedd eu hawydd i gyfrannu o ddifrif at gynhysgaeth y genedl. (Yr
eithriadau, fel y mynnai Pennar yn wastad, oedd Glyn Jones ac Emyr
Humphreys ac yn ddiweddarach R. S. Thomas.) Felly, beth bynnag am
yr Eingl-Gymry:

> Yr oedd dylanwad cryfach yn cydio ynof i, cyfeillgarwch llenorol rhyngof
> fi a J. Gwyn Griffiths; gydag ef y dechreuais i siarad Cymraeg gyntaf a
> chyfnewid syniadau am ddyfodol y ddynolryw, am grefydd, am Gymru,
> am lenyddiaeth a gwleidyddiaeth, ac mi ddeuthum yn aelod o'r Cylch o
> bobl ifainc lengar oedd yn cymdeithasu â'i gilydd yn ei gartre' yng
> Nghwm Rhondda.[10]

Profodd yng Nghadwgan ryw realrwydd a rhuddin na chafodd yn
unman cynt, ac nid oes amheuaeth i'r 'cwmni bychan hwn o egin-
lenorion *avant-garde* ac anarchistiaid Cristnogol'[11] droi yn beth mwyaf
creiddiol ei fywyd llenyddol hyd yna ac wedi hynny hefyd.

Heddychiaeth, cenedlaetholdeb, diddordeb polymathig mewn cel-
fyddyd o bob math a llenyddiaeth yn llawforwyn i'r argyhoeddiadau
cymdeithasol hyn: dyna nod angen Cylch Cadwgan, a Christionogaeth
radicalaidd yn oblygedig yn y cwbl:

> Y gobaith am Gymru rydd, y gobaith am ddynoliaeth wedi ei huno mewn
> daioni, rhyw ddelfrydiaeth anarchaidd a pharodrwydd i ddefnyddio llen-
> yddiaeth yn gyfrwng propaganda dros y byd newydd a'r Gymru newydd a
> pharodrwydd i siarad yn gwbl rydd am ryw a chrefydd a phob dim.[12]

Peth pwysig i Pennar, a chryn ddatguddiad iddo hefyd, oedd y ffaith
fod y gymdeithas hon yn medru cymathu yn hytrach nag ymwrthod ag

Ymneilltuaeth Gymreig. 'Rhywbeth a fagwyd ym mynwes Anghyd-ffurfiaeth Cymru oedd y cyfan i gyd,' meddai.[13] Er y byddai'r aelodau yn feirniadol o'r gyfundrefn grefyddol, ni fynnent ymwrthod â hi. 'Dyna un peth oedd yn rhyfedd yn ein cymdeithas ni,' meddai Pennar drachefn; 'roedd yn Gristionogol hollol ac eto roedd yn feiddgar, roedd yn herio'r holl safonau traddodiadol yn y capeli.'[14] Roedd Pennar yn heddychwr ac yn radical ymhell cyn troi yn Gristion. 'In spite of all my doubts and turmoil I am an emphatic revolutionary as I look at the modern world,' meddai yn Iâl yn Ionawr 1938. 'There is much to be said for conflict but for modern warfare I have the utmost abhorrence.'[15] Gyda chymylau rhyfel yn crynhoi gwyddai pa mor wrthodedig fyddai'r sylwadau hyn, nid lleiaf gan Joseph Davies, y cyn-filwr nobl a aberthodd gymaint er mwyn i'w fab gael y cyfle gorau i fynd yn ei flaen. Eto, cymod ac addysg ar lefel ryngwladol oedd yr unig lwybr ymwared i'r byd: 'The only alternative to war is pacifism for the present, education for the future, and the gradual building up of international justice.'[16] Ategu yn hytrach na dileu'r argyhoeddiadau hyn a wnaeth ei broffes ddiweddarach o Grist. O ran cenedlaetholdeb, dyma Pennar yn ymrwymo'n swyddogol â'r frwydr wleidyddol trwy ymuno â Phlaid Cymru. 'When you wrote me in the fall that you had become a member of the Welsh Nationalist Party', meddai Clem Linnenberg, 'I was, and am, exceedingly glad, Bill. That's where your heart is, and that's where you belong.'[17] Roedd y diddordeb ysol mewn celfyddyd a llên ganddo eisoes, ond ffrwyth Cadwgan oedd iddo ymddihatru'n raddol oddi wrth y Saesneg a chyflawni'r cwbl o'i waith creadigol trwy gyfrwng y Gymraeg. Yng Nghadwgan daeth y cwbl ynghyd.

Ar un wedd ni fyddai'r pethau hyn yn peri syndod o adnabod y cymeriadau ac o ymdeimlo ag argyfwng y cyfnod, ond byddai'r cam nesaf yn natblygiad Pennar yn achosi cryn benbleth i bawb.

> The war which brought me to a definite and unpopular political commitment also led me to give myself to Welsh rather than English writing and, somewhat to my own amazement and the consternation of friends on both sides of the language fence, to the quaint work of a 'Respected' among the unspeakable chapel people.[18]

Er iddo fod â pharch at weinidogaeth Garro-Jones a fu'n gefn i'w deulu yng nghanol eu cyfyngder, ac er i weinidog ifanc deallus a diwyll-iedig sef Idris Evans (1904–94), brodor o Flaengwynfi a myfyriwr yn y Coleg Coffa yn Aberhonddu, fod yn gofalu am y praidd yn Providence,

Aberpennar, er 1935, nid oedd yn uniongyrchol ddyledus i'r naill ohonynt na'r llall, nac i unrhyw bregethwr arall ychwaith hyd y gwyddys. Roedd statws gweinidog Ymneilltuol, heb sôn am ei gyflog, lawer yn is nag eiddo darlithydd prifysgol yn y dyddiau hynny hyd yn oed, ac roedd rhieni Pennar wedi aberthu'n fawr er mwyn iddo ddilyn ei ddiddordebau academaidd hyd y pen. Roedd y cam hwn, felly, yn annisgwyl a dweud y lleiaf.

Y cyntaf i fynegi syndod, ac edmygedd, oedd May Davies. 'Your card this afternoon simply stunned me – put me completely out of action,' meddai. Roedd bwriad ei chyfaill i fod yn bregethwr yn destun rhyfeddod, ac ychwanegodd at gyfaredd ei bersonoliaeth iddi hi: 'As for the "decision", all blessings upon it.'[19] Roedd ymateb Alun Llywelyn-Williams, ar y llaw arall, yn llai cadarnhaol o gryn dipyn: 'Rhaid i mi gyfaddef mai tipyn o sioc ydoedd cynnwys dy lythyr diwethaf,' meddai. 'Ni allaf ddychmygu amdanat fel pregethwr, a chredaf yn wir y gwnâi'r weinidogaeth ddrwg anaele i'th awen.'[20] Cyflwr dirywiedig Ymneilltuaeth a'i poenai fwyaf, a'r pwysau a fyddai ar enaid rhydd Pennar i gydymffurfio â'i ffyrdd parchus.

Paid byth ag aberthu dy unplygrwydd a'th ryddid llenyddol ar allor gyrfa barchus yn y weinidogaeth. Mae gan Gymru ddigonedd o feirdd-bregethwyr, ond dim ond un Davies Aberpennar sydd.[21]

Yr un oedd ofn Gwynfor Evans, er bod ei barch at y weinidogaeth Ymneilltuol, fel y cyfryw, yn ddwfn dros ben. 'Syndod oedd yr adwaith cyntaf, synnu at eich dewrder.'[22] Ond er gwaethaf parchusrwydd llethol y capeli, 'cwynion hen wragedd di-briod a malais diaconiaid chwerw', ni allai ond llawenhau fod Ymneilltuaeth yn ennill talent mor ddisglair: 'Os yw dyn yn teimlo ei fod *yn rhaid* iddo fynd, nid oes galwedigaeth mor odidog yn bod.'[23]

Rhydwen Williams a fynegodd y syndod hwn orau yn ei bortread deifiol-annwyl o'r Dr John Rhymni Morgan (sef Pennar) yn y nofel a oedd yn seiliedig ar weithgareddau Cylch Cadwgan, sef *Adar y Gwanwyn* (1972). Cymro di-Gymraeg oedd John Morgan yn hanu o Gwm Rhymni yng Ngwent a gymerodd 'Rhymni' yn enw priod. (Erbyn hyn roedd William Thomas Davies yn arddel yr enw 'Davies Aberpennar' at ddibenion llenyddol; deuai'n 'Pennar Davies' ymhen fawr o dro.) Cafodd Rhymni yrfa academaidd ddisglair yng Nghaer-grawnt, Canada a'r Sorbonne. Roedd yn gyfaill mynwesol i Garmon ac Elsa Elis (J. Gwyn a Käthe Bosse Griffiths) ac yn ymwelydd cyson â'u cartref wrth droed Moel Llywelyn yng Nghwm Hyder, Morgannwg, ac yn aelod ffyddlon o'r cylch cenedlaetholgar-lenyddol a gyfarfyddai'n gyson ar eu haelwyd. Nid oedd Iwan Owen, sef prif gymeriad *Adar y Gwanwyn*, yn gwbl esmwyth yng nghwmni ysgolheigaidd y polymath hwn a meddai: 'Rhyw ogoniant academig . . . mawredd ymenyddol . . . pwysigrwydd gwybodusun amryddawn . . . dyna'r math o bresenoldeb a feddai Rhymni.' Roedd ei barodrwydd i arddangos helaethrwydd ei wybodaeth yn gwneud i Iwan deimlo'n annigonol iawn: 'Dyna Jac Morgan Rhymni yn holl ogoniant ei academigrwydd alpaidd oer.'[24]

Hyd yma deallusol a seicolegol oedd yr hollt rhyngddynt, nid oedd iddo oblygiadau ysbrydol. Ond yna gollyngwyd y bom. Pan ofynnodd Iwan beth a fynnai Rhymni ei wneud â'i ddyfodol, rhyfeddwyd ef gyda'r ateb a gafodd: y byddai'n dibynnu ar yr Ysbryd Glân! '"Penderfynais fynd i'r weinidogaeth"! meddai Rhymni, mor ddi-ffwdan â phe bai'n dweud "Rwy'n mynd i bostio llythyr"' (t.30). Roedd Iwan, fel Rhydwen gallwn dybio, yn syfrdan fud. 'Nid oedd Iwan yn deall o gwbl y penderfyniad sydyn i fynd i'r weinidogaeth. Hwn! Rhymni Morgan! a'i ddoniau . . . a'i raddau . . . a'i bersonoliaeth hudol' (t.31). Ni wyddai ddim am unrhyw gymhelliad crefyddol a oedd yn ei yrru, ac yn sicr nid Anghydffurfiaeth ddof, barchus, biwritanaidd y cyfnod fyddai'r lle mwyaf addas ar ei gyfer. 'Roedd Rhymni yn bysgodyn mawr iawn i gael ei ddal yn rhwyd Ymneilltuaeth Gymreig, yn wir . . . roedd doniau Rhymni yn gyfryw ag i wneud i rywun feddwl nad yn y pulpud yr oedd ei le' (t.37). Ond wedi dod dros y sioc, gwawriodd realiti'r sefyllfa arno a chydnabu, yn ddigon crintachlyd ar y dechrau, yr hyn a oedd wedi digwydd ym mhrofiad ei gyfaill. 'Sylweddolodd Iwan yn nhawelwch yr ystafell ei fod yn cael y fraint o gyfeillachu ag enaid anghyffredin . . . Roedd ei benderfyniad i fynd i'r weinidogaeth yn ddadleniad o wirionedd nad oedd wedi gwawrio arno ef, Iwan, cyn hyn. Creadur ysbrydol oedd Rhymni Sant!' (t.35).

Yn ôl telerau Cymrodoriaeth Prifysgol Cymru, daeth cyfnod Pennar yng Nghaerdydd i ben ym Mehefin 1940. Gan na ddaeth dim byd o'i geisiadau am swyddi academaidd, cawsai waith dros dro mewn swyddfa addysg yn Horsham, Sussex. Y Cymro Prydeinllyd Evan Davis, cyn-Gyfarwyddwr Addysg Sir Benfro ac erbyn hynny yn Gyfarwyddwr Addysg Gorllewin Sussex, a sicrhaodd y swydd iddo; daethai Davis i adnabod Pennar ac ymddiddori ynddo trwy gyfrwng Mrs Fitzgerald, y wraig gyfoethog a fu'n ei noddi gyhyd. Ond prin fod calon Pennar nac yn y gwaith nac, erbyn hyn, yn y nawdd ychwaith. Ac yntau wedi ei gofrestru fel gwrthwynebydd cydwybodol collodd y swydd – a chymorth Mrs Fitzgerald – a daeth yn ôl i fyw gyda'i fam a'i dad yn Heol Duffryn,

Aberpennar. Buasai'n addoli yn gyson gyda'i chwiorydd a'i fam yng nghapel Providence a phan fynegodd wrth ei weinidog, Idris Evans, ei awydd i fynd i'r weinidogaeth, gwnaeth ei fugail bopeth i'w helpu. Wedi pregethu ei bregeth brawf gerbron y gynulleidfa gartref ac ymddangos o flaen awdurdodau'i gyfundeb, Cyfundeb De Cymru Undeb Cynulleidfaol Lloegr a Chymru, cymeradwywyd ef am y weinidogaeth ymhlith yr Annibynwyr. Roedd y llawenydd yng nghapel Providence, Aberpennar, yn fawr dros ben.

Er y gallai fod wedi ymrestru mewn coleg diwinyddol Cymreig – Aberhonddu, Bala-Bangor neu'r Coleg Presbyteraidd yng Nghaerfyrddin – yn ôl i Rydychen, i Goleg Mansfield, y dewisodd fynd. 'A chofio hyn', meddai ymhen blynyddoedd, 'ni allaf edifarhau wrth alw i gof i [mi] gael hyfforddiant fel darpar-weinidog yng Ngholeg Mansfield yn Rhydychen yn hytrach nag un o golegau diwinyddol Cymru' (CC). Roedd arlliw o euogrwydd ar y cyfaddefiad hwn, ond roedd yr atynfa yn ôl i ddinas hynafol dysg yn un gref. Er gwaethaf ei ddwy flynedd yng Nghaerdydd nid oedd eto wedi dod yn agos at gyflwyno ei draethawd Ph.D. i awdurdodau Prifysgol Iâl. Byddai cyfnod pellach yn ymyl cyfleusterau godidog Llyfrgell Bodley yn rhoi cyfle iddo i'w gwblhau.

Yr oedd ystyriaeth bwysig arall, y ffaith fod 'Oxford' a 'Cambridge' yn uwch eu bri i Saeson ac i lawer o'r Cymry hwythau. Fy nheimlad i hefyd oedd y byddai treulio ychydig o amser yn Rhydychen yn brofiad gwerth ei gael. Ar ryw ystyr er hynny, nid oeddwn am dalu teyrngarwch i oruchafiaeth y Sais (CC).

Ond dyna a wnaeth. Ym Medi 1940 ac yntau bellach yn 29 oed, cerddodd heibio i gapel gothig mawreddog Coleg Mansfield, draw at Theatr Sheldon ar y Stryd Lydan, a chofrestru ar gyfer gradd BD.

Er mai staff bychan oedd yn gofalu am Goleg Mansfield yn 1940 roedd ei glod yn Rhydychen Anglicanaidd yn anwadadwy a'i bwysigrwydd i dystiolaeth Ymneilltuol Lloegr a Chymru yn fawr. Er ei sefydlu yn 1886 yn ganolfan ar gyfer yr Eglwysi Rhyddion, roedd wedi denu ysgolheigion o faintioli Andrew M. Fairbairn a W. B. Selbie i wasanaethu fel prifathrawon a magu ymhlith ei fyfyrwyr rai fel C. H. Dodd a Norman Snaith. Y Sgotyn A. M. Hunter a ddysgai'r efengylau synoptig ac epistolau Paul i Pennar a William H. Cadman a ofalai am lên Ioan. 'Un tal, hardd, boneddigaidd a swil' oedd Cadman, 'a rhaid gwrando arno'n astud i'w ddilyn' (CG 1, t.16). Roedd ei ddarlithoedd ar y Bedwaredd Efengyl yn ddiarhebol am eu hastrusi, ac ar wahân i un llyfr yn 1923 ni chyhoeddodd ddim byd erioed. 'Roedd pawb (dan ddylanwad Nat) [Nathaniel Micklem] yn dweud fod gwaith Cadman ar Ioan yn mynd i fod yn waith enwog a dylanwadol'(CG 1, t.16). (Nid tan 1969, ddwy flynedd wedi iddo farw, y gwelodd y gwaith hwnnw – *The Open Heaven: the Revelation of God in the Johannine Sayings of Jesus* – olau dydd, ac erbyn hynny roedd astudiaethau Ioanaidd wedi symud ymlaen.) Yn ystod y rhyfel roedd y ddau goleg Ymneilltuol yn Rhydychen, sef Mansfield yr Annibynwyr a Regent's Park y Bedyddwyr, yn rhannu adnoddau, a Bedyddiwr, sef L. H. Brockington, a ddysgodd Pennar ym meysydd Hen Destament a Hebraeg. Roedd cyfoeswr i Pennar, sef John Marsh, yn dysgu Athroniaeth Crefydd, ond y ddau athro mwyaf nodedig oedd Nathaniel Micklem a Cecil John Cadoux.

Roedd Nathaniel Micklem (1888–1976) yn un o gymeriadau diwinyddol mawr ei genhedlaeth. Yn uchelwr o ran tras, yn fonheddwr o ran moes ac yn gwbl ddiymdrech ei uchafiaeth, bu'n brifathro er 1932. Gwnaeth fwy na neb rhwng y ddau ryfel byd i alw Annibynwyr Lloegr yn ôl i'w priod draddodiad yn eglwysyddiaeth Genefa a chredoau clasurol y Gristionogaeth gynnar. 'Uchel eglwyswr' Anghydffurfiol ydoedd, yn edmygydd Sant Tomos o Acwin ac yn gyfaill i Karl Barth. 'Yr argraff sy gen i', meddai Pennar flynyddoedd wedyn, wrth ei gyd-Annibynnwr R. Tudur Jones, 'yw bod Tomistiaeth yn elfen gryfach hyd yn oed na Barthiaeth yn neo-uniongrededd Nat.'[25] Rhyddfrydiaeth ddiwinyddol oedd ei *bête noir*. Roedd yr Is-brifathro, C. J. Cadoux (1883–1947), ar y llaw arall, yn ymgorfforiad o bopeth yr oedd 'Nat' yn ei wrthwynebu. Yn heddychwr delfrydgar o ryddfrydwr hen-ffasiwn, iddo ef holl ogoniant Cynulleidfaoliaeth oedd iddi hi ymwrthod â chredo ac â dogma er mwyn adfer symlrwydd Iesu'r Testament Newydd. Roedd yn fwy croendenau o lawer na'r prifathro, yn amddifad o'i hiwmor a'i ysgafnder ysbryd ac, er yn ddiddychymyg braidd, roedd yn ysgolhaig sylweddol iawn. Hanes yr Eglwys oedd ei bwnc a bu'n dysgu ym Mansfield er 1933. Bu'r ddau wron hyn yn union gyfoeswyr yn y coleg fel israddedigion (1911–14) ac oherwydd gwahaniaethau personoliaeth heb sôn am anghytundeb diwinyddol, tipyn o straen oedd i'r ddau geisio byw yn gytûn.[26]

Er bod y llif bryd hynny yn rhedeg yn erbyn rhyddfrydiaeth ddiwinyddol ac enwau fel Barth, Emil Brunner a'r Americanwr Reinhold Niebuhr yn cipio dychymyg ac ymrwymiad yr Ymneilltuwyr iau, closio at Cadoux yn fwy o lawer nag at Micklem a wnaeth Pennar. Roedd ei heddychiaeth, ei radicaliaeth grefyddol a'i bwyslais mawr ar Iesu hanes yn ei ddenu ato, mae'n siŵr.

Er gwaethaf fy edmygedd wrth weld doniau diymwad Nathaniel Micklem a John Marsh, yr oedd gennyf gydymdeimlad cynhesaf â Jacky Cadoux. Efallai mai myfi oedd yr unig fyfyriwr yn y coleg a gydymdeimlai â Cadoux. Yr oedd y lleill bron i gyd yn ymhyfrydu yn uniongrededd a neo-uniongrededd y Prifathro. (CC)

Pan gyhoeddodd Cadoux *The Historic Mission of Jesus* yn 1941, 'cochodd a bron â cholli dagrau pan ddywedais y byddai ysgolheigion yn troi at y llyfr hwnnw fel sylfaen y wir Gristoleg' (CG 1, t.15).[27] Nid geiriau gwag oedd y rhain. Pan aeth Pennar ati ei hun ar ddiwedd y 1940au yn gyntaf, ac yn ddiweddarach yn *Y Brenin Alltud* (1974), i ddehongli person ac arwyddocâd Iesu o Nasareth, roedd sylwedd gwaith Cadoux i'w weld yn bur amlwg yn ei ymdriniaeth. 'The work', meddai,

deserves far more recognition than it has yet received as a temperate and convincing analysis of the available evidence concerning the mission of Jesus Christ . . . Scholars in the future will be compelled to acknowledge the fairness of his methods in this book and the rightness, in the main, of its conclusions.[28]

Er iddo arddel rhyddfrydiaeth Cadoux yn hytrach nag uniongrededd Micklem a John Marsh, roedd gan y prifathro feddwl uchel o'i fyfyriwr disglair a diwylliedig o gymoedd de Cymru. Perthynai Pennar i do o fyfyrwyr hynod eu doniau a'u hysbrydolrwydd, a beth bynnag am ofidiau Micklem ar y pryd, ymfalchïai'n fawr ynddynt i gyd. 'I have never been more happy about the religion and temper of the Junior Common Room', meddai wrth bwyllgor ei goleg yn 1940, ac yng nghylchgrawn Mansfield y flwyddyn honno ysgrifennodd: 'My frequent anxieties about the future of our churches are allayed when I contemplate the men who are now coming forward for the ministry.'[29] Pan aeth ati ymhen amser i lunio'i hunangofiant, roedd yr atgof mor iraidd ag erioed.

Never before, I think, had so many men of such various and remarkable abilities been present at the same time in the Junior Common Room . . . Their intellectual gifts were balanced by a remarkable spiritual maturity. Their prayers and their preaching in the College Chapel were my wonder and joy; my task, as I often felt, was to stand aside lest I should inadvertently hinder the manifest work of the Holy Spirit in their hearts.[30]

Chwaraeai Pennar ei ran yn gyflawn yn y gweithgareddau hyn. Bu'n llywydd y myfyrwyr yn y sesiwn 1942–3 (fel y bu R. Tudur Jones yn 1946–7), roedd ei swildod wedi'i hen orchfygu ac, yn wahanol i'w gyfnod yn Rhydychen o'r blaen, roedd yn gwbl gysurus yn y *milieu* hwn. 'I am going to like Mansfield', meddai wrth ei rieni, 'It is altogether more intimate and friendly than Balliol.'[31] Roedd wedi cofrestru ar gyfer y BD, sef cymhwyster a oedd yn agored i'r sawl a oedd wedi graddio yn Rhydychen o'r blaen. Yn ôl y rheoliadau roedd rhaid pasio yn y pynciau cyffredinol, Groeg a Hebraeg, Hen Destament a Thestament Newydd, Athrawiaeth Gristionogol gyda dewis wedyn rhwng Athroniaeth Crefydd a Hanes yr Eglwys, cyn symud ymlaen at draethawd hir o ddewis y myfyriwr ei hun. Yn ôl ei arfer pasiodd Pennar yr arholiadau hyn yn gwbl ddiymdrech. 'Mewn sgwrs breifat yn haf 1946', meddai R. Tudur Jones, 'dywedodd Nathaniel Micklem . . . wrthyf mai Bill Davies (chwedl yntau) oedd y dysgwr cyflymaf a fu erioed trwy ei ddwylo.'[32] Aeth ymlaen i gofrestru teitl ei draethawd estynedig sef 'The Elizabethan drama in its relationship to Christian doctrine and Christian controversy'. Erbyn hyn roedd ei draethawd mawr ar George Chapman ar gyfer Prifysgol Iâl ar fin cael ei gwblhau, felly parhad fyddai'r astudiaeth hon o waith Protestaniaid Oes Elisabeth yr oedd eisoes mor hyddysg ynddo. Roedd y rhagolygon academaidd yn edrych yn ddisglair iawn.

Ni chafodd Cymru na'i hen ymrwymiadau celfyddydol eu hesgeuluso yn ystod y blynyddoedd hyn. Cysylltai Keidrych Rhys o hyd. 'I intend getting married (secretly) as soon as possible to Lynette in spite of both our parents' opposition', meddai ym mis Medi 1939.[33] Pennar a roddodd fenthyg arian iddo i dalu am y drwydded. Roedd ei werthfawrogiad o'r gymwynas yn gymysg â syndod pan ddaeth i wybod am fwriad ei gyfaill i droi yn 'barchedig'. Gyrrodd ato lyfr yn rhodd â'r geiriau 'To a *Wales* poet gone wrong' yn ysgrifenedig o'i fewn.[34] Ymhen y mis roedd Keidrych yn dal i rannu'i ofidiau ynghylch stranciau'r beirdd Eingl-Gymreig: 'I'm getting a bit tired of Dylan dominating everything and doing nothing about Wales and caring far less about it!!! Dramatising himself as a Welshman.'[35]

Ond bellach gweithgareddau Cylch Cadwgan a'i hysbardunai fwyaf ac roedd y cynnyrch a ddeilliai ohono yn cynyddu'n sylweddol. Rhwng Awst 1939 ac Awst 1942 ymddangosodd yn y cylchgronau gymaint â deunaw cyfraniad gan 'Davies Aberpennar', yn gerddi, straeon byrion, ysgrifau beirniadol, adolygiadau ac ysgrifau materion cyfoes.[36] Roedd holl *bravado* ieuenctid yn nodweddu'r gweithiau hyn. Wrth adolygu

Awen Aberystwyth beirniadodd wladeiddiwch a diffyg menter deallusol
beirdd y 'Coleg ger y Lli', a'u cyhuddo o fod yn hunanfoddog ac yn
efelychiadol.[37] Mewn ymarferiad ysmala yn null Cadwgan, lluniodd
ganeuon yn arddull Williams Parry, y 'Bardd Newydd', yr Eingl-Gymry,
Dewi Emrys ac ysgol Aberystwyth,[38] a mynnai wedyn fod *Buchedd
Garmon* Saunders Lewis yn tra, tra rhagori ar *Murder in the Cathedral*
T. S. Eliot.[39] Byddai'r awydd hwn i brofi rhagoriaeth llên Cymru ar lên
Lloegr yn digwydd yn aml. 'Pathetig yw ymgeisiadau'r beirniaid Seisnig
i weld athrylith anfarwol yn Chaucer; yr oedd ei feddwl yn daleithiol
dros ben.'[40] Yn ei ymgais i wrthweithio taeogrwydd y llenor Cymraeg,
gallai fynd yn ogoneddus dros ben llestri: 'Y *Mabinogion* a'r *Divina
Commedia*', meddai, 'yw'r dogfennau pwysicaf yn hanes y byd
gorllewinol rhwng cwymp yr Ymerodraeth Rufeinig a'r Dadeni Dysg.'[41]
Roedd y cwbl yn nodweddiadol o'r hyder gorfoleddus a'r ysfa boly-
mathig a feithrinwyd yn sesiynau Cylch Cadwgan. Gallai Pennar ddal i
fynychu'r cyfarfodydd pan fyddai gartref o Rydychen yn ystod y gwyliau
hirion, ac roedd aelwyd 'Cadwgan' megis yn ail gartref iddo ar y pryd.
Byddai'r aelodau yn parhau i drafod popeth – celfyddyd, gwlei-
dyddiaeth, crefydd a serch – yn gwbl onest ymhlith ei gilydd, nid lleiaf
yn eu sesiynau 'cyffesu', ac roedd yr ymdeimlad o undod a chyd-ddyheu
yn rhywbeth dwfn a chyfoethog iawn.[42] 'Roedd yn gymdeithas hynod o
agos, ac angerddol hyd yn oed', meddai Pennar. 'Roedden ni yn llawer
agosach i'n gilydd nag aelodau unrhyw gymdeithas arall y bûm i ynddi
mewn gwirionedd.'[43] 'Yr oedd dilyw o drais a thwyll yn bygwth y byd',
meddai Pennar eto ymhen blynyddoedd, 'a'n cwmni bach ni yn ynys o
obaith'.[44]

Os oedd yn rhy swil i fanteisio ar Gymreictod Cymdeithas Dafydd ap
Gwilym yn gyflawn bum mlynedd ynghynt, erbyn ei ail gyfnod yn
Rhydychen troes cwmni'r Dafydd yn fwyd a diod iddo. Ailymddangos-
odd yn y cofnodion yn nhymor Ilar 1941 o dan yr enw 'Aberpennar'. O
hynny ymlaen ni chollodd nemor yr un cyfarfod. Darllenodd bapur ar
'Cyfreithiau Cymru a safle gwragedd ynddynt' o 'dan nenbren y Brawd
Meurig Wynne o Goleg Iesu' ar 22 Chwefror, a chael cryn hwyl ar y
gwaith:

> Dechreuodd Aberpennar ar gyfreithiau Hywel Dda a chododd yn huawdl
> wrth ddweud fod y cwbl wedi mynd i uffern pan aeth y gyfraith i Loegr.
> Syniad hollol newydd oedd gan y Cymry am ferched. Nid eiddo dyn oedd
> benyw, ond un â phersonoliaeth ganddi, purdeb, melystra a felly ymlaen.[45]

Ni wn pa mor dderbyniol fyddai'r syniadau hyn yn ôl canonau ffeministaidd cyfnod diweddarach, ond ar y pryd roeddent yn ddigon hynod. Etholwyd ef yn 'gaplan' (sef llywydd) y gymdeithas yn nhymor Mihangel 1942, ac ar 20 Chwefror, yn ystafelloedd yr Athro J. Goronwy Edwards, darllenodd ail bapur ar 'Rhai ysgrifenwyr ieuainc yng Nghymru heddiw'. Sylwadau'r cofnodydd, Ernest Eurfyl Jones o Goleg Lincoln, oedd bod y papur, yn wahanol i'r arfer, 'yn waith gwreiddiol [ac] yr oedd y Brawd yn gwybod rhywbeth am ei destun'. Os 'Duw a'r nefoedd' a ysbrydolai lenorion y genhedlaeth gynt, 'dyn a'r ddaear' oedd deunydd myfyrdod y genhedlaeth iau. Enwodd yr anerchydd lawer o'r beirdd ifainc gan ddyfynnu o'u gwaith a dadansoddi'u hawen. 'Y mae'n amlwg o'r papur hwn', meddai'r cofnodydd, 'fod llenorion ieuainc Cymru yn sicr o gynnal safon uchel llenyddiaeth ein gwlad yn enwedig gan fod y Brawd ei hun yn un ohonynt.'[46]

Cadwai Pennar ei gysylltiadau Americanaidd yn hyfyw hefyd. Cafodd adroddiad maith gan Clem Linnenberg ar 17 Mehefin 1941 a oedd ar y trên rhwng Washington a New Haven ar ei ffordd i amddiffyn ei thesis Ph.D. gerbron ei arholwyr ym Mhrifysgol Iâl. Buasai Linnenberg yn gweld eu hen gyfaill Gus Baer ym mhriordy Anselm Sant yn Washington DC lle roedd yn nofis, ac yn awyddus i rannu'r profiad â 'Bill'. 'What I chiefly would emphasise is the fact that, even in his cloister, he fortunately can retain some bit of free spirit, although I daresay "'tis licence to Holy Mother Church".' Aeth y *viva voce* yn hwylus ac ymhen pedwar diwrnod roedd yn ysgrifennu drachefn, y tro hwn o ynys Nantucket oddi ar Cape Cod, Massachusetts. Cawsai gwmni dau arall o'u hen gydnabod, sef Bob a Ruth Fink.

This further little taste of a New England vacation trip has of course made me remember repeatedly a slightly longer New England vacation trip, one that will always be fresh in my memory. There *must* be more of the same some day, Bill. Meantime, keep your heart stout and your sense of humor in good repair – and forgive this platitudinous but earnest and warm-friendship-inspired injunction.[47]

Erbyn hyn roedd yr Ail Ryfel Byd yn prysur gyrraedd ei fan tywyllaf, ac un o hynodion Coleg Mansfield oedd iddo ddod yn ganolfan ar gyfer Almaenwyr a oedd wedi gorfod ffoi rhag Hitler oherwydd eu cred neu eu tras. Roedd Nathaniel Micklem wedi'i rybuddio ynghylch yr hyn oedd yn digwydd i Iddewon ac i Gristionogion gwrth-Hitleraidd yr Almaen mor gynnar â 1936. Ymwelodd â Düsseldorf, Barmen a Berlin adeg y Pasg

1937 ac eto ymhen blwyddyn gyda John Marsh yn gwmni y tro hwn, a chafodd weld gweithgareddau'r Eglwys Gyffesiadol wrth-Natsïaidd drosto'i hun. 'Few, if any, other English visitors were privileged to share so fully in the daily life of the Confessing Church.'[48] Pan ddaeth y ddau ddiwinydd yn ôl gwnaethant bopeth a allent i oleuo Cristionogion Prydain ynghylch y gormes a'r erlid. Croesawyd i Mansfield rai fel Herbert Hirschwald, Cristion o dras Iddewig a oedd yn farnwr uchel lys cyn gorfod ffoi. Tra oedd yn Rhydychen ymbaratôdd ar gyfer y wein-idogaeth gyda'r Annibynwyr Saesneg ac fel Herbert Hartwell, awdur y gyfrol ddefnyddiol *The Theology of Karl Barth: An Introduction* (1964), cyfrannodd at ddysg ddiwinyddol ei wlad fabwysiedig. Un arall a gafodd loches yn Mansfield oedd Dr Hans Herbert Kramm, un o gyfeillion arweinwyr yr Eglwys Gyffesiadol fel Dietrich Bonhoeffer a Martin Niemöller. Treuliodd flynyddoedd y rhyfel yn weinidog y gynulleidfa Lwtheraidd yn ninas Rhydychen gan astudio ar gyfer D.Phil. ar yr un pryd.[49]

Ymhlith aelodau cynulleidfa Kramm yr oedd merch ifanc 22 oed o Berlin o'r enw Rosemarie Wolff.[50] Yn Lwtherydd o ran cred ond yn Iddewes o ran tras, fe'i gyrrwyd gan ei thad, y Dr Paul Walter Wolff, i Loegr er mwyn osgoi'r peryglon yr oedd y *Kristallnacht* wedi'u datgelu mor glir. Cafodd Rosemarie ei chymell gan hen brifathrawes i fynd i weithio fel nyrs dan nawdd Cymdeithas y Cyfeillion, y Crynwyr, a phan gyrhaeddodd Loegr gyntaf yn 1938 – bu rhaid iddi adael ei rhieni a Brigitte, ei chwaer, ar ôl – bu'n byw yn Middlesbrough. Symudodd yn fuan i weithio yn Ysbyty John Radcliffe yn Rhydychen, a chan fod y nyrsys erbyn hynny yn rhannu ystafell gyffredin â Choleg Somerville, drws nesaf, daeth i adnabod Käthe Bosse a oedd yn fyfyriwr yno. Pan wahoddwyd hi gan wraig John Marsh i fynychu gweithgareddau ar gyfer y ffoaduriaid yng Ngholeg Mansfield, roedd hi eisoes yn adnabod y Cymro talsyth, golau oedd yn gymaint cyfaill â Käthe a'i chariad, Gwyn. 'Ar yr olwg gyntaf fe'm swynwyd gan y ffoadures hawddgar a agorodd i mi ddrws y cartref nyrsio yng ngogledd Rhydychen,' meddai Pennar. 'Dyna ddechrau perthynas fwyn a arweiniodd at briodas gariadus' (CC).

Yr unig un a gythruddwyd gan y garwriaeth hon oedd May Davies, cyfaill Pennar o ddyddiau Caerdydd. Roedd yr ohebiaeth ddwys a dyrys a fu rhyngddynt er 1935 yn arwydd o'r teimladau cymhleth a oedd gan y naill at y llall. Partneriaid deallusol fuont i'w gilydd yn bennaf, ond bod y deallusrwydd llym yn cuddio emosiynau tyner, ar ran May yn arbennig. Daeth hynny i'r golwg mewn storm o lythyr ato ym Mehefin

1942. 'That you and I, if we marry at all, will not marry each other, has always been clear from the beginning', meddai hi. 'I don't understand why you have told me that you could have married one "Rosemarie Wolff" . . . What is Rosemarie Wolff to me that I should know about her?' Er gwaethaf pob haeriad i'r gwrthwyneb, ni allai hi guddio'i siom: 'This is an extraordinary letter; the first of its kind to you. You will be hurt by it. It is a cruel letter. You will probably hate me for it.'[51] Nid casineb a nodweddai ymagwedd Pennar at y wraig ifanc ddiwylliedig o Gaerdydd na chyn nac ar ôl y rhwyg poenus hwn, ond cymysgedd o edmygedd, cyd-ddiddordeb ym mhethau'r meddwl ac nid hwyrach ryw-faint o serch gwirioneddol yn ogystal. Ond bellach daeth y berthynas i ben. O hynny ymlaen dim ond un cariad a fu gan Pennar, sef y ffoadures hawddgar o Berlin.

Fel Käthe Bosse dysgodd Rosemarie Gymraeg yn drylwyr ac yn fuan, ac yn y man daeth aelwyd 'Cadwgan' yn ail gartref iddi hi hefyd. Cyf-rannodd hithau at weithgareddau'r Cylch fel y dengys ei hysgrif 'Martin Niemöller' yn *Seren Cymru* 17 Gorffennaf 1941. Roedd Niemöller yn weinidog plwyf Dahlen y tu allan i Berlin a chyn y rhyfel bu Rosemarie yn aelod o'i gynulleidfa yno. Pan adawodd y ddinas yn 1938 cafodd drwydded wedi'i llofnodi gan Franz Hildebrant, curad Niemöller, i brofi iddi gael ei bedyddio'n Gristion Lwtheraidd.[52] Roedd bychander corff a harddwch gwedd Rosemarie Wolff yn cuddio ffydd gref a gwytnwch anghyffredin. Yn dilyn carwriaeth ramantus a ddarluniwyd yn ffyddlon gan Rhydwen Williams yn *Adar y Gwanwyn*, gofynnodd Pennar, mewn telegram, a fyddai hi'n ei briodi: 'Would you consider marrying an un-orthodox, penniless Welsh poet?'[53] Cafodd ymateb cadarnhaol i'r cais anarferol hwn, ac ar 26 Mehefin 1943, yng nghapel Coleg Mansfield gyda Dr Hans Herbert Kramm yn gweinyddu yn ôl y ffurfwasanaeth Lwtheraidd a John Marsh yn cynorthwyo, fe'u priodwyd. Er gwaethaf pob anhawster a ddeuai i'w rhan, byddai Rosemarie yn gysur ac yn gefn i Pennar am y deugain mlynedd nesaf ac yn fam ardderchog i'w pump o blant.

Gallai Pennar fod wedi gweinidogaethu mewn eglwys Saesneg neu eglwys Gymraeg. Erbyn hyn roedd y Gymraeg wedi meddiannu cynedd-fau ei ddychymyg yn llwyr a'i unig ddymuniad oedd gwasanaethu Crist yn ôl yn ei wlad ei hun. Byddai'n pregethu yn Gymraeg yn eglwysi'r cymoedd. 'Faint o'r eglwysi yn Mountain Ash neu yng Nghaerdydd sydd yn fyw?, yn wir fyw?', gofynnodd yn ei bregeth Gymraeg gyntaf yn 1940. 'Mae'r byd y tu maes [*sic*] yn bwysicach o lawer iddyn nhw – y radio, y fflics, y ffatri, y gwaith, y rhyfel ac yn y blaen.'[54] Ond roedd un rhwystr sylweddol yn parhau. Er bod ei feistrolaeth ar yr iaith a'i theithi'n gyflawn erbyn hyn, roedd ei Gymraeg llafar yn glogyrnaidd ac yn or-dechnegol ac roedd arno lediaith Saesneg gref. Er gwaethaf popeth, ail iaith oedd y Gymraeg iddo o hyd. Rhydwen Williams eto a fynegodd y peth yn graffig os yn gignoeth iawn. Wrth gyfeirio at Rhymni Morgan, meddai:

> Nid oedd sgwrsio'n Gymraeg yn dod yn naturiol, er iddo ddysgu Cymraeg yn rhugl. Roedd ei Gymraeg yn dod allan o'i geg fel tudalen o bapur newydd yn dod allan o'r peiriant argraffu. I fod yn onest, Cymraeg llafar Rhymni oedd y peth lleiaf swynol yn ei holl arfogaeth. Weithiau, teimlai fel cydio yn ei geg a hebrwng y cytseiniaid a'r llafariaid allan i weld a oedd modd yn y byd i wneud Cymro *Cymraeg* ohono ac nid awtomaton yn gwybod lle'r oedd y treigladau i fod ond heb y peth mewnol, eneidiol . . . [55]

Gan synhwyro hyn dewisodd Pennar y weinidogaeth Saesneg yng Nghymru, ac ar 15 Rhagfyr 1942 cafodd alwad unfrydol i fod yn weinidog ar Eglwys Gynulleidfaol Minster Road, Caerdydd. 'Although there may be other opportunities to assure you of the warmth and sincerity of the Church's Call', meddai Albert Watts, ysgrifennydd yr eglwys, 'I want you to realise now that it is given with enthusiasm, the members being confident that great things could be attempted and achieved under your leadership.'[56]

Cynhaliwyd y cyfarfodydd ordeinio ar 21 Gorffennaf 1943. Roedd 90 o aelodau ac o'u plith ddwsin o bobl ifainc yn gwasanaethu yn y lluoedd arfog. Gwyddai'r aelodau mai heddychwr oedd y myfyriwr a ddaeth atynt i bregethu ar brawf y Rhagfyr cynt, mai Almaenes oedd ei ddarpar-wraig, a'i fod yn genedlaetholwr Cymreig gweithgar a brwd. Gwyddent hefyd ei fod yn fardd! Ond roedd yr alwad yn unfrydol a'r derbyniad a roddwyd iddo ef ac i Rosemarie yn un cynnes iawn. Nathaniel Micklem a draddododd y bregeth sefydlu a'r Parchedig J. Penry Thomas, Cymedrolwr Undeb Cynulleidfaol Saesneg De Cymru (a oedd yn aelod yn Minster Road) a draddododd y siars. 'We have no large membership, no large families, there are few young people at home', meddai. 'We need a leader, a Moses, a shepherd, a watchman and a friend, and lastly we need a preacher' (CG 1, t.17). Roedd sêl genedlaetholgar Pennar yn destun difyrrwch tyner: 'We confirm that we sin in English, not in Welsh, thank the Lord!' Ond os oeddent yn pechu yn Saesneg roedd angen efengyl yn Saesneg, felly 'Preach the good news without fear or favour. Do it by means of your words, but above all, do it by your living' (CG 1, t.17). Ei gyflog yn Minster Road oedd £200 y flwyddyn gydag wyth Sul yn rhydd. O hynny ymlaen rhoes o'i orau i gynulleidfa fach, groesawus capel Saesneg Minster Road.

Ni olygai ei ymroddiad bugeiliol iddo gefnu ar agweddau eraill ar ei fywyd cynt. Gyda symudiad Gwyn a Käthe Griffiths i'r Bala erbyn mis Medi 1943 pan benodwyd ef yn athro y Clasuron yn Ysgol Tŷ Tan Domen, daeth cwmnïaeth agos Cylch Cadwgan i ben. Roedd daearyddiaeth heb sôn am orchwylion beunyddiol a chyni amser rhyfel yn rhwystro mynych deithio rhwng y naill le a'r llall, ond dechreuodd gohebiaeth fywiog rhwng Pennar a Gwyn. Anghymesur, braidd, oedd canmoliaeth Griffiths i'r pamffled *Ffederaliaeth* (1944) a luniodd Pennar i gyfres Heddychwyr Cymru ar gais Gwynfor Evans: 'Bydd yn Grundtvig i'r Gymru newydd, proffwyd mwyaf ein canrif. Ysgubol yn wir. Aleliwia!'[57] Cyfeiriodd ato yn ddiweddarach, yn fwy cytbwys erbyn hyn: 'Mae'r cyflwyno yn deg odiaeth a'r feirniadaeth yn ysblennydd. Dyna'r stwff i'r heddychwyr niwlog, Seisnigaidd' gan fwrw ei lid ar Middleton Murry, Charles Raven a Vera Brittain am eu diffyg crebwyll ynghylch cenedlatholdeb Cymreig. Adolygwyd y pamffled yn anffafriol gan Iorwerth Peate yn *Y Cymro*, ond roedd tynnu blewyn o drwyn Peate yn destun balchder i'r ddau. 'Wrth gwrs dylem gofio mai bod yn apostol i Murry yw un o swyddi Peate', meddai Gwyn, 'ond rhaid cael yr Archelyn ei hun i drin y Llew!'[58]

Bu gohebiaeth helaeth ag eraill hefyd tua'r adeg hon, a Gwynfor Evans yn flaenllaw yn eu plith. Roedd y ddau yn gytûn yn eu delfrydiaeth Gristionogol a'u radicaliaeth eirias, Gymreig:

> Fy ngobaith yw, os down allan o'r rhyfel hwn o gwbl, y down allan wedi ein puro o'r pethau sy'n llygru . . . Ni allwn byth obeithio godi Cymru annibynnol, ddiwylliedig, Gymraeg, Gristionogol, fyw, os glynwn wrth ein hen ffyrdd. [59]

Ni chelodd Gwynfor ei edmygedd o Pennar na'i gred y deuai'n arweinydd mawr i'r mudiad cenedlaethol yn y man. Wedi ei longyfarch ar ei ddyweddïad ac ar dderbyn galwad i gapel Minster Road: 'Rhoddodd y newyddion lawenydd mawr i mi', meddai, 'ac edrychaf ymlaen gyda hyder a disgwyliadau mawr yn y sicrwydd eich bod i chwarae rhan bwysig yn hanes Cymru.'[60] Pan ddaeth y newyddion fod Prifysgol Iâl wedi dyfarnu Ph.D. iddo yn haf 1943, llongyfarchodd Gwynfor ef a dweud drachefn:

Bydd yr anrhydedd newydd yn help i chwi ennill clust Cymru, a gorau po gyntaf y gwrendy arnoch; bydd yn *rhaid* iddi wneud maes o law . . . A ganiatewch imi ddweud bod gennyf yr ymddiriedaeth lwyraf ynoch, a sicrwydd y byddwch yn arweinydd diogel i'r genedl hon. Edmygaf eich cychwyn mewn capel bach anenwog. Gweddïaf ar eich rhan.[61]

Parodd y newyddion da o Brifysgol Iâl i'w hen gyfaill Augustus Baer gysylltu nid o'i fynachdy yn Washington ond o'i gartref newydd yn Rhode Island. Fel Clem Linnenberg, hel atgofion am y dyddiau dedwydd gynt fel myfyrwyr a wnaeth. 'I find it hard to believe that nearly ten years have gone by since I first arrived in New Haven', meddai, 'and that fully four have passed since last I can be said to have lived there, as closed a chapter is the whole period.' Roedd Baer wedi cwblhau ei gyfnod prawf fel mynach, ac yn ymbaratoi i gael ei ordeinio i'r offeiriadaeth Gatholig. Ond gan iddo ddewis gyrfa fynachaidd, gwyddai na fyddai'n rhydd i ddilyn ei lwybrau ei hun. 'It seems that providence has conspired to make it most unlikely that I should ever see New Haven again, except from the railway, as Newman, after his conversion saw Oxford.'[62]

Ond yr ohebiaeth â Gwynfor Evans oedd y bwysicaf i Pennar ar y pryd. O hynny ymlaen dechreuasant rannu cyfrinachau â'i gilydd ynghylch cyflwr cymdeithas a'r anawsterau a oedd mor barod i'w rhwystro rhag creu y Gymru rydd. 'Gwelaf ryw obaith ar y tir, ac mewn cymdeithas wledig; a gwelaf ragoriaeth egwyddor cydweithrediad ar gyfalafiaeth a Sosialaeth Marx; ond wedi hynny – niwl.' Un o'r pethau a boenai Gwynfor oedd y gwahaniaeth rhwng perffeithrwydd fel delfryd a'r mynych rymusterau dynol a oedd yn milwrio yn erbyn ei gyflawni, mewn termau crefyddol yn ogystal â rhai gwleidyddol. Gwyddai na fynnai Pennar dderbyn syniad Reinhold Niebuhr mai delfryd anghyraeddadwy oedd Teyrnas Dduw. 'Mae'r ffaith fod pobl mor wahanol â Middleton Murry, Barth a Jack Daniel yn credu hyn gyda Niebuhr yn awgrymu bod *rhyw* reswm drosto. A allwch ddweud wrthyf beth ydyw? . . . Mewn anwybodaeth lwyr yr holaf am y pethau hyn?'[63] Pan ddaeth *Ffederaliaeth* o'r wasg roedd yn 'gampus, bywiog, gafaelgar a gwir'[64] a mwy fyth oedd gwerthfawrogiad Gwynfor o gyfraniad ei gyfaill at grefydd a diwylliant ei wlad.

Un arall a fyddai'n llythyru â Pennar oedd D. R. Griffiths, 'Lawnslod' fel y galwai ef ei hun yn nyddiau Cylch Cadwgan. Yr oedd ers blwyddyn yn weinidog gyda'r Bedyddwyr Saesneg yng Nghaerllion, Gwent. 'Annwyl ac ordeiniedig adyn', meddai, trannoeth ei gwrdd sefydlu yng

Ngorffennaf 1943. Wedi canmol y cyfarfodydd ordeinio a chanmol pensaernïaeth y capel, 'y mae'n olau ac yn gyfleus, heb fod yn rhy fawr', aeth ati i gynghori ei gyfaill ynghylch sut orau i gyflawni'i waith. 'Mae'n amlwg mai cynulleidfa *bourgeois* iawn fydd gennych, ac awgrymaf yn ddifrifol y bydd yn gwbl anobeithiol i geisio pregethu'r Ddraig Goch iddynt na phasiffistiaeth ychwaith.' Y gamp i'r gweinidog ifanc, felly, oedd ennill ymddiriedaeth ei bobl yn gyntaf, 'wedi hynny y daw cyfle am waith a negeseuau mwy proffwydol'.[65] Prin fod angen cyngor mor amlwg â hyn. Daeth hi'n eglur ar fyrder fod Pennar wedi ennill parch ei braidd, ac ni fu i'w Gymreictod na'i heddychiaeth ef na'u natur fwrdais hwythau, rwystro'r gyd-ddealltwriaeth rhyngddynt.

Daeth y mwyafrif o'r gynulleidfa i fynegi diddordeb yn fy mhregethau, ac yn eu perthynas â'i gilydd . . . Yr oedd modd i mi yn yr eglwys a oedd dan fy ngofal yng Nghaerdydd gyhoeddi'n gwbl agored mai efengyl tangnefedd oedd efengyl Iesu Grist a chefais ddigon o barch a chyd-ymdeimlad . . . Trwy holl amser fy arhosiad yr oedd pobl Minster Road yn hyfryd o gefnogol. (CC)

Roedd y cof am ei weinidogaeth yn iraidd ymhlith aelodau hŷn ei gynulleidfa 35 o flynyddoedd yn ddiweddarach: 'His charming personality, devotional conduct of the services and thought-provoking sermons captivated all who heard him.'[66] Gweinidogaeth ddedwydd a llwyddiannus a gafodd Pennar ymhlith pobl Minster Road.

Yn unol ag esiampl Nathaniel Micklem ac ag arfer capel Coleg Mansfield, cyflwynodd Pennar elfennau litwrgïaidd i'w wasanaethau. Er iddo arddel y ddiwinyddiaeth ryddfrydol, roedd yn ymdeimlo â chyfan-rwydd yr eglwys a'i natur gatholig. Yn wir cyfeiriodd ato'i hun yn ystod y cyfnod hwn fel 'Catholigwr yn y traddodiad Annibynnol.'[67] 'Mae rhai pobl yn dweud mai Catholigwr wyf fi,' meddai yn y cynharaf o'i anerch-iadau crefyddol Cymraeg, 'Catholigwr yng ngwisg Annibynnwr. Mae'n wir. Catholigwr ydw i, a dwi ddim am guddio'r ffaith am eiliad.'[68] Yn ei addoli ar y Sul byddai'n dilyn y flwyddyn eglwysig a chael gan ei bobl ddefnyddio gweddïau gosodedig yn ogystal â'i fod ef yn offrymu gweddïau o'r frest. Cymerai ofal mawr wrth baratoi nid yn unig ei bregethau ond yr oedfaon ar eu hyd gan gynnwys y darlleniadau a'r emynau. Yn achlysurol byddai cerddorfa fechan yn cyfeilio i'r addoli yn oedfa'r hwyr. Cyhoeddai destunau ei bregethau ymlaen llaw ac argraff-odd yr eglwys daflen wasanaeth yn wythnosol. 'There is in our church a growing interest in how our Christian life together may be enriched and intensified', ysgrifennodd ar y daflen ar gyfer 21 Tachwedd 1943, 'and our most immediate concern appears to be about worship, prayer and fellowship.' Sefydlodd gwrdd gweddi cyn oedfa'r bore ac mae'n amlwg fod meithrin y bywyd defosiynol yn uchel iawn ar restr ei flaenoriaethau. Deuai hyn yn ddiddordeb parhaus, a does dim amheuaeth na wnaeth gyfraniad pwysig i ysbrydolrwydd Ymneilltuaeth Gymreig y degawdau a oedd i ddod. Ni fynnai esgeuluso'r gwaith bugeiliol ychwaith a thystia'r twr o lythyrau gan ei aelodau a gadwodd yn daclus ymhlith ei bapurau gymaint o werthfawrogiad a oedd i'w waith. Mynnai roi lle i'r ieuainc yn yr addoli hefyd ac mae'r casgliad o straeon plant sydd ar gael ymhlith y papurau bron gymaint â nifer ei bregethau, ac mae'r rheini'n niferus iawn.

Yn y pregethau y gwelir naws ei weledigaeth Gristionogol orau. O'r dechrau fe welir llawer o'r themâu a fyddai'n nodweddu ei syniadau am weddill ei oes. Mae eschatoleg a'r gobaith Cristionogol yn cael eu pwysleisio'n gyson: 'The early church looked forward rather than backward, forward to the Second Coming of the Lord, His coming in glory to break in pieces the kingdoms of this world' ('Maranatha', 1 Cor. 16:22). Hefyd meseianaeth a'r syniad o godi croes a dilyn Crist. Ychydig iawn sy'n athrawiaethol eu naws. Mynnai Pennar yn hytrach adrodd a chymhwyso hanesion o'r Hen Destament a'r efengylau. Prin iawn yw'r rhai sy'n seiliedig ar epistolau Paul ac, o'r rhai sydd, y maent yn ddieithriad yn canoli ar gynghorion moesol yr Apostol yn hytrach nag ar ei ddiwinyddiaeth. Ymarferol a moesegol oedd natur ei weinidogaeth, a bu i hynny ei gwendidau yn ogystal â'i gwerth.

Y peth cyntaf y dylid ei ddweud am y pregethau hyn yw eu heglurder ymadrodd a'u natur feiblaidd bur. Nid traethu newyddion y dydd a wna'r pregethwr, ond tywys ei wrandawyr i fyd yr ysgrythur. Maent yn ddiwahân yn ddiddorol iawn. Mae ynddynt doreth o wybodaeth feiblaidd ac mae'r ysgolheictod sydd ynddynt yn cael ei wisgo'n ysgafn. Nid oes un enghraifft o draethu gor-ddysgedig nac ymgais i fod yn 'ddwfn'. Yn hytrach anelir at symlrwydd ac eglurder a hynny mewn Saesneg mirain, croyw a glân. Ond wedi dweud hynny mae awydd Pennar i bwysleisio gwedd ymarferol y ffydd a chael gan ei gynulleidfa ddwyn arnynt iau Crist a *gweithredu* amodau'r Deyrnas yn ei agor i'r cyhuddiad iddo ddibrisio iachawdwriaeth wrthrychol Crist a'i waith Ef dros yr unigolyn:

I once heard a strong Calvinist preacher make a spirited attack on that type of Christian attitude that we sum up in the words 'The Imitation of Christ'. To talk of imitating Christ was blasphemy. Christ was far beyond us: we would never be like him however hard we tried. He denounced Thomas à Kempis . . . as a miserable Romish monk who thought he could justify himself through his works . . . We ordinary human beings can't even hope to imitate Christ: all that we can do with Christ is to worship him and adore him. This is a dangerous half-truth. We are saved by faith, but a living faith is impossible without good works, without a surrendered life. ('Saints of the World Church: Sundar Singh')

Os hanner gwirionedd peryglus oedd gan y pregethwr Calfinaidd, nid oedd hanner gwirionedd Pennar i'r cyfeiriad arall heb ei beryglon ei hun. Yr awgrym o hyd yw bod gan wŷr a gwragedd y gallu i'w hachub eu hunain; bod y disgybl, trwy gyfrwng ei ddisgybledd, yn medru ym-gyrraedd at Dduw. 'The only way by which we can pay for the evil that has been done is by *repentance*, by giving *ourselves* to God', meddai. 'Evil has to be paid for. But the one payment that will really suffice is the gift of *ourselves* to God. That is what God wants' ('Retribution and forgiveness', Luc 11:49–50). Nid oes sôn yma am waed Crist na'i aberth Ef dros bechodau'r byd yn gyfrwng ein prynedigaeth. Yn hytrach y credadun ei hun sy'n talu'r iawn a hynny trwy gydweithio â Duw ac ymroi yn llwyr i'w wasanaeth. 'When are we saved? When we survey the wondrous cross. How are we saved? By taking up our cross and following our Lord! The Son of Man must suffer! . . . By sharing the agony of our Lord we shall share his triumph and his joy and his everlasting life' ('The Son of Man', Marc 14:43–62).

Gallai'r ymgymodi hwn ddigwydd am un rheswm yn unig: am fod dyn wedi cefnu ar Dduw yn hytrach na bod Duw yn ddig gyda dyn. 'The terrible thing about sin is not that it incurs punishment but that it *misses* the unimaginable joy of God's people' ('Hell', Luc 13:28). Nid yw Pennar yn amau bod dyn yn bechadur: 'We are all born in sin in that sense', meddai. 'Human society is fallen. That is the situation. But we can make either the best of it or the worst of the situation' ('Cain', Gen. 4:1–15). Rhywbeth sy'n andwyo ei fywyd ei hun yw pechod ac nid rhywbeth sy'n creu gelyniaeth rhyngddo a Duw; nid yw'n dwyn con-demniad arno fel y deuai'n wrthrych y digofaint sanctaidd a'r farn ddwyfol. 'God is certainly pained and outraged by our sins, He is holy and good and tender', meddai, 'but He does not rain death and agony and destruction down upon his children. What is true is this: God has placed us in a universe where evil doing leads to terrible consequences.' Peth amhersonol yw'r digofaint dwyfol ac nid un o briodoleddau'r Duw byw. 'That is the moral law and that is what we must think of when we read in the Bible of God's anger' ('His salvation is nigh', Salm 85). Roedd a wnelo uffern â pherthynas, neu ddiffyg perthynas, y pechadur â'r Duw hwnnw, yn hytrach nag unrhyw gosb neu gondemniad o'i eiddo. 'Hell is not pain inflicted by a sovereign God on his disobedient creatures but simply exclusion from the life-giving joy of the Lord of life, an exclusion which evil brings on itself' ('Hell', Luc 13:28). Duw diddigofaint yw'r Duw hwn a phechod dyn yn wedd ar ei fywyd ei hun yn hytrach na rhywbeth sy'n cyffroi ymateb gwrthrychol o du yr Arglwydd.

Yn oblygedig yn hyn y mae'r syniad fod gan ddynion a merched y gallu cynhenid i gydweithio â Duw er mwyn gwireddu'r iachawdwriaeth hon. Wrth sôn am Sacheus, er enghraifft, dywed: 'I'm sure it would be wrong to think of him as being a monster of evil, mean and grasping and pitiless. There must have been, by God's grace, a lot of good in him.' Nid iachawdwriaeth o'r tu hwnt a ddaeth iddo yng nghyfarchiad Iesu ond cyfle i'w ddaioni cynhenid ymateb i'r alwad ddwyfol. 'Although Zacheus had lived a life that was mean and selfish enough, he had a God-given longing for something nobler and worthier' ('Saving the lost', Luc 9:10). Y traddodiad Pelagaidd yw hwn sydd mor wahanol i brif bwyslais Awstinaidd eglwys y Gorllewin a oedd yn cael ei adfywio mor effeithiol ar y pryd gan Karl Barth ar y cyfandir a'i ddisgyblion fel Nathaniel Micklem yn Rhydychen a J. E. Daniel yng Nghymru. Ond nid cyhoeddi iachawdwriaeth wrthrychol a wnâi Pennar ond apelio at ddaioni cynhenid ei wrandawyr: 'Our task is to awaken in the human heart an all-consuming love of God and a hatred of all that is evil in his sight' ('Hell', Luc 13:28). Ac eto: 'We must recognize all the good that God has planted in men's hearts everywhere and at the same time try to show forth in our words and our works the perfect good revealed in Jesus Christ' ('From east to west', Eseia 42:5–12).

Beth, felly, am yr Iesu hwn? Fel y rhyddfrydwyr diwinyddol gorau o ddyddiau Schleiermacher ymlaen, roedd ymlyniad Pennar wrth berson Crist yn gadarn iawn. Yr hyn sy'n cadw ei ddiwinyddiaeth rhag troi'n oddrychedd llwyr yw ei afael tynn ar Iesu'r Testament Newydd. Arbenigrwydd Iesu oedd iddo ymgorffori neges Duw. 'The history of the world abounds in teachers and philosophers and theorists. But Jesus *lived* his gospel. He went to the cross' ('Redeemed', 1 Pedr 1:18). I Pennar, gwrthrych addoliad oedd Iesu ac mewn rhyw fodd yn ymgnawdoliad terfynol o Dduw. Ei anhawster oedd priodoli'r natur unigryw hon iddo wrth esbonio'i ddwyfoldeb fel ffrwyth ei brofiad o'r Tad. 'He was the first man in the world to know fully and absolutely and serenely that God was his Father. He knew himself to be the Son' ('Looking unto Jesus', Heb. 12:1–2). Gan mai ansawdd profiad Crist oedd nod angen ei ddwyfoldeb, mae'n dilyn mai mater o radd sydd rhyngddo a duwiolion eraill ac nid mater o natur. 'Jesus believed with the Book of Daniel that at last God's people, the Saints of the Most High, the blessed community of the just, would rule forever on God's earth.' Roedd Iesu'n ymgorffori'r gymuned honno ac roedd Crist a'i bobl yn un. Felly, 'He wants to lay upon *us* this godlike destiny . . . He cries to us to be with him the people of God, the saved and saving remnant, the Son of Man' ('The Son of Man', Marc 14:43–62). Yn sgil hyn roedd y groes nid yn gymaint yn aberth ac yn iawn ond yn hytrach yn symbol o'r dioddefaint sy'n oblygedig mewn pob disgybledd o'r iawn ryw. 'All Christian martyrs have followed him in the path of redemptive self-sacrifice but Jesus was the first. He is the first-born of many brethren. All Christians must follow him' ('Looking unto Jesus', Heb. 12:1–2).

Mae'r dehongliad hwn o berson a gwaith Crist yn wahanol, i raddau, i neges y Testament Newydd fel y'i deallwyd gan draddodiad canolog yr eglwys ar hyd y canrifoedd. Ond mae iddo ei hygrededd ei hun a does dim dadlau nad yw Pennar yn ei gyfleu mewn modd deheuig a deniadol dros ben. Nid ymwrthod â'r hen wirioneddau yw ei fwriad na'i ddymuniad ond eu dehongli yn ôl ei gynseiliau ei hun. Rhan ganolog o'r neges oedd yr atgyfodiad, ond eto, mae Pennar yn ei esbonio yn ei ffordd ei hun: 'If you truly believe in God, it is not difficult to believe in the Resurrection . . . Isn't it the most credible thing in the world that God should preserve his own?' 'There is nothing unusual about the Resurrection of Jesus. If you believe in God and in Christ as the Incarnation of God, you *must* believe in the Resurrection' ('The mockers, the indifferent and the believers', Actau 17:32–4). Gellid dadlau, serch hynny, nad digwyddiad sy'n perthyn i gyfundrefn natur mo'r atgyfodiad, yn hytrach mae'n ffenomen sy'n groes i natur, yn ymyrraeth unigryw o du Duw ac yn wyrth. Gwendid dehongliad Pennar, efallai, yw iddo droi atgyfodiad Crist yn egwyddor gyffredinol ac yn rheidrwydd anorfod, a thrwy hynny ei ysbeilio o'i newydd-deb, ei dramgwydd a'i ryfeddod llwyr.

What is good and great and true *cannot* be destroyed, *cannot* be killed, *cannot* be abolished, *cannot* be wiped out. For it belonged to God, and that which belongs to God can *never* be lost. God is eternal, everlasting, immortal, and indestructible. And Christ, who is God, cannot be conquered by sin or by shame or by death. ('Mary Magdalene', Ioan 20:18)

Galwad ddigymrodedd i ddilyn Crist oedd y neges a bregethwyd mor daer, mor ddeniadol ac mor ddiffuant o bulpud capel Minster Road rhwng 1943 a 1946 ac yn hynny ni fynnai'r gweinidog ifanc gymrodeddu dim. 'I am stoutly opposed to the "otherworldly" emasculation of the Christian revolution', meddai wrth Nathaniel Micklem. 'I am afraid I mean business about this social application of the gospel. To me it is radical and catholic orthodoxy.'[69] Byddai Duw yn gweithredu trwy gyfrwng ei bobl a'u busnes hwy oedd rhoi eu hysgwydd dan y groes a chanlyn eu Harglwydd:

> God can afford to wait. He's got all eternity to work in. He is waiting for the world to welcome the mighty acts of his grace. He is waiting for us to do our part . . . And when we do our part, the world as we know it will come to an end. We shall see the ancient promise, a new heaven and a new earth. Christ will come in glory. He will come to reign. ('Maranatha', 1 Cor. 16:22)

Beth bynnag am optimistiaeth, delfrydiaeth ac iwtopiaeth y neges hon, creai hyder yn ei gwrandawyr a sbardunai'r gweinidog egnïol ymlaen: 'May his love be with us till we have destroyed the world and brought in his everlasting reign' ('The shrewd agent', Luc 16:1–3).

Blynyddoedd o ddedwyddwch anarferol oedd cyfnod Pennar yn weinidog yng Nghaerdydd. Roedd yn ddigon agos i Aberpennar i weld ei rieni a'i chwiorydd yn gyson, ac roeddent hwy yn ymfalchïo yn ei lwyddiannau academaidd ac eglwysig ac, er gwaethaf popeth, yn ei gefnogi yn ei ddewis faes. Gallai ei argyhoeddiadau heddychol, cenedlaetholgar a chrefyddol fod wedi creu anesmwythyd teuluol os nad hollt, a'r ffaith iddo briodi Almaenes yng nghanol rhyfel ddrwgdeimlad mawr, ond nid felly y bu. 'Yr oedd gwrthdaro anochel rhwng fy ymwrthodiad â rhyfel a boddhad fy nhad wrth hel atgofion am ei brofiadau milwrol', meddai Pennar, 'ond yr oedd serchowgrwydd y berthynas rhyngom yn rhy gadarn inni ymbellhau oddi wrth ein gilydd' (CC). Mewn gwirionedd, fel yr âi'r amser yn ei flaen tyfodd rhywfaint o ymffrost gan ei rieni yn safiadau eu mab ac, o ran Jo beth bynnag, yn ei Gymreictod: 'Er gwaethaf eu hofnau a'u gofidiau roedd rhywfaint o ymfalchïo yn fy mharodrwydd i herio byd a betws er mwyn egwyddor yr oeddent wedi ymwrthod â hi trwy'r blynyddoedd' (CC). Ar ben hynny er bod 'priodi Almaenes yn bilsen anodd iawn ei llyncu gan fy rhieni' (CC), pan anwyd mab i Rosemarie, sef Andreas Meirion yn Rhagfyr 1944, dyna'r cwlwm yn tynhau fwyfwy a boddhad y teulu'n gyflawn. Roedd Pennar yn ffodus yn ei deulu, yn hapus yn ei waith, ac yn argyhoeddedig fod ganddo dasg fawr o'i flaen:

> We've got a job of work to do here and we need all our wits, all our brains, all our smartness to get it done. We are all here to teach the world a new way. We are here to make men anew, after the heavenly pattern of God, and that job will take all we've got! ('The shrewd agent', Luc 16:1–13)

Beth arall a allai dyn ifanc ei ofyn?

4 ∂ Blynyddoedd Bangor, 1946–1950

E r i Pennar a Rosemarie fod yn ddedwydd yng Nghaerdydd gwyddent na fyddent yno am byth. Roedd yr eglwys yn fach a chymwysterau Pennar yn helaeth; mater o amser fyddai cyn iddo symud ymlaen. Crybwyllwyd y posibilrwydd o swydd academaidd yn ôl ym Mansfield mor gynnar â haf 1944. Oherwydd salwch ymhlith y staff bu raid i John Marsh ysgwyddo mwy o'r baich dysgu gan fynd yn gyfrifol am y pynciau beiblaidd yn ogystal ag Athroniaeth Crefydd. Roedd hi'n ormod i un dyn a bu sôn am i Pennar gael ei benodi'n gynorthwywr iddo. Holodd farn Gwynfor Evans. 'Mansfield! Byd arall; hawddfyd. Mae'n dda gwybod am y posibilrwydd', atebodd. 'Gellir meddwl am ddigon o resymau dros dderbyn unrhyw gynnig a ddeuai oddi yno. Ni byddai'r dewis rhwng Cymru a Rhydychen yn hawdd ichwi, ond gwn y gwnaech y dewis gorau pa un bynnag a fydd hwnnw.'[1] Alec Whitehouse, lladmerydd brwd i ddiwinyddiaeth Karl Barth a ddaeth ymhen amser yn Athro Diwinyddiaeth ym Mhrifysgol Caint, a benodwyd i'r swydd, ond roedd y ffaith i enw Pennar gael ei ystyried yn arwyddocaol iawn. Dangosodd fod gan awdurdodau Coleg Mansfield ymddiriedaeth ynddo, a bod ei safbwynt diwinyddol, a oedd ymhell i'r chwith o eiddo Micklem a Marsh, yn dderbyniol gan bob plaid.

Posibilrwydd arall oedd symud i eglwys fwy a honno'n un Gymraeg. Y broblem, yn ei dyb ef, oedd ei lediaith Saesneg a natur afrwydd ei Gymraeg lafar. Roedd Gwynfor Evans, fodd bynnag, yn optimistaidd iawn. 'Nid wy'n credu bod angen ichwi bryderu dim am eich Cymraeg', meddai. 'Hyd yn oed os teimla dipyn yn anesmwyth ichwi, gwna flwyddyn o ymarfer cyson fyd o wahaniaeth.'[2] Roedd Pennar wedi ymdynghedu am y tro, beth bynnag, i barhau â'i weithgareddau yn y Saesneg. Ymddangosodd y gyfrol *Modern Welsh Poetry* dan olygyddiaeth Keidrych Rhys tua'r un pryd, a Pennar, neu 'Davies Aberpennar' fel yr ydoedd o ran ei bersona llenyddol o hyd, yn rhannu llwyfan â'r beirdd 'Eingl-Gymreig' yr oedd wedi torri cysylltiad â hwy ers pedair blynedd a mwy. Wrth adolygu'r gyfrol yn hael ac yn ganmoliaethus, meddai

Saunders Lewis: 'Davies Aberpennar . . . yw un o'r ychydig feirdd y gellir canfod safbwynt yn ei waith: y mae ganddo chwerwder a digofaint ac eironi, ac fe hoffasai James Joyce ei "Poem for Robert Griffiths".'[3] Un gerdd na chynhwyswyd yn y ĝyfrol oedd ei 'Poem for Brother Alban'.[4] Er nad oedd mor orffenedig â rhai o'i gerddi eraill, roedd yn dangos bod cadw cysylltiad â'i hen gydnabod o ddyddiau Prifysgol Iâl yn bwysig iddo o hyd. 'Brawd Alban' y gerdd oedd ei gyfaill Gus Baer, a oedd bellach yn fynach Benedictaidd mewn abaty yn Portsmouth, Rhode Island.

Yn ogystal â'r gwaith creadigol hwn, aeth yn gyfrifol am y cylch-grawn *Ap*, 'A collection of writings in English' a gyhoeddodd Plaid Cymru yn Ionawr 1945. Cuddiodd y tu ôl i gyfres o ffugenwau ynddo, ai oherwydd ei safle gweinidogaethol ni wn, ond o dan enw Mair Lewis y storïwraig byrion, Gwerfyl Gloff y bardd, a'r ysgrifwyr Roderick Phillips, Hywel Parri a Gildas Penri, Pennar a luniodd fwy na hanner y llyfryn. Roedd ysgrif Gildas Penri, 'Jesus and the nation', yn ymgais gyntaf ganddo i greu rhyw fath o *rationale* diwinyddol dros ei genedlaetholdeb. Roedd hon yn thema y byddai'n dychwelyd ati'n achlysurol ar hyd y blynyddoedd. Roedd y BBC erbyn hynny'n sylweddoli ei ddoniau hefyd a daeth ei lais yn fwyfwy cyfarwydd ar y tonfeddi radio, y 'Welsh Home Service' i ddechrau ac yna 'Rhaglen Cymru'. Bu'n traethu am ei brofiadau ym Mhrifysgol Iâl mor gynnar â Thachwedd 1944, ac ym Medi 1945 bu'n dadlau â'i hen gyfaill Keidrych Rhys ynghylch y berthynas rhwng llenyddiaeth Gymraeg ac 'Eingl-Gymreig'. O hynny ymlaen darlledodd sgyrsiau ar Saunders Lewis, Gwenallt, Alun Lewis ac R. S. Thomas: yn wir Pennar oedd y cyntaf i dynnu sylw'r cyhoedd at arbenigrwydd yr un a ddeuai'n un o'r mwyaf o feirdd Saesneg Cymru maes o law.[5]

I'w hen gydnabod na wyddent ddim am ei dröedigaethau at Gristionogaeth a'r Gymraeg, roedd y gweithgaredd egnïol hwn o blaid ei ymrwymiadau newydd yn fater o gryn syndod. Brodor o Ferthyr Tudful oedd Silvan Evans ac yn gyd-aelod o'r dosbarth anrhydedd yng Ngholeg Caerdydd ddegawd a mwy ynghynt. (Cafodd ef, Pennar a Moelwyn Merchant radd dosbarth cyntaf mewn Saesneg yn yr un flwyddyn.) 'I must confess', meddai, mewn llythyr ato yng Ngorffennaf 1946,

that it took me some time to realise that the redoubtable 'Davies Aberpennar' was my erstwhile contemporary at Cardiff. So many traits seem to have developed that I do not remember having at all been aware of – your 'Aggressive Welshness' as I think you termed it in your recent broadcast on Alun Lewis and certainly any tendency to the ministry. I had conceived of you as an abstract scholar, rather removed from the prosaic yet colourful world of actuality. But I am agreeably surprised to find you moving as you are among the figures of the contemporary scene.[6]

Y peth a argraffodd ei hun ddyfnaf ar Silvan Evans oedd y weledigaeth genedlaetholgar-Gristionogol yr oedd ei hen gyfaill yn ei harddel erbyn hynny. Mynegwyd y peth gliriaf yn *The Welsh Pattern*, llyfryn a olygodd Pennar tua chanol 1945 ar ran Cymdeithas Crefydd a Bywyd Llanmadoc, sef cwmni ecwmenaidd o weinidogion iau a oedd yn rhannu'r ysbryd optimistaidd a nodweddai Gristionogaeth Cymru, ac Ewrop, y cyfnod. Wrth grynhoi hanes crefydd yng Nghymru, soniodd am gynnwys cymdeithasol yr efengyl ac fel y bu'r Cymry yn fwy chwannog na chenhedloedd eraill i arddel gweledigaeth gyfannol o'r ffydd, heb ysgaru'r tymhorol oddi wrth yr ysbrydol. Gan gychwyn gyda'r Brythoniaid cyn-Gristionogol, olrheiniai linach a ymestynnai trwy Oes y Saint, cyfnod y Mabinogi a'r Brenin Arthur, heibio'r goresgyniad Eingl-Normanaidd, Llywelyn ap Gruffudd ac Owain Glyndŵr, hyd at y Deddfau Uno a diwedd yr Oesoedd Canol. Aeth heibio ymhellach i ddechrau'r Cyfnod Modern, y Diwygiad Protestannaidd, oes y Piwritaniaid a'r Anghydffurf-wyr cynnar hyd at y Diwygiad Efengylaidd a'r bedwaredd ganrif ar bymtheg. Mae'n amlwg fod Pennar eisoes wedi dechrau myfyrio'n helaeth ar hanes Cristionogaeth yng Nghymru, ac yn ei ddehongli yn ôl ei ganonau ei hun. 'Our claim', meddai, 'is that in spite of many national weaknesses and follies, the social content of the Christian Gospel was taken more seriously in Wales than elsewhere.'[7] Mae'n delfrydu'r Celtiaid cyn-Gristionogol ac yn gweld elfennau o barhad rhwng eu crefydd natur hwy a thrindodaeth gyfannol y cyfnodau diweddarach. Mae'n canmol yr heretig Pelagius am fynnu sianelu'i egnïon er mwyn daearu Teyrnas Dduw ym mywydau pob dydd y werin bobl, ac yn mynnu bod y Cymry ar hyd yr oesoedd wedi pwysleisio elfennau moesol ac ymarferol yr efengyl yn fwy o lawer na'r gweddau astrus a metaffisegol. 'Christianity among the early Welsh was far more than a matter of individual piety or ecclesiastical order', meddai: 'it was a social movement. It stood for liberty, co-operation and the common weal' (t.9).

Nid hanes 'gwrthrychol' mo hyn (os oes y fath beth), ond dehongliad tra rhamantaidd a phersonol ac un y glynodd Pennar wrtho, yn fras, ar hyd ei fywyd. Mae modd beirniadu'i fympwyedd: 'The Welsh character is incurably religious' meddai, 'peculiarly prone to worship, sensitive to the evocations of the noble and the beautiful' (t.12), a gorddelfrydiaeth ei ddarlun o nodweddion y genedl:

. . . Cymru has always been sensitive to the presence and purpose of the Unseen but Living God.

And with this goes a regard for the personal dignity and social need of man: a passion for healthy freedom, a readiness to rebel against tyrannies and uniformities, a respect for spiritual power and moral integrity as against worldly authority and brute force, and on the other hand a deep sense of personal obligation to one's kith and kin, to the family, the clan, the nation, to humanity, to the ideal society. (t.13)

Ni ellid, fodd bynnag, amau didwylledd y weledigaeth hon na'i gallu i ysbrydoli gweithgarwch crefyddol a chymdeithasol egnïol dros ben. Erbyn hyn roedd hunaniaeth Anghydffurfiol Pennar wedi'i chadarnhau gan ei gydnabyddiaeth â'r traddodiad radicalaidd Cymreig a gynhwysai John Penry, Walter Cradoc, Morgan Llwyd a Vavasor Powell, yn ogystal ag Annibynwyr mawr y bedwaredd ganrif ar bymtheg fel Gwilym Hiraethog, David Rees a Samuel Roberts Llanbryn-mair. Fel pregethwr Ymneilltuol a diwygiwr cymdeithasol gwyddai i bwy yr oedd yn perthyn a sut yr oedd y pulpud wedi moldio'r genedl yn un o'i gyfnodau euraidd:

Welsh Nonconformity [meddai] had given birth to a movement to restore that free and responsible Christian Wales which had been fashioned by the great saints of the fifth and sixth centuries, had been defended stubbornly for a thousand years against many foes and had at last been lost through base treachery and spiritual blindness. (t.12)

Dyma'r llinach y gwelodd Pennar ei hun yn ei hymgorffori a'i pharhau, ac roedd ganddo'r doniau angenrheidiol a'r ymroddiad priodol i'w hymestyn ymhellach.

Gyda hynny daeth y rhyfel i ben. Dathlodd ei derfyn yng nghwmni'i gynulleidfa mewn pregeth yn seiliedig ar adnod o eiddo'r Apostol Paul: 'Llawenhewch gyda'r rhai sydd yn llawenhau ac wylwch gyda'r rhai sydd yn wylo.' Roedd yn sensitif i natur yr achlysur ac o wybod am deimlad ei eglwys a'r ffaith fod y rhan fwyaf o'r ifainc yn gwasanaethu yn y lluoedd arfog, ni fygodd yr elfen o lawenydd. Ond gorfu iddo rybuddio hefyd, 'We must weep because such things as have happened during the last six years are still possible in a part of the world where Christianity has been taught for nearly 2,000 years.'[8] Ni allai ei hun orlawenhau. Roedd Käthe Bosse wedi colli ei mam mewn cyrch awyr fisoedd ynghynt a lladdwyd ei brawd, a oedd yn filwr gyda'r *Wehrmacht*, tua'r un pryd.

Ni wyddai Rosemarie beth oedd hanes ei mam, ei thad na'i chwaer ers blynyddoedd, ac yn waeth byth roedd yr wybodaeth arswydus am y gwersyll-garcharau a thynged yr Iddewon yn dechrau dod i'r amlwg. Er gwaethaf y rhyddhad o wybod fod ei mam a'i chwaer wedi goroesi, cafodd y newyddion fod Paul Walter Wolff wedi marw o lid y coluddion am na chafodd fynediad i un o ysbytai Berlin ar ddechrau'r rhyfel am ei fod yn Iddew. Trengodd aelodau eraill o'r teulu yn y gwersylloedd. Yn ogystal, roedd y cymylau llwch uwchben Hiroshima a Nagasaki yn arwyddo pa fath fyd oedd yn ymagor o'u blaen. 'Teimlaf fel petawn yn llefaru dan farn wedi'r newydd dychrynllyd am y bom atomaidd', meddai Gwynfor Evans yr Awst hwnnw. 'Darfu am bob ymdeimlad o sicrwydd a bron na ddywedwn o ystyr i fywyd.'[9] Cawsant fyw i weld gwawr yr oes apocalyptaidd, a chredai Pennar fod efengyl Crist a neges Tywysog Tangnefedd yn fwy perthnasol nag erioed.

Bid a fo am y pryderon hyn, byddai 1946 yn flwyddyn gyffrous ar ei hyd. Roedd John Morgan Jones, prifathro Coleg yr Annibynwyr ym Mala-Bangor, wedi marw yn Chwefror 1946 a'r is-brifathro, J. E. Daniel, wedi ymddiswyddo a'i benodi i swydd gyda'r Weinyddiaeth Addysg. Golygai hynny fod dwy gadair ddiwinyddol yn wag. Ar ben hynny hysbysebwyd swydd darlithydd cynorthwyol yn Adran Saesneg Coleg Prifysgol Cymru, Aberystwyth, ac roedd pennaeth yr adran, yr awdur 'Eingl-Gymreig' yr Athro Gwyn Jones, yn awyddus i Pennar ymgeisio amdani. Roedd y peth yn benbleth gwirioneddol a bwriwyd Pennar i gyfyng-gyngor mawr. Roedd y syniad o fynd i Fangor, yn olynydd i naill ai Morgan Jones neu Daniel, yn apelio'n fawr. Ymgorfforai traddodiad Bala-Bangor y math o Ymneilltuaeth wrth-sefydliadol, radicalaidd yr oedd Pennar bellach yn eirias drosti a châi gyfle am y tro cyntaf i fyw mewn ardal Gymraeg. Ond roedd yn anhysbys yng ngogledd Cymru, yn ddieithr i'r eglwysi ac ni wyddai a fyddai ganddo obaith gwirioneddol i gael ei benodi i'r naill gadair na'r llall. Roedd Aberystwyth, ar y llaw arall, yn nes i'w gartref ne Cymru, roedd y gofynion academaidd yn fwy cydnaws â'i hyfforddiant academaidd yn Balliol ac yn Iâl, a byddai'n cynnig gwell cyfle iddo ymroi i'r byd llenyddol. Gyrrodd, yn betrus-gyfrinachol, at J. E. Daniel i holi pa mor realistig oedd y posibilrwydd o'i benodi ym Mala-Bangor. Ni chyfarfuasai'r ddau erioed. 'Gwyddwn yn fras am [eich cymwysterau] o'r blaen', atebodd Daniel, 'ac fe'm cadarnheir bellach yn fy nhyb eich bod yn ŵr eithriadol iawn eich gallu, a gallai unrhyw goleg lawenychu o'ch cael ar ei staff.' Ond roedd Daniel yn rhagweld anawsterau. Dyn ifanc oedd Pennar a'r duedd fyddai i'r pwyllgor ddewis rhywun hŷn, a chyn penodi athro byddai angen prifathro a phrin y byddai'r pwyllgor yn mynd am neb a oedd yn anhysbys iddynt. Y gobaith gorau fyddai aros ychydig fisoedd a rhoi cynnig am yr is-brifathrawiaeth a ddeuai yn y man. 'Pe bai'r pwyllgor dewis yn anturus, ni allai wneud yn well na'ch apwyntio chwi, a byddwn i yn bersonol yn hapus tu hwnt', meddai, 'ond ei mentro hi y byddwch, a'r *odds* yn eich erbyn.'[10]

Rhannodd Pennar ei ofid gyda'i ddau gyfaill pennaf, Gwynfor Evans a J. Gwyn Griffiths. Fel ŵyr i weinidog Annibynnol, ac enwadwr pybyr ei hun, gallai Gwynfor ragweld y sefyllfa'n ddigon clir. 'Ni wn am ddull y penodi, ond rhyw ofni ydwyf fod y penodiad yn nwylo rhai na chafodd gyfle i'ch adnabod eto.'[11] Yn y cyfamser clywsai sibrydion ar hyd y rhwydwaith:

Y mae Jack Daniel yn cefnogi eich ymgeisyddiaeth am swydd Prifathro yn eiddgar, ond teimla llawer o'r hen ddwylo bod eisiau rhywun 'diogel' yno i fugeilio'r coleg yn ofalus am gyfnod o flynyddoedd, ac edfryd perthynas agos â'r eglwysi. Ymbellhaodd oddi wrthynt dan John Morgan Jones, a bu cyn hynny mewn dyfroedd dyfnion oherwydd moderniaeth Thomas Rees. Teimlir angen gweinidog. Y mae R. J. Jones, Caerdydd, yn ffefryn . . . Wn i ddim pa mor gryf yw eich siawns yn wyneb hyn, ond ofnaf y gallai'r ymresymiad uchod gario'r dydd.[12]

Fel y gwelir, roedd Pennar wedi penderfynu ymgeisio am y brif-athrawiaeth doed a ddêl, yn rhannol am iddo gael ei annog i wneud hynny gan Nathaniel Micklem, ond petrus ydoedd o hyd. Rhagwelai Gwyn Griffiths yr anawsterau, ond anogai yntau ef i fynd ymlaen. 'Mae'n bosibl y byddai dy ieuenctid yn erbyn dy ymgeisiaeth am gadair y Prifathro,' meddai; 'mae'n amheus a fyddai'r Annibynwyr yn barod i ymddiried swydd mor gyfrifol a phwysig i un mor ieuanc . . . ond gallaf ddychmygu'n hawdd y caet fynd yn Athro ganddynt – a mynd yn Brifathro maes o law.'[13] Tra bo hyn ar waith roedd y ddarlithyddiaeth mewn Saesneg yn Aberystwyth yn bosibilrwydd hefyd.

Fel Pennar yntau, roedd ei gyfeillion wedi bod yn pwyso ac yn mesur yn ofalus iawn. Meddai Gwynfor Evans:

Ystyriais achos Aberystwyth, a dod i'r casgliad bod y ddadl dros geisio am y swydd yn ddi-droi-nôl, os mai'r dewis yw rhwng mynd yno ac aros yn eich eglwys bresennol. Er mai ym Mala-Bangor yr hoffwn eich gweld, y mae posibilrwydd cyflawni gwaith mawr dros achos Crist mewn swydd o'r fath. Fe deimlid dylanwad eich Cristnogaeth egnïol, militant, trwy'r

Coleg a'r Brifysgol . . . Gallai eich arweiniad wneud i'n colegau dyfu'n llai paganaidd nag ydynt yn awr.[14]

Yr un oedd barn Gwyn Griffiths: 'Yn Aber, ac yn yr Adran Saesneg, dyma gyfle i achub o'r newydd, i drafod llenyddiaeth Saesneg o safbwynt yr Efengyl, i ffrwydro'n gryf o dan "gadarn goncrid Philistia".' Roedd barn ei wraig, nad oedd agos mor werthfawrogol o rinweddau Ymneilltuaeth Gymraeg â'i chyfeillion, yn fwy pendant fyth: 'Mae Käthe, fel y gallet ddisgwyl, yn gryf o blaid Aber. Bydd hyn yn achub dy enaid, ebe hi!'[15]

Ymgeisiodd Pennar am swydd prifathro Coleg Bala-Bangor ym mis Mawrth 1946. Cafodd gymeradwyaeth gref gan J. E. Daniel, Nathaniel Micklem a John Marsh, ond er gwaethaf hynny nid ef ond Gwilym Bowyer, gweinidog Eglwys Ebeneser Bangor, gŵr â meddwl disglair ond â'i gefndir yn y fugeiliaeth yn hytrach nag yn y byd academaidd, a benodwyd iddi. Siom neu beidio, rhyddhaodd hyn y ffordd iddo wneud cais am ddarlithyddiaeth Saesneg Aberystwyth, ac ar 12 Ebrill 1946 fe'i cafodd. Cymysg, serch hynny, oedd ei deimladau. Golygai'r gwaith newydd newid byd: gadael Caerdydd a'i rieni ym Morgannwg, torri'r cwlwm â'i gynulleidfa, cefnu ar y weinidogaeth a phopeth a oedd yn gysylltiedig â hynny, ac nid hwyrach siomi llawer o grefyddwyr a'i gwelai fel un a allai gynnig gobaith newydd i Ymneilltuaeth mewn cyfnod cynyddol wyw. Felly petrus ac anesmwyth oedd ei deimladau wrth dderbyn y penodiad er ei fod, yn naturiol, yn hynod falch: 'I was jubilant over the Aberystwyth appointment', meddai wrth ei bennaeth newydd, Gwyn Jones.

Yna daeth tro ar fyd. Heb yn wybod iddo roedd pwyllgor dewis Bala-Bangor wedi penderfynu cynnig iddo gadair, nid mewn Athrawiaeth Gristionogol a oedd bellach yng ngofal Gwilym Bowyer, ond y gadair gyfatebol yn Hanes yr Eglwys, sef hen gadair John Morgan Jones. Cyn gwneud hyn yn swyddogol roedd angen sicrhau caniatâd cynrychiolwyr yr eglwysi ac felly nid oedd modd ei hysbysu o'r peth eto. I'r sawl a wyddai am y bwriad, roedd y newyddion fod Pennar wedi derbyn swydd Aberystwyth yn gryn sioc. Cysylltwyd ag ef ar 16 Ebrill gan y Parchedig Fred Jones, Tal-y-bont, yn ei sicrhau bod olwynion Bangor yn dal i droi ac yn awgrymu y byddai'n clywed am gynnig y pwyllgor cyn pen dim:

Mi wyddwn y byddai swyddi ddigon yn diferu ar lwybr gŵr o'ch ysgolheictod a'ch cymwysterau chwi. Yr oeddwn, a bod yn hollol agored, wedi gobeithio eich cadw yng ngwasanaeth uniongyrchol yr eglwysi yng Nghymru, ac yn ddysgawdwr yn un o'i cholegau. Yr ydych yn un o'r

ychydig wŷr ieuainc y mae arswyd arnaf eu colli . . . Petawn yn dilyn fy
nheimlad dywedwn wrthych am aros ychydig ddyddiau eto, a daw cyfle i
chwi yng ngholeg yr enwad yng Nghymru.[16]

Mewn geiriau eraill, y câi Pennar wybod mewn ychydig ddyddiau fod
ganddo ddewis rhwng *dwy* swydd, y naill yn Adran Saesneg Aberystwyth
a'r llall ym Mangor, fel rhan o Gyfadran Ddiwinyddol y Brifysgol ac yn
Athro yng ngholeg Bala-Bangor. Roedd hi'n sefyllfa hynod, a dweud y
lleiaf. Wedi cael ei sicrhau am benderfyniad pwyllgor Bangor, ysgrifen-
nodd at Gwyn Jones yn esbonio'r sefyllfa a gofyn am gael ei ryddhau:

> I have now been informed on good authority that I have been nominated
> for a Professorship of Church History at the Bala-Bangor Independent
> College in Bangor . . . I did not apply for this post, though (at Principal
> Micklem's request and with no real hope of being appointed) I had
> applied for the Principalship of the College. It seems that I was second on
> the list for that, and so I am now to be offered the Professorship . . .
>
> Bala-Bangor is a little College with a fine tradition and is now passing
> through a crisis involving a complete change of staff, and several people
> have begged me to go there and do all I can for the College at this time of
> stress and strain.[17]

Ni wyddys beth oedd teimlad Gwyn Jones ond nid oedd ganddo fawr
ddewis ond rhyddhau aelod diweddaraf ei staff. Os collodd Aber-
ystwyth, ennill a wnaeth Bangor a hefyd addysg ddiwinyddol a'r wein-
idogaeth Gymraeg.

Pregethodd Pennar ei bregeth ffarwel i'w gynulleidfa yng Nghaerdydd
ar 30 Mai 1946 ac anelodd ef, Rosemarie a Meirion bach am ogledd
Cymru. Roedd yn 35 oed a'i gyflog newydd yn £350 y flwyddyn, deuddeg
punt yn llai na'r hyn a dderbyniai bellach yn Minster Road. Petai wedi
mynd yn ddarlithydd cynorthwyol yn y Coleg ger y Lli, byddai wedi cael
cyflog blynyddol o £700.

Erbyn hyn roedd ei gyfrol gyntaf o farddoniaeth wedi'i chyhoeddi.
Roedd *Cinio'r Cythraul* yn llyfryn 35 tudalen yn cynnwys 29 o gerddi a
luniwyd rhwng 1931, pan oedd yr awdur yn fyfyriwr yng Ngholeg y Brif-
ysgol, Caerdydd, a 1945. Ymddangosodd yn Chwefror 1946 a chafodd ei
dwyn allan gan Wasg Gee. Rhai byrion oedd y cerddi oll, yn englynion
ac yn gywydd a'r gweddill yn y wers rydd. Ar un wedd roedd yn gyfrol
hynod gan bregethwr yr efengyl ond, o graffu arni, roedd yn gyforiog o
themâu crefyddol ac ysbrydol. Seiliwyd y gerdd deitl 'Cinio'r Cythraul'

ar syniad a oedd yn boblogaidd ymysg rhai o dadau'r eglwys gynnar, a oedd yn dehongli Athrawiaeth yr Iawn yn nhermau'r diafol yn cael ei ddal a'i orchfygu gan Grist fel y daliwyd pysgodyn gan fachyn a orchuddiwyd gan abwyd.[18] Yr abwyd oedd dyndod Crist; y bachyn oedd ei ddwyfoldeb. Er i'r diafol geisio llyncu'r dyn Iesu a'i ladd ar Galfaria, roedd Iesu, oherwydd ei dduwdod, yn drech na'r diafol a hwnnw a ddaliwyd yn y diwedd: 'Hoffaf yr hen athrawiaeth hon yn fawr', meddai'r bardd.

> Gyfeillion, y Cythraul
>   Druan yw'r llo
> Pasgedicaf dan haul.
>   Dyma'i ginio:
> Gwaith a chwarae,
>   Doethineb a lol,
> Gorfoledd a gwae'r
>   Hil ddynol.
> Ond ust! dim ond abwyd
>   Yw'r distadl ddynionach;
> Caiff y Diawl yn ei fwyd
>   Y Cariad, y dwyfol Fach.

> Gan bwyll: mae Duw wedi cuddio'r Bachyn
> Dan ffolineb y cerddi damniol hyn.[19]

Er gwaethaf yr elfen chwareus, *whimsical*, sydd yn y gerdd, roedd Pennar o ddifrif calon ynghylch ei fater; bod creadigaeth dda Duw wedi'i llygru gan y drwg, ond caiff y drwg hwnnw ei drechu nid yn ddigyfrwng ond trwy ffolineb ymddangosiadol yr ymgnawdoliad, sef bod Duw, trwy ddod yn ddyn, yn chwarae'r tric eithaf ar y drwg a thrwy hynny ei orchfygu'n derfynol. Nid angau sy'n abswrd ond y diafol yn ei holl dwpdra, 'y Cythraul/ Druan', sef y 'llo/ Pasgedicaf dan haul'. Caiff duwdod ei gyfryngu nid ar wahân i'r dynol ond trwyddo, ac mae duwdod Crist ynghudd yn ei ddyndod. Os lol yw hyn yng ngolwg y byd, dyma ddoethineb pennaf y ffydd a 'gorfoledd . . .yr/ Hil ddynol'. Serch y direidi mae islais difrifol yn rhedeg drwy'r cwbl, ac mae'r un athrawiaeth yn llywodraethu holl ganu'r bardd: 'Gan bwyll: mae Duw wedi cuddio'r Bachyn/ Dan ffolineb y cerddi damniol hyn.'

Yn y delyneg 'Golud', mae'r bardd yn crybwyll pwysigrwydd y nwyd rhywiol gan nodi'i lawenydd, onid ei orchest ynddo. Mae'n cyfeirio at y tlodi tymhorol a oedd yn rhan o ramant yr athrylith (ac a fyddai'n rhan o fywyd pob dydd y gweinidog Ymneilltuol Cymraeg yn ail hanner yr ugeinfed ganrif), ac yn gorfoleddu yn asbri anorchfygol y ffydd sy'n medru cwmpasu'r cwbl hyn:

> Y fun hyfrydlais, paid â ffoi.
> Tyrd, aros, a gad imi roi
>   Llaw dyner ar dy fron.
> Byth, byth ni chei di unpeth gwell,
> Er mynd ohonot ti ymhell,
>   Na'm cariad llym a llon . . .
>
> . . . Gwn nad oes gennyf bres na swydd.
> Ni allaf ddisgwyl bywyd rhwydd.
>   Ac eto nid wy'n dlawd.
> Mae gennyf gred, mae gennyf gân,
> Ac asbri glew yr Ysbryd Glân,
>   A'r digywilydd gnawd.[20]

Dyma Pennar, mewn dau bennill godidog, yn troi'r byd â'i ben i lawr trwy arddel gwerthoedd paradocsaidd y Deyrnas. 'Llym *a* llon' yw ei gariad ef, trwy dlodi y deuai cyfoeth, trwy'r cnawd y deuai gorfoledd a'r gorfoledd hwnnw'n ddieuogrwydd cyfreithlon am iddo gael ei sancteiddio gan asbri'r Ysbryd, sef presenoldeb pefriog Duw oddi mewn i'w greadigaeth. Mewn Ymneilltuaeth a oedd eto'n barchus ddi-liw ac yn bietistig ofnus o'r synhwyrau, chwa o awel iach oedd y canu hwn ac yn ddifyrrus annisgwyl – gan ddiwynydd o leiaf! Mynegir yr un argyhoeddiad yn y gân gofiadwy 'Trioled: pwy biau'r ias':

> Yn gyntaf oll pwy biau'r ias
>   Ond Duw a'n gwnaeth mor frwnt, mor hyblyg?
> Er mwyn yr ias collasom ras:
> Yn gyntaf oll pwy biau'r ias?
> Pwy ond a wnaeth ein cnawd yn fras?
>   Pwy ond a wnaeth ein rhyw yn ddyblyg?
> Yn gyntaf oll pwy biau'r ias
>   Ond Duw a'n gwnaeth mor frwnt, mor hyblyg?[21]

Yn rhy aml cyfystyrwyd nwyd y cnawd â phechod, ond onid creadigaeth y Duw da oedd holl angerdd y cnawd, ac oni chysegrwyd y cnawd yn derfynol trwy i Dduw fynegi'i hun ynddo yn yr ymgnawdoliad yng Nghrist? Roedd elfen Fanicheaidd yn y ddiwinyddiaeth draddodiadol a oedd yn ofni'r cnawd ac yn ei ddiystyru. Y dasg, felly, oedd pwysleisio o'r newydd yr hyn yr oedd yr efengyl wedi'i haeru erioed, sef bod Duw o blaid ei greadigaeth a bod bywyd yn beth i'w fwynhau hyd yr eithaf.

Er gwaethaf y delweddau trawiadol a defnydd Pennar o gyfeiriadaeth gosmopolitaidd ac eang, roedd *Cinio'r Cythraul* yn ddigon dealladwy gyda haen o ddoniolwch eironig yn rhedeg trwyddi. Os oedd ambell gerdd yn feiddgar – yn *rhy* feiddgar yn ôl rhai – roeddent yn gwbl nodweddiadol o ffresni a bywiogrwydd Cylch Cadwgan gynt. 'Dyma un o'r cyfrolau mwyaf bywiog a diddorol a ddarllenais,' meddai Gwynfor Evans, 'rhywbeth i oglais meddwl a theimlad ar bob tudalen a llawer i gynhyrfu ac ysbrydoli.' Ond rhybuddiodd Gwynfor ei gyfaill: 'Nid oes rhaid dweud na bydd y gwaith yn rhyddhau'r ffordd i gadair mewn coleg diwinyddol Cymreig, ond mae'n ddigwyddiad pwysig yn hanes ein llenyddiaeth, un a dynn rai o'r llyfetheiriau sy'n ein rhwymo mor gaeth.'[22] Tebyg oedd barn Saunders Lewis: 'Neges y llyfryn hwn yw bod bywyd pur a diwair a bywyd o ffydd yn fywyd gwerth ei fyw ac yn destun gorfoledd, yn ffynnon o gân.'[23]

Ond nid pawb oedd mor hael eu canmoliaeth. 'Ar brydiau y mae'n orfeiddgar', meddai W. R. Watkin yn *Seren Gomer*, 'a datblygodd y syniad o ryw yn bla arno.' Os na wireddwyd proffwydoliaeth Gwynfor Evans ynghylch y gadair mewn coleg diwinyddol, roedd proffwydoliaeth lawchwith golygydd y *Seren* (er gwaethaf Saunders Lewis) yn nes at y gwir: 'Pan lwydda'r bardd hwn gael llywodraeth lwyr ar ei awen gallwn ddisgwyl pethau gwych ganddo. Fel y mae, yn ei awydd i fod yn od dywed bethau ffôl a phlentynnaidd.'[24] I'r genhedlaeth hŷn, ffôl a phlentynnaidd oedd yr asbri iachusol a darddodd wrth droed Moel Cadwgan ond i'r genhedlaeth iau roedd hi'n argoel o bethau gwych i ddod. A'r ieuenctid oedd biau'r dyfodol. Y gwir yw bod teyrnasiad y beirdd-bregethwyr fel Elfed, Crwys a J. J. Williams yn dirwyn i ben a'r cyhoedd yn aeddfed ar gyfer llên fwy mentrus, lletach ei gorwelion nag mewn dyddiau a fu. Sut bynnag, ni wnaeth y gyfrol fechan *Cinio'r Cythraul* fawr ddrwg i enw na gyrfa 'Davies Aberpennar' ond, yn hytrach, ddogn go lew o dda. Dyma argoel eto fod cyfnod newydd ym marddoniaeth Cymru wedi gwawrio.

Dathlodd Coleg Mansfield ei hanner canmlwyddiant yn 1946 ac arwydd o'r parch a oedd i Pennar oedd i'r awdurdodau yno ei wahodd i lunio hanes y sefydliad at yr achlysur. Ymddangosodd *Mansfield College, Oxford: Its History, Aims and Achievements* yn 1947 yn llyfryn

80 tudalen llyfn a darllenadwy a gyfunai grefft y llenor a sgiliau'r hanesydd. 'It is a very interesting and readable document', meddai'r adolygydd yng nghylchgrawn y coleg, 'and it contains an extraordinary amount of information considering its size.'[25] Roedd Nathaniel Micklem wrth ei fodd: 'This really is a first-class piece of work, and I am more than happy to think that your first publication as a Professor of Church History should be the story of Mansfield.'[26] Erbyn hynny roedd C. J. Cadoux yn clafychu'n ddifrifol a bu farw erbyn yr haf. Y dasg o flaen cyngor Coleg Mansfield oedd dewis olynydd teilwng iddo. Gwahoddwyd Pennar ynghyd â Geoffrey F. Nuttall a oedd yn dysgu yn New College, coleg yr Annibynwyr yn Llundain, a gweinidog o'r enw Aubrey Vine, i gyfweliad ar gyfer llenwi Cadair McKennall yn Hanes yr Eglwys, ond er siom i Micklem, ni ddaeth y Cymro. Yn ôl hanesydd diweddarach Coleg Mansfield, 'Pennar Davies declined the invitation on the grounds that he felt his vocation lay in Wales.'[27] Fel y cafodd Bangor y gorau ar Aberystwyth flwyddyn ynghynt, cafodd Cymru y gorau ar Rydychen yn yr achos hwn, a chadwyd Pennar yng ngwasanaeth yr eglwysi Cymreig.

Roedd y teulu bellach wedi ymgartrefu ym Mangor ac roedd Pennar yn cael blas ar ei waith. Cynhaliwyd cyfarfod sefydlu iddo ef a Gwilym Bowyer yng Nghapel Pen-dref ar 10 Hydref 1946 gyda'r Dr H. Elvet Lewis (Elfed) yn pregethu. Bellach câi werthfawrogi cwmni cydnaws, diwylliedig a thra athrylithgar yng Nghyfadran Ddiwinyddol y Brifysgol. Roedd R. T. Jenkins a'r Dr Thomas Richards yn dysgu gwahanol weddau ar hanes crefydd Cymru i'r myfyrwyr diwinyddol ar y pryd, tra oedd Dafydd Ap-Thomas, yn gyn-fyfyriwr Coleg Mansfield, a Bleddyn Jones Roberts yn dysgu Hebraeg yn yr Adran Feiblaidd a J. Williams Hughes a Tom Ellis Jones ar staff Coleg y Bedyddwyr, drws nesaf i Bala-Bangor. Warden hostel yr Eglwys oedd ei hen gydnabod o ddyddiau Rhydychen yn y 1930au, sef Gwilym O. Williams a ddeuai yn esgob Bangor yn y man. Gydag enwogion fel Syr Ifor Williams a Dr Thomas Parry yn mynychu'r ystafell gyffredin hŷn, dyma Pennar yn profi cwmni ysgolheigaidd, Cymraeg, na ellid dymuno'i well. Roedd yn ei elfen yn deg.

Yng nghanol y boddhad hwn bu rhaid iddo ddychwelyd i Aberpennar yn gynnar yn 1947 at orchwyl trist. Os oedd y cwlwm rhyngddo a'i fam yn agos ac yn dynn, cyfeillgarwch hapus ac agored a nodweddai ei berthynas â'i dad. Tipyn o ddirgelwch fu 'Billy' i'w rieni, a'i alluoedd a'i ddiddordebau ymhell uwch eu pen. Ond carent ei gilydd yn angerddol ac ni fu dim tensiynau gwirioneddol rhyngddynt erioed. Tyfodd edmygedd Jo Davies o athrylith ei fab ac fel yr aeth y blynyddoedd ymlaen, cynyddodd ei barch at ei ddygnwch a'i argyhoeddiadau. Dyn afiach a thoredig oedd Jo, yn enwedig yn dilyn ei ail anaf yn y gwaith, a threuliodd ei flynyddoedd olaf yn gwylio bywyd cyfyng Cwm Cynon yn mynd heibio o ffenest ei ystafell yn Heol Duffryn heb fentro, braidd, y tu allan i'r drws. 'Yr oedd wedi colli ei ffydd a'r gobaith am fywyd tragwyddol', meddai Pennar amdano, 'ond yr oedd am weld ei unig fab cyn ymadael â'r fuchedd hon.' Pan glywodd Pennar ei fod yn ddifrifol wael daeth ar ei union o Fangor er mwyn bod gydag ef. 'Pan gyrhaeddais gartref fy rhieni yr ofnwn weld fy nhad yn disgwyl marw ond yn hytrach fe lawenhaodd ym mhresenoldeb ei unig fab. Gwenodd mewn llawenydd tawel wrth fy ngweld, a bu farw wrth wenu.'[28] Y dyddiad oedd 14 Chwefror 1947 ac fe'i claddwyd ym mynwent Maes-yr-arian, Cwm Cynon, a'r eira yn drwch ar lawr.

Os oedd Pennar yn hapus ymhlith ei gyd-weithwyr ym Mangor, canmolai ei fyfyrwyr hefyd. Rhestrodd yn ei nodiadau hunangofiannol enwau Haydn James, D. Carey Garnon, Islwyn Ffowc Elis a Huw Jones ('Huw Bach') o'r enwadau eraill heb sôn am D. Alun Lloyd, Islwyn Lake ac F. M. Jones o'i enwad ei hun. Roedd cael Cymry diwylliedig, cenedlaetholgar i'w dysgu yn amheuthun ganddo. Ganwyd iddo ef ac i Rosemarie ail blentyn ym Mangor, sef Helen Rhiannon, yn Nhachwedd 1947, yr un diwrnod â phriodas y Dywysoges Elisabeth â Philip Mountbatten, fel y nododd yn ei ddyddiadur! Roedd yn cyfrannu at y bywyd diwylliannol Cymraeg trwy olygu cylchgrawn *Y Fflam* ar y cyd â J. Gwyn Griffiths ac Euros Bowen. Rhyw fath o ymestyniad ar weithgareddau Cylch Cadwgan oedd hwn i fod, ond fel y digwyddodd pethau, ni fedrodd ef na Griffiths chwarae eu rhan yn gyflawn yn y fenter ac ar ysgwyddau Euros y syrthiodd pen trymaf y gwaith.[29] 'Rwy'n ymgeisio am swydd darlithydd cynorthwyol yn Abertawe', hysbysodd Gwyn Griffiths yn Ebrill 1946. 'Gobaith caneri coch!'[30] A thrachefn ymhen y mis: 'Does dim gobaith coes mochyn gennyf mae'n siŵr'.[31] Er gwaethaf y caneri a'r mochyn, cafodd y swydd a symudodd i weithio yn Adran Clasuron Coleg y Brifysgol yn ddiweddarach yn y flwyddyn. O ran Pennar yntau, byddai'n pregethu o Sul i Sul yn eglwysi Sir Gaernarfon ac Ynys Môn a thrwy hynny, a thrwy'r dosbarth nos hynod fywiog ar lenyddiaeth Gymraeg a gynhaliai ym mhentref y Ffôr rhwng Eifionydd a Llŷn, daeth i adnabod gogledd Cymru a'i drigolion yn bur drylwyr. Ond cadwodd ei gysylltiadau â'r de hefyd, a byddai'n ymweld yn gyson â'i chwiorydd ac â'i fam adeg y gwyliau. Un achlysur amlwg a'i dygodd yn ôl oedd sefydlu ei olynydd yng nghapel Minster Road sef y Parchedig Windsor Hicks. Trwy gyd-ddigwyddiad hapus, un o Aber-pennar, ac fel yntau yn blentyn capel Providence, oedd Hicks a gafodd ei hyfforddiant yn y Coleg Coffa, Aberhonddu. 'Learn to think of your minister not as someone belonging to a different world from yourselves but as one called to play a special part in the work of the church which is *your* work', meddai yn ei bregeth siars. 'Don't judge ministers by any standards that you would hesitate to apply to yourself.'[32] O feddwl am y cysylltiadau ag Aberpennar ac â Minster Road, roedd yr achlysur yn llawen iawn ac roedd Pennar wrth ei fodd o weld cynifer o'i hen gyfeillion wedi dod ynghyd.

Câi lythyrau yn gyson o'r Unol Daleithiau hefyd. Roedd ymweliad gan ddau fyfyriwr Prydeinig ar eu taith trwy America yng Ngorffennaf 1948 yn atgoffa Haniel Long, ei hen gyfaill llengar o New México, am y tro hwnnw pan gyrhaeddodd Pennar gymuned artistiaid Taos, yn llanc ifanc o Brifysgol Iâl. 'I wonder . . . whether anything will flash between us, as in that already long ago year, there came the flash between you and me', meddai'r Americanwr, yn hiraethus iawn. 'Our feeling for you grows more and more definite and clear as the years go by. You are as much a part of our group life as though you lived in Santa Fé.'[33] Cafodd epistol hirfaith gan Clem Linnenberg o Washington DC ym Mehefin 1949 yn adrodd am ei helyntion yno. Erbyn hynny roedd yn briod, ac ef a'i wraig Marianne yn cael eu drwgdybio oherwydd eu safbwyntiau rhyddfrydol. Gyda'r Rhyfel Oer bellach yn ffaith, nid oedd wiw i neb fynegi cydymdeimlad ag anffodion y gyfundrefn gyfalafol rhag ofn cael ei ystyried yn elyn y ffordd Americanaidd o fyw. Parai hyn ofid gwirioneddol i Linnenberg a'i wraig, a diflastod i'w cyfaill yng Nghymru.

> The chief function of the harrying of Communists [meddai Linnenberg] is to label liberals as Communists and pro-Communists . . . thus terrifying most of them into at least outward conformity, and inducing many of them even to believe what they could not believe yesterday – especially about the need for World War III. There are so few Communists and pro-Communists in this country that the liberals who are the victims of the anti-Communist phobia far outnumber them.[34]

Fodd bynnag, yng nghanol ei brysurdebau eraill roedd Pennar yn dal i gyfrannu at y bwrlwm ecwmenaidd. Anerchodd gynhadledd Llanmadoc yn 1947 gan draethu ar grefydd a'r traddodiad cenedlaethol. Roedd ei sylwadau hunangofiannol yn arbennig o ddiddorol:

> At one time I thought that the percentage of defiant infidels in Wales had always been deplorably low, and I even entertained the idea of setting up

as an infidel in a modest way on my own – just to redress the balance! But in the years that led up to the War I gradually came to see that the times in which we live are far too grave for playboys . . . I came to see that to be an avowed non-Christian in Wales was to be an oddity and a monstrosity and an irresponsible escapism. I came to see that what has been called the Welsh pattern is formless and meaningless if it is torn away from the whole web of Christian history and Christian faith.

Roedd ei dröedigaeth at Grist ynghlwm wrth ei werthfawrogiad cynyddol o Gymru ac o hynny ymlaen nid oedd modd ysgaru'r naill oddi wrth y llall: 'In a very real sense my affection for Wales and interest in Wales has become a means of grace.'[35]

Yn ogystal â chyfrannu'n uniongyrchol at y bywyd crefyddol, roedd ef yn dal i chwarae ei ran yn y bywyd llenyddol hefyd. Bu'n ateb cwestiynau golygydd *Wales* ac yn rhoi ei farn ar y broblem economaidd o safbwynt yr efengyl o fewn wythnosau i'w gilydd yn 1946, tra ymddangosodd ymdriniaethau â gwaith Gwenallt, Henry Vaughan a George Herbert yn ystod y flwyddyn ddilynol.[36] Roedd y direidi Cadwganaidd yn parhau mewn sgwrs ddychmygol o eiddo Pennar rhwng Dafydd ap Gwilym a Keidrych Rhys, eto ar dudalennau *Wales*, gyda'r bardd canoloesol yn ddoniol-hallt ei feirniadaeth ar ladmerydd y llenorion 'Eingl-Gymreig' am chwennych clod sefydliad bwrdais *literati* Llundain.[37] Darlledwyd hon fel sgwrs radio yn wreiddiol, yn Nhachwedd 1947, un o liaws yr oedd Pennar yn eu gwneud yn ystod y blynyddoedd hyn.[38] Cafwyd rhaglenni nodwedd ganddo, a dramâu Saesneg a Chymraeg, a'r cwbl yn dyst i ddychymyg carlamus ac egni mawr.

Os cafodd hwyl ar yr ysgrifennu, cafodd eraill flas anghyffredin ar y gwrando ac ar y darllen. 'Byddaf yn darllen popeth a welaf o'ch gwaith yn awchus', meddai Gwynfor Evans:

> Ni fedrwch ysgrifennu gair yn ormod imi – llawenychaf bob tro y gwelaf eich enw wrth lith. Y mae cymaint o angen eich arweiniad ar Gymru fel y byddaf yn diolch am yr egni a'r ymroddiad a ddangoswch yn barhaus. Ni chelais erioed fy nghred yn y lle sydd i chwi yn hanes ein cenedl . . . ac mae'n iawn ichwi wybod.[39]

Os daeth meseianaeth yn bwnc myfyrdod Pennar yn ei nofelau yn nes ymlaen, roedd rhywbeth meseianaidd yn y gobaith a oedd gan y cenedlaetholwyr delfrydgar hyn yn y blynyddoedd yn dilyn yr Ail Ryfel Byd. Roedd ganddynt eu gweledigaeth; y dasg bellach oedd gwireddu eu breuddwydion yng nghyd-destun y genedl yr oeddent yn ei charu ac er budd y ddynolryw y cawsant y fraint o'i gwasanaethu. Cymerodd Pennar y gwaith o ddifrif ac mewn cyfres o ysgrifau pwysig a luniodd ar ddiwedd y 1940au darluniodd ei strategaeth er mwyn troi'r freuddwyd yn ffaith.

Mor gynnar â 1942 dangosodd gymaint yr oedd ei astudiaethau diwinyddol yn ysbarduno'i ddychymyg llenyddol. Roedd ei bori awchus yng ngweithiau'r tadau eglwysig cynnar megis Clement o Rufain, Tertwlianos, Awstin Fawr a'r 'hen Irenaeus' yn bwydo'i feddwl ac yn llywio'i farn.[40] Ond erbyn diwedd y degawd roedd ef wedi symud ymlaen. Roedd ei bregethu yng nghapel Minster Road yn dangos natur ei ddatblygiad athrawiaethol. Er iddo wrthod 'yr honiad bod dyn yn gynhenid dda, a'i fod trwy broses datblygiad a chynnydd yn symud ymlaen yn ei nerth ei hun i'w iachawdwriaeth ei hun', ac yn amau hefyd 'yr honiad bod dyn yn hanfodol ddibechod ac nad oes arno angen gras a chymorth y Duw tragwyddol',[41] eto roedd yn pellhau fwyfwy oddi wrth y dehongliad clasurol o ystyr y ffydd ac yn tueddu i fod yn ddibris o'r sawl a oedd yn arddel uniongrededd. Mewn papur yn 1948 ar y berthynas rhwng metaffiseg a diwinyddiaeth, beirniadodd safbwynt Karl Barth, er enghraifft, yn hallt. Er iddo gyfeirio'n benagored at drydedd gyfrol y *Kirchliche Dogmatik* na fyddai'n ymddangos yn Saesneg am flynyddoedd i ddod, roedd ei sylwadau'n llym. 'Wrth feirniadu'r meddyliwr', meddai, 'rhaid i ni barchu'r proffwyd' hyd yn oed os mai meddyliwr dryslyd a chymysglyd ydoedd, ac yn 'un o'r proffwydi llai'.[42] Nid hyd y 1980au, ymhell ar ôl i Pennar ymddeol, y daeth i gydnabod bod y dysgawdwr o'r Swistir yn fwy na phroffwyd llai, ac y dechreuodd ysgrifennu yn fwy cadarnhaol am ei waith.

Os oedd gor-uniongrededd yn troi'n annerbyniol ganddo, roedd dehongliad Pennar o gynnwys yr efengyl yn un digon diddorol. Amlinellodd hyn mewn dau anerchiad, y naill gerbron Undeb yr Annibynwyr yn eu cynhadledd yn Nhonypandy yn 1948, a'r llall yng Nghyngor Eglwysi Rhyddion Cymru yn 1949. Tynnodd y ddwy araith gryn sylw ar y pryd. 'Iachawdwriaeth a her y cyfnod' oedd teitl trafodaeth Tonypandy, ac ynddi cafodd ei orfodi i ddychwelyd at neges hynod efengylaidd, un fwy efengylaidd nag yr oedd llythyren ei gyfundrefn yn ei ganiatáu. Problem y ddynolryw, meddai, oedd pechod, a'r unig ateb i bechod oedd maddeuant Duw a'r bywyd newydd yng Nghrist. 'Mae'n gwbl sicr gennyf mai dyna'r unig feddyginiaeth: Croes Crist,' meddai. 'Y Groes . . . yn unig a all ein deffro o'n trwmgwsg ysbrydol':

Yn y Groes fe welwn yr iachawdwriaeth yn ei grym. Gwelwn bechod dyn a chariad gwaredigol Duw. Wrth graffu ar Groes Calfaria gwelwn holl bechodau byd ac eglwys yn crynhoi eu bwystfileiddiwch i ddinistrio Arglwydd y Gogoniant, y Crist a'r Gwaredwr. Ac mae'n rhaid inni weld ein pechodau ni ein hunain yn y pechodau hyn . . . Yn y Groes y dangosir inni holl drasiedi ein bywyd: pechod a phoen ac angau. Ac eto cyhoeddir ganddi rywbeth arall – holl fawredd cariad Duw. Canys Mab Duw sydd ynghrog arni, a holl dosturi calon anfeidrol y Duw Tragwyddol wedi cronni yn ei galon. Efe yn wir yw Arglwydd y Gogoniant, y Cyfryngwr Mawr, awdur iachawdwriaeth i ni ac i bob dyn arall.[43]

Pwysleisio gwedd oddrychol yr iachawdwriaeth a wnâi Pennar fel arfer, a chyfraniad dyn i broses yr achubiaeth. Ond y wedd wrthrychol sy'n cael ei datgan yn y fan hyn, a hynny mewn modd difloesgni iawn. Nid oedd grym achubol mewn dim arall ar wahân i neges y groes.

Erbyn 1949 roedd y pwyslais fymryn yn wahanol. Roedd y newyddion da, meddai, yn ymwneud â'r Deyrnas ac yn cael eu hamlygu yng Nghrist. Ymhlith yr athrawiaethau hanfodol yr oedd bodolaeth Duw, ei sofraniaeth dros y greadigaeth a'i fewnfodaeth ynddi hi, a chyfrifoldeb cyfatebol dyn: 'Y mae Efengyl yr Iesu'n gosod dewis o flaen dyn. Y mae'n rhaid inni ddewis y Deyrnas neu ei gwrthod . . . I fod yn gadwedig rhaid wrth dröedigaeth.'[44] Ar sail y Testament Newydd gellid arddel athrawiaeth tadolaeth Duw, yr ymgnawdoliad, yr iawn (er nad yw'n esbonio beth yw'r iawn namyn ei fod ynghlwm wrth farw Crist ar y groes), a'r atgyfodiad: 'Nid oes newyddion da i'r Cristion os yw'r Crist yn farw.'[45] Os yw pob un o'r athrawiaethau hyn 'yn hollol hanfodol i unrhyw ddiwinyddiaeth gyflawn a seilir ar yr Efengyl', nod angen yr Eglwysi Rhyddion oedd eu cred yn yr Ysbryd Glân. 'Ni fedrwn ni gredu y gall unrhyw awdurdod allanol gymryd lle goleuni'r Ysbryd Glân yn tywynnu yn enaid y credadun.'[46] Fel y gwelir, ni fynn ymwrthod â'r athrawiaethau mawr canolog ac nid oes amheuaeth am eu pwysigrwydd yn ei gyfundrefn. Ond awgrymir yn gryf iddo fynnu eu dehongli yn unol â chanonau'r ddiwinyddiaeth ryddfrydol gan bwysleisio profiad yr unigolyn a natur foesegol y ffydd. Er nad oes dim cyfeiliornus ynghylch y cyfeiriad at yr Ysbryd Glân, pwysleisio gwedd oddrychol crefydd a wna, yn y cyd-destun hwn o leiaf, yn hytrach nag unrhyw ffeithiau allanol. Mae'n arwyddocaol iddo beidio â sôn dim am y Beibl. Mae rhywbeth eclectig ac unigolyddol yn niwinyddiaeth Pennar erbyn hyn, ac ni fyddai'n amhriodol ei galw yn rhyddfrydiaeth efengylaidd, iwtopaidd ei naws.

Serch hynny, nid yr anerchiadau hyn oedd bwysicaf yn nhwf ei feddwl crefyddol ond cyfres o ysgrifau o dan y teitl 'Efengyl a Chymdeithas'. Yn 'Iachawdwriaeth gymdeithasol i'r byd', sef y gyntaf o'r tair ysgrif a oedd yn gosod allan ei raglen ymarferol er mwyn creu'r Gymru newydd, mynn fod Iesu wedi bwriadu ffurfio cymdeithas o ddilynwyr a fyddai'n ymgorffori ei fwriad ar gyfer gwaredigaeth byd cyfan. Eu pwrpas hwy oedd sylweddoli Teyrnas Dduw yn ansawdd eu bywyd cymunedol a thrwy hynny orchfygu'r drefn dymhorol yn ei chyfanrwydd, 'na all [hyn] olygu llai na chwyldro ym macs y byd', meddai.[47] Daeth dilynwyr yr Arglwydd Iesu ynghyd mewn cymdeithas feseianaidd, a oedd, yn ei hanfod, yn her chwyldroadol i'r *status quo*: 'Ni ellir galw Iesu'n Grist heb haeru mai ef oedd Eneiniog Israel ac, yn ôl y ddelfryd Feseianaidd, Brenin y byd' (t.287; t.48). Er bod y gymdeithas hon yn bod oddi mewn i gyfyngiadau amser, roedd hi'n byw yng ngrymusterau'r byd a ddaw ac anelai at droi delfryd dyfodolaethol y Deyrnas yn ffaith yn y byd hwn. Nod angen ymgyrch a mudiad Iesu oedd eu bod yn ddi-drais ac yn anfilitaraidd, yn ymwrthod â galluoedd bydol, ac yn gweithio er mwyn rhyddhau cenedl Israel o'i chaethiwed Rhufeinig fel cam tuag at ymgyrraedd at ddelfryd y Deyrnas:

Mae'n berffaith ddiogel fod iachawdwriaeth y gymdeithas ddynol yn rhan anhepgorol o bwrpas yr Iesu wrth gyhoeddi ei Efengyl a'i fod yn anelu nid yn unig at greu 'Eglwys' a fyddai'n sylweddoli'r Deyrnas yn ei chymdeithas ei hun ond at ddwyn iachâd i'r 'byd'. (t.288; t.51)

Roedd dilynwyr cynharaf yr Arglwydd Iesu yn disgwyl y byddai'r drefn dymhorol yn ildio'n fuan i fuddugoliaeth derfynol Teyrnas Dduw, a sbardunwyd eu sêl dros ei ymgyrch ef gan y gobaith diwethafol hwn. Oherwydd hyn roedd y ffin rhwng y presennol a'r dyfodol yn aneglur iawn wrth i'r disgwyliad ymdoddi'n realaeth yn ansawdd y bywyd helaethach a oedd yn ffrwyth cymdeithasu â'r Iesu fel Arglwydd a Gwaredwr y cyfanfyd. Roedd ffigwr eschatolegol 'Mab y Dyn' o Lyfr Daniel o'i gymhwyso at genhadaeth Iesu o Nasareth yn yr efengylau, yn arwyddo cyflawniad y gobaith diwethafol pan fyddai'r gymuned gyfan yn uno yn y fuddugoliaeth olaf a addawyd i ffyddloniaid Duw. 'Ystyr hanfodol y fuddugoliaeth', meddai Pennar, 'yw fod cymdeithas ddynol yn cael ei thywys a'i threfnu yn ôl ewyllys pur a chariadus saint Duw dan arweiniad y Crist'.[48]

Nid unigolyn oedd 'Mab y Dyn' ond ffigwr cyfansawdd a oedd yn camu atom, megis, o du Duw gan adfer y greadigaeth gyfan: 'Mae'n

debyg felly fod Dyfodiad Mab y Dyn nid yn unig yn sefydlu brenhiniaeth
y saint ar y ddaear ond cyfnewidiad cosmig yn amlygu daear newydd a
nefoedd newydd' (t.15; t.55). Yn neinameg y Deyrnas, roedd hi'n anodd
gwahanu'r presennol oddi wrth y dyfodol a'r disgwyl oddi wrth y
cyflawni. Ni fyddai'r fuddugoliaeth derfynol yn wahanol, o ran ansawdd,
i'r hyn oedd eisoes wedi'i brofi yng nghwmni gwaredigol yr Iesu byw; yn
hytrach gwahaniaeth o ran gradd fyddai ac o ran effaith ar y ddynoliaeth
ehangach. Yr alwad, felly, oedd gweithio tuag at y fuddugoliaeth a
chreu'r amodau a fyddai'n hyrwyddo llwyddiant digamsyniol y Deyrnas
a oedd ar fin gwawrio:

> Yn ôl dysgeidiaeth Iesu Grist dylid gweithio a gweddïo a gobeithio am
> gyflawni Teyrnas Dduw yn ein bywyd dynol yn 'y byd hwn'; a bydd
> dyfodiad Teyrnas Dduw yn ei gogoniant cyflawn . . . yn golygu diwedd 'y
> byd hwn' fel y gwyddom amdano a dechrau byd newydd, y byd a ddaw.
> (t.15; t.55)

Yn ôl dehongliad Pennar o dystiolaeth yr efengylau, roedd y pwyslais o
hyd ar egnïoedd dilynwyr Iesu a'u cyfraniad allweddol hwy tuag at
brysuro dyfodiad y Deyrnas. Roedd 'amser y Parowsia [sef ail-ddyfodiad
Crist] yn dibynnu i ryw raddau ar weithgarwch y dynion sydd yn perthyn
i'r Deyrnas', meddai (tt.13–14; t.53), a 'dengys rhai o'r damhegion fod
yr Iesu'n cydnabod bod gwaith dyn (i'r graddau y mae'n ddaionus ac
yn dderbyniol) yn rhan o arfaeth Duw' (t.16; t.57). Fel yr oedd y
gwahaniaeth rhwng y presennol a'r dyfodol yn amwys yng ngoruch-
wyliaeth y Deyrnas, amodol, yn ôl dealltwriaeth Pennar, ac nid absoliwt
oedd y ddeuoliaeth rhwng ymdrech dyn a gwaith Duw.

Yn yr olaf o'i dair ysgrif, â Pennar i'r afael â'r pwyslais diwinyddol a
oedd yn ddylanwadol ar y pryd, sef y neo-uniongrededd a gysylltid yn
bennaf ag Emil Brunner o'r Swistir a'r Americanwr Reinhold Niebuhr.[49]
Pennaf wendid y 'realaeth Gristionogol' hon, yn ei dyb, oedd ei phrag-
matiaeth; trwy ganoli ar athrawiaeth y cwymp, natur lygredig y byd a'r
ffaith mai pechadur oedd dyn, cyfiawnhau'r *status quo* a wnâi'r diwin-
yddion hyn a pheidio â'i weddnewid yn enw Iesu Grist. Yn ôl Niebuhr,
roedd y cariad perffaith y soniai Iesu amdano yn y Bregeth ar y Mynydd
yn ddelfryd yn hytrach nag yn nod ymarferol ym mywyd y Cristion ac yn
symbol parhaus o'i fethiant, ei bechadurusrwydd a'i angen am ras. Nid
oedd hyn, i Pennar, yn ddim amgenach na negyddiaeth: 'Nid oes
awgrym yn y Testament Newydd am ddelfryd "amhosibl"; i'r gwrth-
wyneb, dywaid yr Iesu fod y pethau sy'n amhosibl gyda dynion yn bosibl

gyda Duw' (t.35; t.68). Moesegol ac ymarferol oedd dealltwriaeth Pennar o'r efengyl, ac oherwydd hyn ychydig oedd ganddo i'w ddweud am aberth Crist fel cyfrwng maddeuant. Os oedd pechod yn bod, nid oedd yn nam digon difrifol i rwystro dyn rhag cyflawni'i ddyletswyddau orau y gallai. Trwy gyd-ymdrechu â Duw yn nerth yr Ysbryd ac yn ôl esiampl Crist, gallai chwarae ei ran i brysuro dyfodiad y Deyrnas a phrofi o fendithion yr oes a ddaw: 'Ni all ffydd gyflawn fod yn fodlon . . . ar anelu at ddim llai nag etifeddiaeth berffaith saint y Goruchaf' (t.35; t.68).

Peth hawdd iawn fyddai beirniadu iwtopiaeth Pennar: er iddo gredu bod dyn yn bechadur, arwynebol, braidd, oedd ei syniadau am y cwymp. Mae rhywbeth naïf yn ei ffydd ym mhotensial daionus dyn. Er iddo gydnabod bodolaeth drygioni, mae'n ei ddehongli fel ffenomen ddynol yn hytrach na realiti a dramgwyddai yn erbyn gogoniant Duw. (Byddai hyn yn tynnu colyn ei argyhoeddiad iachus ynghylch yr ymgnawdoliad.) O ran ei athrawiaeth Pelagiad ydoedd, a mynnai fod digon o rinwedd yn y galon ddynol i gydweithio â gras Duw ac ymgyrraedd at berffeithrwydd.[50] Ond heresi oedd Pelagiaeth a gondemniwyd gan yr eglwys am iddi hi ddibrisio difrifoldeb argyfwng ysbrydol dyn ac, yn sgil hynny, natur unigryw gwaith Duw yng Nghrist. Grym safbwynt Pennar, fodd bynnag, oedd iddo herio tuedd uniongrededd i droi efengyl gras yn efengyl tsiep ac i beidio â chymryd o ddifrif alwad ddigymrodedd Iesu i godi'r groes a *chyflawni* ei ewyllys ef oddi mewn i'r byd.

Ac yntau'n ymroi i'w ddyletswyddau fel penteulu, athro coleg a phregethwr, roedd pethau eraill yn dioddef, ac yn eu plith y radd BD y cofrestrodd amdani yn Rhydychen ddegawd ynghynt. Mewn llythyr at Nathaniel Micklem cyfaddefodd ei fai. 'My unfinished BD degree still lies on my conscience', meddai ym Mai 1950. Roedd ganddo doreth o bethau heb eu gwneud a llwyth o bethau eraill ar y gweill. 'A small Welsh book which I have written on theories of Church and State (from the NT on) should have come out last year and presumably will come out this summer', meddai, heb sôn am gyfrol ar yr Apostol Paul a gomisiynwyd gan y Prifathro G. A. Edwards o'r Coleg Diwinyddol yn Aberystwyth ar gyfer yr ysgolion Sul ac ail gyfrol o farddoniaeth: 'In the press are a book of verse and a collection of essays on the Welsh Roman Catholic writer Saunders Lewis. I say all this to show that the unfinished BD is a sign not of laziness but of a tendency to undertake more than I can cope with.'[51]

Dywedodd Pennar galon y gwir. Oherwydd rhychwant anghyffredin ei ddiddordebau – llenyddiaeth greadigol yn Saesneg ac yn Gymraeg, beirniadaeth lenyddol yn y ddwy iaith, gwleidyddiaeth ymarferol, astudiaethau Testament Newydd a diwinyddol heb grybwyll ei briod faes, Hanes yr Eglwys – roedd mewn perygl mawr o wneud llawer a chyflawni ychydig. Byddai'r diffyg ffocws hwn yn andwyo'i gynnyrch ysgolheigaidd a'i rwystro rhag gwneud y cyfraniad academaidd yr oedd ganddo'r gallu diamheuol i'w wneud. (Methodd â chyflawni ei addewid i lunio'r gyfrol ar Paul ac aeth y cynllun i ddwyn allan flodeugerdd o gerddi cyfoes, a oedd eisoes yn y wasg, i'r gwellt: 'Llafur mawr', meddai, 'yn *gwbl* ofer'.[52]) Sylweddolodd Micklem y perygl a chyda'r hiwmor a'r craffter a'i nodweddai, rhoes iddo'r cyngor hwn:

> I venture only this comment from the vantage point of my senility. You, like the rest of us, are substantially bound to go anywhere and do anything that will raise five pounds – that is understood. But you must not fall under the reproach levelled against a very distinguished friend of mine who shall be nameless, that he had squandered a fortune in sixpences, and you must aim at a substantial and learned work for the sake of yourself and your college as soon as may be.[53]

Ysywaeth ni ddaeth y gwaith ysgolheigaidd swmpus hwnnw fyth. *Fe* gafwyd cyfres o ysgrifau, pamffledi, llyfrynnau a llyfrau 'bach' ardderchog sy'n gyfraniad gloyw i hanesyddiaeth Gymreig ond sy'n brin o fod yn arhosol eu gwerth. Yn hyn byddai Pennar yn wahanol i Geoffrey F. Nuttall a'i waith ar y Piwritaniaid yn Lloegr ac R. Tudur Jones ar y traddodiad Protestannaidd Cymreig. Arhosodd ei draethodau ymchwil sylweddol ar John Bale a George Chapman heb eu cyhoeddi, ac ni chafodd yr 'exhaustive work' ar themâu crefyddol dramodwyr Oes Elisabeth y soniodd amdano wrth Micklem[54] ei wneud byth. Byddai'r un peth yn wir ym maes diwinyddiaeth. Roedd safbwynt Pennar yn rhy unigolyddol a'i Gristoleg yn rhy fympwyol i fod yn gyfraniad gwir arwyddocaol i hanes y meddwl Cymreig. Felly os nad 'afradu ffortiwn fesul chwecheiniogau' a wnaeth Pennar o ran ysgolheictod, ni chyflawnodd yr hyn a allai yn hawdd fod wedi'i wneud. Yr hyn *a* wnaeth, wrth gwrs, oedd gadael corff o ryddiaith greadigol a barddoniaeth llawn dychymyg sy'n gyfraniad gwirioneddol werthfawr i swm ein llên. A chyda'i bersonoliaeth unigryw, ei ysbrydolrwydd dwys a'i ymrwymiad digwestiwn i hawliau'i ffydd, daeth yn ffigwr o bwys ym mywyd crefyddol a diwylliannol Cymru yn ail hanner yr ugeinfed ganrif.

1. Teulu Pennar Davies, Ionawr 1915. Gwelir Pennar Davies yn dair oed. Y baban Floss sydd ym mreichiau ei fam a gwelir y chwiorydd eraill, Doris (Doll) yn eistedd, a Jess yn sefyll.

2. Pennar Davies (tua 12 oed) a'i fam, tua 1923.

3. Pennar Davies a'i fam tua dechrau'r 1930au.

4. Coleg Balliol, Rhydychen, 1935. Mae Pennar Davies (yn 24 oed) yn sefyll yn y bedwaredd res o'r gwaelod ar yr ochr dde. Nid yw'n gwisgo sbectol.

5. Pennar Davies a Ted Taylor yn teithio drwy America, 1937.

6. *(uchod)* Ystafell Pennar Davies ym Mhrifysgol Iâl.

7. Rosemarie Wolff yn ei gwisg nyrsio, Medi 1939.

8. Print cartŵn o ddarlithwyr ac athrawon Coleg Mansfield, Rhydychen, 1942. Gwelir Nathaniel Micklem yn y canol a C. J. Cadoux ar y dde eithaf ar y gwaelod.

9. Print cartŵn o fyfyrwyr a darlithwyr Coleg Mansfield, Rhydychen, 1942. Gwelir Pennar – 'Bill Davies' – ar y dde eithaf â chetyn yn ei geg.

10. Cerdyn post gan J. Gwyn Griffiths at Pennar, Mai 1946, yn nodi'r ffaith fod Griffiths yn symud o'r Bala i swydd darlithydd ym Mhrifysgol Cymru, Abertawe, a bod Pennar wedi'i benodi i gadair yng Ngholeg Bala-Bangor.

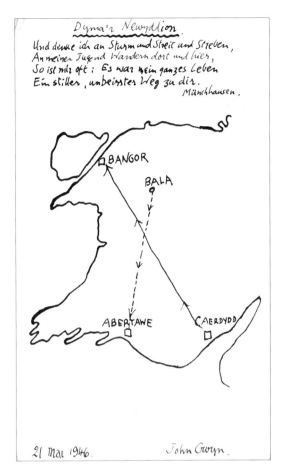

11. *(isod)* Pennar Davies a'i fab hynaf, Meirion, tua 1947.

12. *(uchod)* Y teulu yn Abertawe, tua 1962. O'r chwith i'r dde, Rosemarie, Owain, Hywel, Rhiannon, Geraint a Meirion

13. Pennar Davies, tua 1977.

5 ∽ *Antur Aberhonddu, 1950–1955*

'I am just back from Brecon. I think you will have to go.' Roedd Nathaniel Micklem newydd ddychwelyd o gyfarfod yng Ngholeg Coffa'r Annibynwyr yn Aberhonddu lle y clywodd am ddymuniad y pwyllgor yno i alw Pennar i lenwi'r gadair yn Hanes yr Eglwys. Deiliad y gadair oedd yr Athro Isaac Thomas, ond gyda marw'r Prifathro Joseph Jones, symudwyd Thomas i'r gadair Testament Newydd gan adael y swydd hanes yn wag. 'You will notice that they have shifted their Church History man to the NT in order to get you. That means a very great deal. I write in much haste.' Fel Bala-Bangor, un o ddau goleg yr Annibynwyr Cymreig oedd y Coleg Coffa, Aberhonddu (tri, ac ystyried y Coleg Presbyteraidd yng Nghaerfyrddin).[1] Roedd yn etifedd hen academi Anghydffurfiol Llwyn-llwyd, ac er 1755 bu'n gwarchod y gororau, bellach o'i safle urddasol ym mhrif dref Sir Frycheiniog, ac yn gwasanaethu eglwysi niferus y cymoedd a de-ddwyrain Cymru. Fel Bala-Bangor roedd ganddo draddodiad anrhydeddus a hir, a chyda'r awdurdodau yn pwyso arno i fynd yno gan addo y deuai'n brifathro cyn pen dim, roedd yn anodd i Pennar wrthod. 'I hope that you will feel it as a call. I think it should be an immense opportunity to serve the Church in Wales.'[2]

Erbyn 1950 roedd cyfnod newydd yn ymagor yn hanes Cymru. Roedd safonau byw yn dechrau codi, y cof am y rhyfel yn araf gilio a rhyw hyder rhyddieithol, tawel yn cael ei adfer ymhlith trigolion y wlad. Cynnydd economaidd yn fwy nag un diwylliannol nac ysbrydol a fyddai'n nodweddu'r 1950au a byddai'r her i Gymreictod ac i Ymneill-tuaeth Gymreig yn un sylweddol iawn.[3] Byddai Pennar yn chwarae rhan gynyddol bwysig yn stori'r Gristionogaeth Gymraeg o hyn ymlaen, ond nid o Fangor y byddai'n ei wneud. Felly ym mis Medi 1950, wedi pedair blynedd hapus yng ngogledd Cymru, dyma Pennar, Rosemarie, Meirion, Rhiannon a Geraint (a oedd yn dri mis oed) yn gadael eu fflat yn Henfryn, Ffordd Ffriddoedd, i fyw yng 'ngholegdy braf Aberhonddu gyda'i laweroedd o ystafelloedd Spartaidd a'r tŵr urddasol a fwriadwyd i arddangos cloc ond a arhosodd yn grair anorffen a diamser, yn gartref i dylluanod'.[4]

Ni roes y symudiad ball ar waith creadigol na chynnyrch cyhoeddedig yr athro newydd. Erbyn hynny roedd y gyfrol ar Saunders Lewis y soniodd amdani wrth Micklem wedi ymddangos. *Saunders Lewis, ei Feddwl a'i Waith* (1950) oedd y gyfrol gyntaf i dafoli cyfraniad y mwyaf o lenorion Cymraeg yr ugeinfed ganrif, a chynhwysai bymtheg ysgrif gydag ysgrif y golygydd, 'Clasuriaeth, rhamantiaeth a serch', yn eu plith. Dadansoddiad o'r gwrthgyferbyniad rhwng clasuriaeth a rhamantiaeth, yn enwedig fel y'i cafwyd ym mhennod clo *Williams Pantycelyn* (1927) ydoedd, ond yr haeriad pwysicaf o ran deall meddwl Pennar ei hun oedd 'y geill cnawdolrwydd rhywiol fod yn sagrafennaidd'.[5] Un o arwyr mawr Pennar yn ddyn ifanc oedd D. H. Lawrence, a deng mlynedd cyn i John Robinson, esgob Woolwich, gysylltu *Lady Chatterley's Lover* â'r cymun sanctaidd, dyma Pennar yn gwneud yn union yr un pwynt. Meddai'r esgob gerbron rheithgor yr Old Bailey yn 1960 pan gyhuddwyd y nofel honno o dorri'r gyfraith anlladrwydd: 'What I think is clear is that what Lawrence is trying to do is to portray the sex relationship as something essentially sacred . . . as in a real sense an act of holy communion.'[6] Meddai Pennar yntau: 'Y mae digon o sôn [yn yr ysgrythur] am y cnawd, a pharodrwydd ysbrydoledig i ystyried y serch cnawdol yn arwyddlun sagrafennaidd . . . Y mae'r cnawd, gan hynny, . . . yn foddion gras.'[7] Ni thynnodd y geiriau hyn fawr sylw ar y pryd ond nid oeddent fymryn yn llai dadleuol – nac, mewn un ystyr, fymryn yn llai gwir – na geiriau enwocach esgob Woolwich ddegawd yn ddiweddarach. Yng nghyd-destun dof Cymru'r 1950au roeddent yn herfeiddiol iawn.

Yr un peth arall a wnaeth Pennar cyn gadael am Aberhonddu oedd annerch Undeb yr Annibynwyr ym Mehefin 1950 ar syniadaeth T. Gwynn Jones. Ymgais sydd ganddo i 'achub' y bardd mawr hwnnw a gwneud Cristion ohono, er, fel y cyfeddyf, Cristion tra stoicaidd ydoedd. Yr unig ffordd y gallai wneud hyn oedd trwy ymorol am y cyfeiriadau cadarnhaol yn ei awen a'u priodoli i Dduw, rhywbeth na fynnai'r bardd ei hun mo'i wneud. Methiant yw'r ymgais. Er i Pennar gydnabod bod ar y mwyaf o ddadrith yn Gwynn Jones, 'nid dadrithiad annuwiol mohono . . . Nid dadrithiad am Dduw na diflasiad ar Grist.'[8] Mae rhywbeth *desperate* yn hyn i gyd, yn fwy fyth yr honiad simsan (o ran tystiolaeth y farddoniaeth) i Jones 'weld mai trwy'r "Arglwydd Iesu Grist" yr oedd iachawdwriaeth i ddod', a bod 'Crist yn arglwydd ar ei waith'.[9] Er bod ymdriniaeth Pennar yn gynnil yn hytrach nag yn ddigywilydd, yr hyn y mae'n ei wneud yw ystumio'i ddeunydd i gydweddu â'i ragdybiaethau ei

hun. A'r hwn sy'n cael cam yw'r bardd. Bu rhaid aros yn hir cyn i
Gwynn Jones gael beirniad o'r radd flaenaf i wneud perffaith gyfiawn-
der ag ef.[10]

Ymddangosodd dwy gyfrol fechan yn 1951 a fyddai'n egluro ym-
hellach natur ei athrawiaeth a'i weledigaeth ei hun. Crynodeb bywiog a
galluog o brif ddatblygiad y berthynas rhwng eglwys a gwladwriaeth o
gyfnod y Testament Newydd ymlaen oedd *Y Ddau Gleddyf: y Berthynas
rhwng Eglwys a Gwladwriaeth* (1951), ac roedd *Geiriau Iesu* (di-
ddyddiad ond 1951) yn arweiniad hwylus i ddysgeidiaeth Iesu fel y'i ceir
yn Efengyl Luc. Erbyn hyn roedd Pennar wedi prifio'n hanesydd eglwysig
gwybodus a phraff. Er mor fychan ei gwmpas, mae'r *Ddau Gleddyf*
yn dangos cryn feistrolaeth ar ysgolheictod y Testament Newydd, yn
enwedig ym maes yr efengylau cyfolwg, ac ar brif fannau hanes yr eglwys
o'r cyfnod patristig ymlaen. Yn hytrach na bodloni ar ffynonellau
eilradd, nodweddir yr astudiaeth gan wybodaeth drwyadl o destunau
gwreiddiol mewn Lladin, Groeg, Almaeneg a Ffrangeg yn ogystal â
Chymraeg a Saesneg. Yr un thesis a gaiff ei amddiffyn yma ag yn ei
ysgrifau cynharach:

> [Roedd] Iesu o Nasareth yn ei ystyried ei hun yn Waredwr cymdeithas yn
> ogystal ag Iachawdwr yr enaid unigol, a'i fod yn disgwyl y byddai'r oes
> ddrwg bresennol yn terfynu trwy fuddugoliaeth plant y Goleuni ar
> bopeth aflan ac annheilwng a sefydlu Teyrnas Dduw yn gyflawn yng
> nghymdeithas dynion trwy rymusterau'r byd a ddaw.[11]

Er mai darlunio argyhoeddiadau yr Eglwys Fore oedd pwrpas ym-
ddangosiadol y bennod gyntaf, mynegi'i *apologia* ei hun o blaid perth-
nasedd y genhadaeth Gristionogol gyfoes a wnâi'r awdur trwy gydol y
gyfrol. Roedd Iesu, meddai, yn anelu 'at argyhoeddi ei gydgenedl mai eu
gwaith hwy, trwy nerth yr Ysbryd Glân, oedd trawsnewid cydberthynas y
cenhedloedd trwy amlygu cariad a meithrin cymod a dibynnu ar nerth
Duw ac nid ar rym daearol' (t.13). Er syndod, efallai, gan rywun a
fawrygai'r traddodiad radicalaidd mewn crefydd ac a arddelodd y teitl
'anarchydd Cristionogol' yn nyddiau Cylch Cadwgan, mynnai fod y
wladwriaeth yn bwysig onid yn angenrheidiol yn y gyfundrefn ddynol ac
yn foesol niwtral. 'Nid yw'r wladwriaeth, fel y cyfryw, yn ddrwg',
meddai. 'Pechod sydd yn gwneud y wladwriaeth yn dreisgar ac yn ang-
hyfiawn, ond trwy nerth yr Ysbryd Glân fe ddaw ymwared a phur-
edigaeth iddi' (t.29). Roedd Iesu yn ei pharchu ac yn dysgu'i ddilynwyr i
wneud yr un fath, yn wir 'Yr oedd gan Iesu weledigaeth am ryw fath o

wladwriaeth fyd-eang . . . ddi-drais . . . hollol wahanol i wladwriaethau'r byd' (t.14). Er bod teyrnasoedd bydol wedi'u llygru gan bechod a hunan-oldeb, 'gŵyr [Iesu] y bydd teyrnasoedd y ddaear yn gildio eu gogoniant i ddwylo saint y goruchaf' (t.15). Pery'r wladwriaeth yn yr oes a ddaw yn offeryn cyd-ddealltwriaeth ymhlith dynion ac yn gyfrwng cydweithrediad rhwng aelodau cymdeithas y gwaredigion ac yn rhan hanfodol o'r byd newydd a addawyd gan y Gwaredwr. Ac os oedd hyn yn wir yng Ngalilea ac yn Jerwsalem ymhlith y rheini a fu'n dilyn yr Iesu daearol, ni chafwyd newid yn nelfrydau'r sawl a argyhoeddwyd gan neges yr Eglwys Fore ynghylch y Crist atgyfodedig. 'Dengys y dystiolaeth sydd gennym', meddai, 'fod dilynwyr yr Iesu ar ôl y Pentecost yn dal i gredu bod hanes Dyn yn symud ymlaen at yr Uchafbwynt mawr yn y dyfodol' (t.25). Gobaith oedd nod angen y Cristionogion cynnar a chredent fod y Deyrnas yn mynd rhagddi tua pherffeithrwydd ac y byddai Duw yng Nghrist yn cyflawni'i addewidion ym muddugoliaeth y nef a'r ddaear newydd ac yn adferiad y greadigaeth gyfan.

O symud ymlaen i'r penodau dilynol, mae Pennar yn ymdrin â'r syniad am eglwys sefydledig neu wladol, theocratiaeth neu'r wladwriaeth eglwysig, ac yna y syniad am eglwys rydd. Mae'n trafod yn ddeheuig ddeunydd o gyfnod y tadau eglwysig cynnar, yr Oesoedd Canol hyd at y Cyfnod Modern Cynnar, yr Aroleuo a'r canrifoedd canlynol, ac yn gwneud hynny gyda thegwch barn a chymesuredd dadansoddol. Er gwaethaf ei raslonrwydd, annisgwyl debygwn, tuag at Gatholigiaeth, Uniongrededd Byzantium a'r traddodiad Anglicanaidd, ni fynn gelu mai gyda'r Eglwysi Rhyddion y mae ei gydymdeimlad mawr, ac eto, wrth drin y cyfnodau diweddaraf oll, mae'n llym ei feirniadaeth ar bwyslais dylanwadol Emil Brunner a Niebuhr. 'Effaith dysgeidiaeth Brunner', meddai, 'yw cyfiawnhau dulliau treisgar y drefn wladol ac ar yr un pryd lladd pob gobaith am ei Christioneiddio'(t.72).

Rhaid condemnio'r ddamcaniaeth [meddai drachefn wrth grybwyll 'delfryd amhosibl' Reinhold Niebuhr] nid yn unig am nad oes dim awgrym ohoni yn y Testament Newydd ond am ei bod, yn yr ystyr ddyfnaf, yn anghofio mai Teyrnas *Dduw* yw'r Deyrnas ac nid teyrnas dynion, a bod y pethau sy'n amhosibl gyda dynion yn bosibl gyda Duw, yn ôl gair digamsyniol yr Arglwydd Iesu ei hun (t.73).

Mae'r rheswm am newid o'r dadansoddi hanesyddol gwrthrychol at y beirniadu cyfoes hallt yn un amlwg iawn: gwêl neo-uniongrededd yn

fygythiad i'w raglen ymarferol i droi Teyrnas Dduw yn ffaith ym mywyd
y Gymru a oedd ohoni ar y pryd:

> Syniad canolog y Testament Newydd yn y cysylltiad yma [meddai] yw
> bod y Byd Hwn yn dod i ben ac y gwelir Teyrnas Crist yn berffaith yn y
> Byd a Ddaw; ond swyddogaeth dilynwyr Crist yw paratoi'r ffordd ar
> gyfer y Byd a Ddaw trwy weddïo a phregethu a byw bywyd y Deyrnas yn
> eu cymdeithas eu hunain, yr Eglwys. Y mae Teyrnas Nefoedd yn ei
> gogoniant dyfodol, gan hynny, yn goron ar waith Crist a'r saint yn y Byd
> Hwn. Nid delfryd amhosibl, yn ôl y Testament Newydd, yw cyflawni
> Teyrnas Dduw yn ein bywyd dynol, ond delfryd sydd yn gwbl ddibynnol
> ar y nerth dwyfol ac a fydd yn rhoi terfyn ar Hanes fel yr ydym ni yn
> gyfarwydd ag ef ac yn cychwyn y Byd a Ddaw. (t.73)

Nid mytholeg gyntefig oedd hyn ym marn Pennar ond addewid dibyn-
adwy a oedd yr un mor berthnasol yng nghanol yr ugeinfed ganrif ag yn
y ganrif gyntaf; os oedd yr ieithwedd, wrth reswm, yn ddarluniadol,
roedd sylwedd y neges yn wrthrychol wir.

Daw hyn yn eglur yn y llawlyfr hylaw *Geiriau'r Iesu*. Mewn 30 gwers
gwelwn hanfod dehongliad Pennar o ystyr yr efengyl a chawn gip ar ei
raglen-waith ar gyfer dilyn Iesu tuag at y dyfodol gwell. Y moesol, y
profiadol a'r cyfriniol sy'n mynd â'i fryd, yn fwy o lawer na chredo,
athrawiaeth a dogma. Dilyn Iesu o Nasareth yw hanfod Cristionogaeth
iddo yn hytrach na chydsynio ag athrawiaethau megis yr enedigaeth o
forwyn, y ddwy natur mewn un person neu'r aberth iawnol. Yn lle
dehongli Crist yn unol ag uniongrededd glasurol fel y Logos dwyfol a
wisgodd gnawd, i Pennar (fel i Friedrich Schleiermacher (1768–1834),
tad y ddiwinyddiaeth ryddfrydol) ansawdd profiad Iesu o Dduw sy'n
gwarantu iddo ei ddwyfoldeb: 'Ar sail yr Efengylau . . . gallwn ni ddweud
bod rhywbeth hollol arbennig ym mhrofiad Iesu mewn perthynas â
Duw.'[12] Trwy sylweddoli tadolaeth Duw yn berffaith, daeth Iesu yn un
ag Ef o ran ei brofiad: 'Dysgai'r Iesu fod Duw yn Dad, a theimlai
hawddgarwch Tadolaeth Duw yn fwy angerddol na neb . . . Yr oedd y
berthynas rhyngddo ef a'i Dad mor gyflawn nes eu bod yn un mewn
cariad' (t.20). Nid undod hanfodol oedd rhwng y Tad a'r Mab, nac
undod tragwyddol, ond undod angerdd a phrofiad. Trwy i Grist fyw
bywyd o ufudd-dod perffaith heb ildio i demtasiwn na syrthio i bechod,
ni chymylwyd ynddo yr ymdeimlad o agosrwydd at y Tad nefol: 'Gan ei
fod yn un â'r Tad ac yn gwneud gwaith y Tad ymysg dynion, yr oedd ef
ei hun yn Fab Duw mewn ystyr fwy gogoneddus na neb arall yn hanes

dyn' (t.20). Gwahaniaeth mewn gradd, felly, ac nid mewn ansawdd oedd rhwng Iesu a duwiolion eraill, a fesul tipyn y deffrodd yr ymdeimlad o fabolaeth ynddo:

> Yn ôl y stori am ymweliad yr Iesu â Jerwsalem pan oedd yn fachgen (Luc ii.39–52) yr oedd yn ymdeimlo â'i Fabolaeth ddwyfol ymhell cyn cyrraedd oedran gŵr. Y mae hanes ei fedydd (iii.21–2) yn dangos iddo'r pryd hynny dderbyn yr holl gyfrifoldeb am waith Mab Duw yn y byd. Ac o flaen y Sanhedrin (xxii.66–71), a chysgod y Groes ar ei lwybr, addefodd yr Iesu'n syml ei fod yn Fab Duw. (t.21)

Nid Cristoleg y credoau eglwysig cynnar mo hyn, lle cyffesid bod Crist o'r un sylwedd â'r Tad o ran ei dduwdod a'r un sylwedd â'r ddynolryw o ran y cnawd a'i ddwy natur 'heb gymysgu, heb gyfnewid, heb ymrannu, heb ymwahanu',[13] ond yn hytrach Gristoleg weithredol, ymarferol, lle caiff dwyfoldeb Iesu ei fynegi trwy gyfrwng ei ddyndod cyflawn. 'Ni ellir esbonio ymgnawdoliad Duw yn yr Iesu', meddai, 'ond ar yr egwyddor bod y gyfathrach rhwng y dwyfol a'r dynol ynddo mor berffaith mewn cariad fel yr oedd ei natur ddynol yn fynegiant cyflawn o natur Duw trwy gyfrwng y ddynol.'[14] Ac fel dyn cyflawn, ef oedd y Meseia, sef Gwas Duw a'r Eneiniog.[15]

Tasg Iesu fel Meseia, fel y gwelsom eisoes, oedd cyhoeddi dyfodiad y Deyrnas. 'Mae'r hen addewidion wedi eu cyflawni', medd Pennar, 'ac mae'r Deyrnas wedi dod, a'i grymusterau bendithiol ar waith yng ngeiriau a gweithredoedd yr Iesu ac yng nghymdeithas ei ddilynwyr' (t.19). Yn union fel nad oedd ffin bendant rhwng y presennol a'r dyfodol yng ngoruchwyliaeth y Deyrnas ac mai annelwig oedd y terfyn rhwng dyndod Iesu a'i ddwyfoldeb, roedd y cysylltiad rhwng Crist a'i ddisgyblion megis yn ymdoddi ynghyd. Roedd y Deyrnas yn bod ymhlith dynion 'yng ngwaith yr Iesu *a'i gwmni*' (t.21). Er yn realiti presennol, 'eto yn y dyfodol y gwelir cyflawnder bendithion y Deyrnas' (t.21). A dyma'r nodyn a gaiff ei daro dro ar ôl tro:

> Cyflwynir Teyrnas Dduw yn y Testament Newydd fel Brenhiniaeth nerthol sy'n goresgyn Teyrnas y Drwg yn y presennol a hefyd fel cymdeithas fuddugoliaethus a thangnefeddus yn y dyfodol, cymdeithas saint Duw, a Christ yn Dywysog arni. Y fendith fawr hon yn y dyfodol yw'r rhyfeddod a elwir Dyfodiad mab y Dyn. (t.60)

Blaenbrawf dyfodiad y Deyrnas yw'r ffaith fod Iesu wedi'i atgyfodi:

'Trwy fyw yng nghymdeithas yr Arglwydd a gyfodwyd o feirw y mae'r Cristion yn byw mewn ffydd a chariad ac mewn gobaith am y fuddugoliaeth gyflawn a therfynol sydd i ddyfod' (t.24). Nid rhywbeth unigryw, unigolyddol mo atgyfodiad Crist ond ernes o'r hyn a fydd yn digwydd i'w ddilynwyr hefyd: 'Cofiwch mai'r Atgyfodiad yw'r peth mawr i'r Cristion. Duw sy'n cipio Ei gyfeillion allan o grafangau marwolaeth' (t.13). Ac yn nerth y byd a ddaw, grym yr Ysbryd, yr ailenedigaeth a nerth gweddi (gw. tt.26–7, 32–5, 28–9) mae modd i'r disgybl fyw bywyd o ufudd-dod ac ymroddiad a fydd yn prysuro'r fuddugoliaeth derfynol:

Ni wyddom le nac amser y fuddugoliaeth hon, ac ni ddylem ymboeni ynghylch y manion [meddai] . . . Ag ystyried hyn oll dylem ni fel Cristionogion fyw dan ddisgwyl buddugoliaeth plant Duw fel bendith fawr sydd yn barod i ddisgyn ar ein bywyd cyn gynted ag y mae ein bywyd yn barod i'w derbyn. (t.61)

Y pryd hwnnw daw Mab y Dyn mewn nerth, bydd y Crist atgyfodedig yn gwisgo'i ogoniant a'r saint ag ef yn un: 'Ni wyddom pa wedd fydd ar ein harglwydd pan ddelo', meddai Pennar:

Fe'i gwelwn ymhob man, ym myd natur, yng nghymdeithas y saint, yn wynebau ein gilydd; ac fe'i gwelwn fel y mae, a'i gorff yn odidocach na dim a welsom a'i wynepryd yn fwy hawddgar na gwawr a chyfnos a nawnddydd. (t.25)

Beth ddywedwn ni am hyn i gyd? Does dim amheuaeth nad yw y darlun hwn o Iesu o Nasareth yn llawn cyfaredd a swyn. Wrth adolygu *Y Ddau Gleddyf* yn Saesneg yng nghylchgrawn Coleg Mansfield, soniodd R. Tudur Jones am '[Davies's] interesting but uncommon attitude towards the teaching of our Lord'.[16] Roedd yn ddiplomatig iawn! O ran *Geiriau'r Iesu* mae'n hyfryd a thelynegol ar ei hyd, ac yn grynodeb hwylus o argyhoeddiadau sylfaenol Pennar ynghylch y ffydd Gristionogol. Ond fel yr awgrymwyd eisoes, y mae yn y portread hwn wendidau hefyd. Fel cyfrinwyr yr Oesoedd Canol, ac fel Schleiermacher yntau, ni wyddai Pennar beth i'w wneud â Iesu'r dystiolaeth apostolaidd. Cynddelw ein hymchwil ni am Dduw yw'r Iesu annwyl hwn ac un sydd mewn perffaith gytgord â'r ymchwil honno. Synthesis a geir yma rhyngom ni a'r Arglwydd ac nid antithesis rhwng pechod a gras. O ystyried rhagdybiau Pennar ni ddylem synnu efallai nad oes yma gyfeiriad

o gwbl at y croeshoeliad er bod mynych sôn am ddisgybledd a hunan-
ymwadiad. Iesu yw hwn heb na chroesbren nac iawn.

Er gwaethaf pwyslais mawr ac iachus Pennar yn ei gerddi cynnar ar yr
ymgnawdoliad a *chnawd* yr ymgnawdoledig, yr argraff a geir yma yw i'r
Gair ei fynegi'i hun mewn athro gwâr o rabbi crwydrol ac nid mewn
gŵr gofidus, cynefin â dolur a safodd yn ein lle a thrwy hynny ddwyn
ymaith bechodau'r byd. 'Wrth anfon ei Fab ei hun mewn ffurf debyg i'n
cnawd pechadurus ni, i ddelio â phechod, y mae [Duw] wedi collfarnu
pechod yn y cnawd' (Rhuf. 8:3). Iesu'r *theologia gloriae* yw hwn ac nid
Iesu'r *theologia crucis*. Cryfder *Geiriau'r Iesu* yw'r lle amlwg a roir
ynddo i weddi a chyfrinion y bywyd ysbrydol. Mae'n arwyddocaol mai
cyfrol ar ysbrydoledd a'r bywyd mewnol – *Cudd fy Meiau* (1957) – oedd
y mwyaf trawiadol o holl weithiau Pennar ac mae'n amlwg fod y paratoi
trwyadl ar ei chyfer eisoes ar waith. Beth bynnag am hyn, erbyn iddo
gyrraedd Aberhonddu roedd yr awdur wedi hen gyfundrefnu'i gred a
gwyddai i ba gyfeiriad yr oedd yn symud.

Diwinyddiaeth ymarferol oedd eiddo Pennar, a'i syniadaeth grefyddol
yn ei ysbarduno i weithredu, yn wleidyddol ac yn gymdeithasol. Nid
cynt y cyrhaeddodd Bowys nag yr oedd yn ôl yng Ngwynedd yn Awst
1951 ac yna yn ddiweddarach ym mis Medi, ar gyfer cyfres o brotest-
iadau heddychol-genedlaetholgar Plaid Cymru yn erbyn y sefydliad
milwrol yn Nhrawsfynydd. Nid ef oedd yr unig arweinydd crefyddol i
fod ymhlith y fintai a oedd am rwystro'r cerbydau rhag cyrraedd y
gwersyll, ac nid oedd yr achlysur heb ei wedd ddoniol. Meddai Dafydd
Ap-Thomas: 'Mae stori ddigri am y Prif-Gwnstabl y Cyrnol Jones-
Williams – a oedd yn Annibynnwr selog yn Salem, Caernarfon – yn dod
â'i blismyn i hel y "penboethiaid" hyn o'r ffordd ac yn dod at y cyntaf ac
yn ebychu mewn syndod: "Dr Tudur Jones!" yna cam ymlaen: "Yr
Athro Pennar Davies!" ac felly heibio i gryn hanner dwsin o arwyr ei
bulpud.'[17] Erbyn mis Hydref 1952, cafodd yr 'arwr' hwn ei benodi'n
brifathro'r Coleg Coffa yn olynydd i J. D. Vernon Lewis, a Tudur Jones
ei alw i gadair Hanes yr Eglwys yng Ngholeg Bala-Bangor yn ei le.
'Bûm yn cyd-letya â Thudur am ddwy noswaith', meddai Iorwerth Jones
wrth Pennar ychydig yn ddiweddarach. 'Bachgen braf yw ef – y mae
ganddo gof gwych ac y mae'n siaradwr llithrig, ond hoffaf yn arbennig y
cyfuniad o dreiddgarwch a rhadlonrwyd sydd ynddo.'[18] Gweinidog capel
Pant-teg, Ystalyfera, oedd Iorwerth Jones, yn olygydd *Y Dysgedydd*
ac ar ei ffordd i fod yn ŵr tra phwerus yn rhengoedd yr Annibynwyr
Cymraeg. Byddai ei farn am Tudur Jones yn newid yn ddirfawr ymhen
blynyddoedd (fel y gwelwn maes o law), ond yn y 1950au roedd gan y

gŵr hŷn feddwl uchel o bersonoliaeth ddeniadol a chyraeddiadau deall-usol yr athro iau. Gresyn na fyddai'r ymdeimlad wedi parhau.

Erbyn Mehefin 1953 roedd Pennar ar grwydr eto, a mynychodd, yng nghwmni Gwynfor Evans a'r Parchedig R. J. Jones (gweinidog capel Minny Street, Caerdydd), seithfed gynhadledd Cyngor Annibynwyr y Byd yn ninas St Andrews yn yr Alban. Cyfarfu yno â lliaws o'i gyd-Gymry yn cynnwys Vernon Lewis, ei ragflaenydd yn Aberhonddu, a'i gyd-brotestiwr R. Tudur Jones. Roedd y ddau ohonynt ymhlith siarad-wyr y cyfarfodydd cyhoeddus.[19] Nododd Pennar ei argraffiadau am y gynhadledd yn yr ysgrif ddiddorol 'Argyfwng Annibynwyr America', gan fynegi'i farn am yr hyn a oedd yn digwydd i'w gyd-grefyddwyr y tu hwnt i'r Iwerydd yn sgil y symudiadau ecwmenaidd cyfoes.[20] Roedd rhuthr ei fywyd yn destun myfyrdod ganddo ar dudalennau *Y Tyst* ymhen y mis. Gofidiai am y duedd a oedd ynddo i gychwyn cymaint o fentrau a'u gollwng ar eu hanner: 'Graddau, llyfrau, ysgrifau, ambell lythyr, ambell dôn',[21] sef yr union beth y rhubyddiodd Nathaniel Micklem ef amdano ychydig flynyddoedd ynghynt. Nid Micklem oedd yr unig un i synhwyro hyn; gwelodd ei fyfyrwyr yr un peth hefyd. 'Ym marn ei gyn-fyfyrwyr yn Aberhonddu', meddai un ohonynt, Ivor Rees, 'roedd Pennar yn ceisio gwneud gormod a heb benderfynu ar ei flaenoriaethau – gormod o haernau yn y tân.'[22] Pa mor wir bynnag oedd hyn, ymgysurodd yn addewid yr ysgrythur 'y byddai'r hwn a ddechreuodd waith da ynoch ei gwblhau erbyn dydd Crist Iesu'.[23]

Er, fel athro coleg, i ysgrifennu a dadansoddi fynd fwyfwy â'i fryd, ni pheidiodd yr ysfa greadigol ac yn 1953 ymddangosodd *Cerddi Cadwgan* o dan olygyddiaeth J. Gwyn Griffiths, yn brawf nad oedd asbri ieuenctid wedi'i leddfu gan gyfrifoldebau canol oed. Yng ngherddi Pennar 'Caniadau ein Cenhedlaeth' a seiliwyd ar ddrama gynhyrfus Llyfr Amos, mynegodd ei goegni, ei ias gymdeithasol a'i awydd i bontio rhwng byd y Beibl a'r Gymru a oedd ohoni ar y pryd mewn ffordd amlwg iawn. Yn y gerdd gyntaf, 'Y Merched Coegfalch', mae'n llym ei feirniadaeth ar faster hedonistig y diwylliant materol, ac mewn llinellau sy'n dwyn ar gof ddychan deifiol Stryd Balchder Ellis Wynne, mae'n gwatwar hunanoldeb ffroenuchel merched ffasiynol y 1950au a'u bywydau arwynebol. Y rheini sy'n dal awenau awdurdod ariannol a grym bydol sy'n ei chael hi yn yr ail gerdd, 'Y Pendefigion', ond y fwyaf doniol (a'r lleiaf milain) o'r dilyniant hwn yw'r drydedd, 'Y Crefyddwyr':

Mae'n gas gennym feddwl am gyflwr y byd;
Mae'n well gennym ganu a chanu o hyd.
Can's dyna yw crefydd: cymanfa ac undeb,
A stori a llefain a dawn ac ystrydeb.
Pregethwr dagreuol neu esgob mewn rhwysg,
A phererindodau a chyrddau mawr brwysg,
Rhoi cusan i'r fodrwy a phorthi pob sgrech,
Offeren y bore neu'r oedfa am chwech,
Allor ac organ, penlinio a phlygu,
Ac edrych yn dduwiol a chanu a chanu.
Mae'n gas gennym feddwl am gyflwr y byd;
Mae'n well gennym ganu a chanu o hyd.[24]

Yn llai gerwin ac ysgythrog na Gwenallt, ac yn fwy difyr na'i gerddi cyfoesol ef, yr un yw ei fwrdwn, sef beirniadu crefydd orgysurus y cyfnod pan oedd Cymru'n ymsefydlogi ar ôl y rhyfel ac yn dechrau mwynhau ffyniant economaidd a chodiad yn ei safonau byw. Awen y proffwyd yw awen y bardd ac er bod elfen o annhegwch ynddi mae ergyd y gerdd yn effeithiol a'i phwynt yn ddilys. Ac nid ateg i wir grefydd yw'r pwyslais ar gyfiawnder cymdeithasol ond rhan o'i hanfod.

Ynghyd â'i waith academaidd a'i gynnyrch barddonol roedd yn dal i lunio sgriptiau radio ac erthyglau ar gyfer y cylchgronau.[25] Y ffyrnicaf o'r ysgrifau oedd 'Sober reflections on Dylan Thomas' a ymddangosodd o fewn misoedd i farwolaeth y bardd, yn 39 oed, yn Nhachwedd 1953. 'To the votaries of the cult', meddai, 'there is a suggestion of the sacrilegious in the boldness of those who describe him as, let us say, a great entertainer, a phenomenon in the history of twentieth century publicity and an interesting minor poet.'[26] Prin orchuddio a wnâi ei ffyrnigrwydd y siom a gafodd ddegawd a hanner ynghynt pan geisiodd ddarbwyllo Thomas, yn aflwyddiannus, i fwrw ei goelbren gyda'r beirdd cenedlaetholgar. Er bod gan y gŵr o Abertawe lais soniarus a dawn i drin geiriau, i Pennar siarlatan ydoedd. Ffieiddiai'r ffug-Gymreigrwydd a gynhyrchai'r fath erthyl-enw â 'Llareggub . . . which expressed so much of Dylan Thomas' philosophy of life'.[27] Bai mawr Dylan oedd ei ddiffyg gwrhydri moesol a'i ymgais i guddio gwacter deallusol gan ei ddawn dweud. 'It would be disingenuous on my part to pretend that I was not disappointed when the poet did reveal himself as the irresponsible thumb-to-nose adolescent who was determined not to finish growing up.'[28] Roedd barn Pennar yn anghymesur, yn arbennig yng ngoleuni ei haelioni digrintach cyfamserol tuag at lenorion Cymraeg: canmolai

Williams Parry a W. J. Gruffydd yn fawr a gwelai ragoriaeth ysgubol yn rhamantiaeth Fictoraidd J. J. Williams hyd yn oed.[29] Ond am Dylan, 'Has not the moon-kissed Son-of-a-Wave put Wales on the Map of Love?'[30] Roedd y gwatwar hwn yn brawf bod ideoleg yn drech na synnwyr ar adegau ac i feirniadaeth gytbwys gael ei haberthu (yn yr achos hwn) ar allor drwgdeimlad. Awgrymai hyn nad oedd yr elfen o gieidd-dra yn ei gyfansoddiad a ddaethai i'r golwg yn ystod ei gyfnod yn Iâl, wedi ei llwyr orchfygu eto.

Beth bynnag am ei sylwadau ar lenyddiaeth, roedd Pennar yn ennill cydnabyddiaeth gynyddol yn y bywyd Cymraeg fel arweinydd crefyddol o bwys. Bu'n esbonio athrawiaethau'r Annibynwyr gerbron adran Ffydd a Threfn Cyngor Eglwysi Prydain yn gynnar yn 1954 gan bwysleisio'r elfennau o radicaliaeth gymdeithasol a oedd yn nodweddu'u tystiolaeth. 'Yr egwyddor sylfaenol yw Arglwyddiaeth Iesu Grist', meddai. 'Teyrnasa ym mywydau'r rhai hynny sy'n credu ynddo a'i garu. Y mae'r Eglwys, felly, o angenrheidrwydd . . . yn gymrodoriaeth wirfoddol o bobl Dduw.'[31] Croesawodd i Aberhonddu ymhen deufis, ar 25 Mawrth, ddirprwyaeth bwerus yr Ymwelwyr, sef pwyllgor a gynullwyd gan Brifysgol Cymru er mwyn sicrhau bod dysg a darpariaethau'r colegau diwinyddol yn safonol. Gwyddai nad peth hawdd fyddai darbwyllo'r Prifathro John Baillie o'r Coleg Newydd, Caeredin, y Canon L. W. Grensted o Rydychen a'r ysgolhaig Methodistaidd y Dr Vincent Taylor (beth bynnag am y cynrychiolydd mewnol, yr Athro J. R. Jones o Abertawe) o werth cyfundrefn y colegau diwinyddol Fictoraidd. Roedd Aberhonddu ymhell o'r prif ganolfannau poblogaeth ac yn gorfod dibynnu ar staff bychan i ddysgu rhychwant eang o bynciau. Roedd y coleg yn druenus o dlawd ac roedd yr argyfwng ysbrydol yn dwysáu'n feunyddiol. Ar wahân i Pennar, ni wyddai neb hyn yn well na'i gyd-athro, Isaac Thomas. Mae'i ddisgrifiad ef o'r sefyllfa yng nghanol y 1950au yn werth ei ddyfynnu'n llawn:

Pan benodwyd Pennar yn brifathro'r Coleg Coffa roedd y trai a nodweddai eglwysi Cymru yn hanner olaf yr ugeinfed ganrif eisoes wedi dechrau ei amlygu ei hun yn ei rym. Fe'i gwelir er enghraifft yn: (i) Prinder ymgeiswyr am y weinidogaeth a'r demtasiwn i dderbyn yn fyfyrwyr rai a fyddai wedi eu gwrthod yn ddiymdroi yn flaenorol; (ii) problemau ariannu'r coleg mewn cyfnod o chwyddiant – cadw at y tanysgrifiad o hanner coron pan oedd ei werth wedi ei haneru; (iii) cadwraeth y colegdŷ – roedd wedi ei adeiladu mewn cyfnod pan oedd gweision a morwynion ar gael yn rhad, ac yn rhai a fyddai'n barod i wasanaethu a byw mewn ceginau tanddaearol. Mae'n adeilad cwbl Fictoraidd – *grand staircase* gyferbyn â'r drws ffrynt nad oedd neb ond pwysigion i'w droedio, a drws cefn ger y tŷ bach allanol (na fu ynddo ddim i ddal papur toiled erioed!) i bawb arall. Roedd costau cadw ac atgyweirio'r adeilad enfawr a hynafol hwn yn frawychus a'r unig ffordd i'w cyfarfod oedd cwtogi – hynny yw, peidio â chodi cyflogau yn gymesur â'r chwyddiant a thorri i lawr ar bob ryw wariant. Roedd y trafferthion a'r cwynion a esgorid gan y sefyllfa hon, yn y pen draw, yn faterion i'r Prifathro ddelio â hwy, ac yntau ei hun (fel y cwynai'n aml), dan orfod i dderbyn pob rhyw gyfle megis dosbarth allanol, sgwrs ar y *wireless* etc, er cael deupen y llinyn ynghyd.[32]

Genhedlaeth ynghynt roedd bod yn brifathro mewn coleg diwinyddol yn swydd i'w mawrygu onid i'w chwennych yn fawr. 'Principal Joseph Jones used to say that during the first period of his service at the college', meddai Pennar wrth ei drysorydd, 'the Principal's salary was equivalent to that of a university professor and a professor's salary was equivalent to that of a senior lecturer in the university. Now that has completely changed.'[33] Beth bynnag am y cyflog, hyd yn oed yng Nghymru'r 1950au nid oedd heb ei statws na'i gwerth. Roedd Ymneilltuaeth yn fudiad niferus o hyd a'i ddylanwad cyhoeddus eto'n sylweddol. Roedd i athrawon y colegau statws neilltuol yn yr eglwysi a'r prifathrawon oedd y peth agosaf oedd gan yr Eglwysi Rhyddion at esgobion. Gallai ambell brifathro mwy pwerus na'i gilydd ymdebygu'n fwy i archesgob! Ond ysywaeth ni fyddai'n hir cyn i wendid mewnol Ymneilltuaeth danseilio'n ddirfawr gyfundrefn y colegau. Deuai dyfodol y Coleg Coffa, ei uniad â Choleg Presbyteraidd Caerfyrddin, adleoliad y coleg newydd yn un o ganolfannau poblog de Cymru a'i berthynas â Phrifysgol Cymru yn achos pryder i Pennar trwy gydol y blynyddoedd nesaf. Dyma, mewn gwirionedd, y cwmwl a fyddai'n duo'r ffurfafen ar hyd gweddill ei yrfa. Er nad oedd ef, fwy na llawer o Gristionogion eraill, heb obaith am dro ar fyd, ni ddaeth yr adfywiad disgwyliedig, ac o hynny ymlaen bu rhaid iddo warchod y dystiolaeth mewn cyfnod digon tywyll a digysur.

Yn y cyfamser roedd y llenydda a'r gwaith academaidd yn mynd yn eu blaen yn burion. Darlledodd sgwrs radio ym Medi 1954 i nodi cyfarfyddiad Cyngor Eglwysi'r Byd yn Evanston, Illinois, sgwrs a oedd yn crynhoi'n hwylus holl nodweddion ei ffydd. Mynnai fod Duw ar waith trwy'r Ysbryd yn yr eglwys ac yn y byd, fod Iesu yn galw disgyblion i ddiriaethu'u ffydd yn eu gweithredoedd er mwyn hyrwyddo dyfodiad Teyrnas Dduw, a byddai'r deyrnas honno yn ymddangos nid y tu hwnt i hanes ond oddi mewn i hanes mewn ffordd nad oedd modd i bobl eto'i

Iawn ddirnad. Ac eto, Iesu o Nasareth a fyddai'n ganolbwynt i'r cwbl: 'He is the God of creation and providence and although we cannot trace the pattern we know that its shapes and colours find meaning in Jesus Christ.'[34] Mae camre Pennar yn weddol hawdd eu holrhain yn 1955 am iddo ysgrifennu dyddiadur wythnosol a ymddangosodd ar dudalennau *Y Tyst*, ac er iddo wneud hynny o dan ffugenw 'Y Brawd o Radd Isel' (a chyfeirio at eraill dan ffugenwau hefyd) ac i'r dyddiadur ymwneud â materion yr enaid yn hytrach na phethau pob dydd, datgelir digon ynddo i ni fedru dilyn ei hynt yn weddol ddidrafferth.[35] Darlunio gor-chwylion beunyddiol y gweinidog Ymneilltuol mewn cyfnod o drai a wna'r dyddiadur, a hynny mewn modd trawiadol iawn. Roedd hi'n fain arno, a'i dlodi yn achosi cryn dyndra rhyngddo a'i wraig. Nid tlodi rhamantaidd Ffransis o Assisi oedd ei dlodi ef, ond tlodi gwirioneddol yn esgor ar ddiflastod a dioddefaint. 'Y mae Tlodi Sanctaidd mewn cym-deithas o Frodyr Crwydrol dipyn yn haws na Thlodi Sanctaidd yng nghwmni gwraig a phlant' (5 Ionawr). Fel nwyd a rhywioldeb, mae arian, a diffyg arian, yn thema gyson yn y dyddiadur, ond nid yn y myfyrio bwriadol y gwelir ei effaith fwyaf ond yn ei sylwadau wrth fynd heibio: 'Nid yw'r plant erioed wedi blasu twrci nadolig,' meddai ar 8 Mehefin. Y syndod yw bod Pennar, a oedd yn gorfod cynnal teulu o bump mewn tŷ mor oer, drafftiog a digysur, yn medru bod mor siriol a diwyd o dan amgylchiadau o'r fath, a'r rhyfeddod mwy oedd i'w fywyd ysbrydol ffynnu mor rhyfeddol yn ystod y misoedd hyn.

Fodd bynnag, oherwydd nawdd a haelioni Cymdeithas Annibynwyr y Byd, cafodd dreulio rhan o fis Gorffennaf ar y cyfandir mewn cynhad-ledd ddiwinyddol yn Chambon-sur-Lignon yn Ffrainc yng nghwmni ei hen gyfaill a'i gyd-weithiwr o Goleg Bala-Bangor, Gwilym Bowyer, ac E. Curig Davies, Ysgrifennydd Cyffredinol Undeb yr Annibynwyr Cymraeg. Buont yno rhwng 5 a 9 Gorffennaf cyn symud ymlaen i bwyll-gor Cyngor Annibynwyr y Byd a oedd yn cyfarfod ar hyd yr wythnos ddilynol yng Nghanolfan Ecwmenaidd Bossey, y Swistir. Ac yntau ar y cyfandir, achubodd y cyfle i ymweld â hen gydnabod ac â theulu Rosemarie yn München, yr Almaen, ac mae'r disgrifiadau o'i daith trwy Genefa, Zürich, Bern a thros y ffin i mewn i'r Almaen yn ddiddorol iawn. Wedi treulio amser gyda'r teulu, dychwelodd i Bossey ar 25 Gorffennaf er mwyn cymryd rhan mewn cynhadledd ryngwladol ar gyfer myfyrwyr diwinyddol. Pennar oedd un o'r prif siaradwyr a'i destun oedd 'The Church in the Bible', [36] a chafodd dâl am fod yno. Oni bai am hynny byddai wedi bod yn amhosibl iddo aros. Cyrhaeddodd yn ôl ar 4 Awst wedi mis cofiadwy i ffwrdd.

Erbyn hyn roedd Pennar wedi bod yn athro coleg diwinyddol am bron i ddegawd. Gwyddai pawb am ei ddisgleirdeb a'i ymroddiad ac nid oedd neb yn amau'i dduwioldeb. 'Amhosibl', meddai Ivor Rees, 'dibrisio parch a chariad y myfyrwyr tuag ato.'[37] Yn ôl un arall ohonynt, Dewi Lloyd Lewis, 'Ef yn sicr oedd y bersonoliaeth dawelaf, rymusaf a adnabum erioed'.[38] Er iddo lwyddo ers blynyddoedd i gael gwared â'i swildod cynnar, eto nid oedd yn gymeriad cwmnigar ac roedd y cyfrifoldeb a oedd arno i feithrin perthynas â gwŷr ifainc, llawer ohonynt yr un mor swil a thrwsgwl ag y bu yntau genhedlaeth ynghynt, yn gryn straen ar adegau. Meddai'r ddawn i anwybyddu'r bwrlwm o'i gwmpas a chanolbwyntio ar ei fyfyrdodau ond roedd i hyn, weithiau, ganlyniadau anffodus. 'Roedd encilio ysbeidiol Pennar i'w gysegr', meddai Isaac Thomas, 'yn rhoi'r argraff mai dyn od ydoedd.'[39] Os oedd yr odrwydd yn ychwanegu at ei *mystique*, yr oedd hefyd yn achos i rai, gan gynnwys ei fyfyrwyr ei hun, ei ystyried weithiau yn ddyn pell. Dyma Isaac Thomas eto: 'Gallai encilio Pennar o'r byd o'i gwmpas ei arwain i drybini gwirioneddol. Enghraifft arbennig o hyn oedd streic myfyrwyr y Coleg Coffa. Ie, myfyrwyr diwinyddol yn mynd ar streic!'[40]

'Nid wyf wedi sôn llawer am fy ngwaith yn y dyddlyfr hwn,' meddir ar 15 Tachwedd yn *Cudd Fy Meiau*. 'Amhosibl manylu'n gyhoeddus am orfoleddau a gofidiau'r fugeiliaeth a ymddiriedwyd imi', ond cyfeddyf y dyddiadurwr yn ofidus: 'Gorfodwyd fi heddiw i edrych yn syn ar y posibilrwydd y gall fy ngwaith fethu, a methu'n drychinebus . . . wele ffrwydriad, a'r cerbyd yn crynu drwyddo.'[41] Cyfanswm rhif myfyrwyr y Coleg Coffa yn 1955 oedd 27, 19 yn dilyn hyfforddiant diwinyddol yn Aberhonddu ac 8 arall yn dilyn cyrsiau yn y celfyddydau un ai yng Ngholeg y Brifysgol, Caerdydd neu Abertawe fel paratoad at wneud gradd BD. Roedd safle neilltuedig y coleg, ymhell bell o ganolfannau poblogaeth, ei hynafiaeth anghysurus, mewnblygrwydd anorfod ei gymdeithas a'r duedd, mewn cwmnïoedd tebyg, i bethau bach gael eu chwyddo'n bethau mawr, yn golygu na fyddai cyd-fyw, ar y gorau, yn beth hawdd. Roedd anfodlonrwydd wedi bod yn corddi ymhlith y myfyrwyr ar hyd y tymor ac yng nghanol Tachwedd berwodd y crochan drosodd. 'Roeddwn yn fyfyriwr yn y Coleg Coffa ar y pryd', meddai Dewi Lloyd Lewis, 'a gallaf ddweud yn eithaf clir fod mawredd a chryfder Pennar Davies wedi dod yn amlwg yn y dyddiau poenus a rhyfedd hynny.'[42]

Yn dilyn y cyfarfod gweddi boreol ar Ddydd Mawrth 15 Tachwedd, daeth Llywydd yr Ystafell Gyffredin at Pennar a'i hysbysu na fyddai'r myfyrwyr yn mynychu darlithoedd na chydweithredu ag unrhyw agwedd ar waith y coleg nes i'r awdurdodau drafod eu cwynion. Roeddent yn ddig nad oedd lle iddynt yng ngweinyddiad y sefydliad, i'w barn gael ei diystyru'n gyson ac iddynt gael eu trin nid fel oedolion ond fel plant. Ar ben hyn roedd anhapusrwydd ynglŷn â sut roedd arian y grantiau yn cael ei ddosrannu ac roedd safon y bwyd o dan oruchwyliaeth newydd y gegin yn ddigon ynddo'i hun i godi gwrthryfel. Ond yn waeth na dim oedd y gyfundrefn hierarchaidd a fodolai yn y coleg, y pellter mawr rhwng y staff a'r myfyrwyr a diffyg diddordeb yr athrawon yn eu bywydau personol na'u lles. 'Eu cwyn', meddai Isaac Thomas, 'oedd nad oedd y Prifathro (mor wahanol i Ithel [Jones, prifathro Coleg y Bedyddwyr] yng Nghaerdydd) na'r athrawon eraill yn cyfeillachu nemor ddim â'r myfyrwyr nac yn rhoi unrhyw sylw i'w cwynion difrifol am ddiffygion y Matron newydd fel cogyddes.'[43] Galwodd Pennar gyfarfod ar y cyd rhwng y staff a'r myfyrwyr ar gyfer unarddeg y bore hwnnw, ond gwrthododd y myfyrwyr ddod yno. Ni fynnent gyfarfod â neb ond y pwyllgor gweithredu a phwyllgor y tŷ. Yn sgil cyfarfod y staff academ-aidd neu'r 'Senedd' fel y'i galwyd, rhybuddiwyd pob myfyriwr:

> The Senate reminds the student body that attendance at lectures is one of the conditions of membership of the college, and that wilful refusal to attend involves suspension and all that that entails. Lectures will be held as usual tomorrow morning (November 16th), and any student absenting himself without permission of the Principal and the tutors concerned will thereby automatically suspend himself from membership and must leave the college forthwith.[44]

Llofnodwyd y nodyn gan y staff: Pennar Davies, J. D. Vernon Lewis, D. J. Davies ac Isaac Thomas. Roedd y bygythiad yn llawdrwm ac yn ddifrifol ond i ddim pwrpas. Cadwodd y myfyrwyr at eu safiad ac fel canlyniad, erbyn nos Fercher 16 Tachwedd, roedd pob un wedi'i ddiarddel. Nid oedd ryfedd i Pennar gofnodi yn ei ddyddiadur: '*Dies irae* ydyw ym-hobman. Nid oes dianc rhag y picellau.'[45] Erbyn hyn roedd y staff mewn cyfyng-gyngor gwirioneddol ac er mwyn achub y sefyllfa, ac arbed rhywfaint o'u hawdurdod eu hunain, caniatawyd i'r myfyrwyr 'weithred o ras'. Fel hyn y cofnodwyd y peth gan Isaac Thomas, ysgrifennydd y senedd:

> The Senate resolved to call the student body together to hear the following declaration – that the student body had now by their own action suspended themselves from membership of the college and that

they must leave forthwith unless they were prepared to avail themselves of a further act of grace by the Senate whereby any student attending lectures on the following morning (Tachwedd 17) would have his suspension removed.[46]

Ond ni thyciodd hyn ychwaith: 'This the student body refused and indicated that they were regretfully not prepared to meet the staff and were insisting on their original request.'[47] Yn wyneb pendantrwydd adamantaidd (ac annisgwyl) y myfyrwyr, galwodd Pennar gyfarfod brys o'r pwyllgor gweithredu a phwyllgor y tŷ ar ddydd Gwener, 18 Tachwedd, er mwyn trafod y cwynion a hynny ar delerau'r myfyrwyr ac nid ar delerau'r staff. 'Daeth y pwyllgor ynghyd', meddai Isaac Thomas yn 2001, gan ddwyn ar gof weithgareddau cynhyrfus bum mlynedd a deugain ynghynt, 'a chafodd y myfyrwyr gyfle i arfer eu huodledd a phenderfynu codi pwyllgor bach i fynd i'r afael â'r sefyllfa. Dull y pwyllgor bach hwn o weithredu oedd cyfweld â phob un o'r athrawon ar ei ben ei hun a'i holi a'i groesholi'n ddidrugaredd.'[48] Erbyn y Sul roedd y gwrthyfel ar ben.

Beth bynnag oedd doniau Pennar, nid oedd trin manion bywydau myfyrwyr yn amlwg iawn yn eu plith. Addysgwr ydoedd ac academig, ac roedd hapusaf ymhlith cwmni dethol o bobl o gyffelyb anian ag ef ei hun. Ond oherwydd natur ei swydd, roedd yn rhaid iddo roi o'i orau i agweddau ymarferol y gwaith. Pan ddeuai galwadau cyhoeddus, fodd bynnag, byddai'n ymateb iddynt yn ddiymdroi. Un o faterion mwyaf pryderus y 1950au oedd y bygythiad niwclear, a phan ofynnodd Glyn Simon, esgob Anglicanaidd Abertawe ac Aberhonddu, iddo gymryd rhan mewn trafodaeth gyhoeddus ar y pwnc, bodlonodd Pennar wneud. 'I am calling a conference at the Guildhall, Swansea, on Monday 14 November', meddai'r esgob. 'The purpose of the conference will be to see if we can clear our minds as to some of the fundamental issues raised by nuclear weapons, and the intellectual and moral challenges with which they face us.'[49] Ar yr wyneb dau anghydnaws oedd Glyn Simon a Pennar. Cynheiliad y gyfundrefn Anglicanaidd oedd yr esgob a'r un a gynrychiolai orau yr hyder newydd a oedd yn cynysgaeddu'r Eglwys yng Nghymru ar y pryd. Pethau dieithr iawn iddo oedd Ymneilltuaeth a heddychiaeth, ac roedd pellter cyfandir cyfan rhwng tŷ'r esgob yn Nhŵr Tre-lai, Aberhonddu, a thŷ'r prifathro yn y Coleg Coffa nad oedd namyn filltir i ffwrdd.

Ond roedd pethau'n symud yn gyflym. Roedd Simon eisoes yn cynhesu at y traddodiad Cymraeg ac, yn wyneb posibilrwydd difodiant niwclear, yn tueddu fwyfwy at y safbwynt heddychol.[50] Roedd yn awyddus i Pennar gynrychioli'r safbwynt hwnnw, ac yn ei bapur 'Notes on the Christian doctrine of man' a baratôdd ar gyfer y gynhadledd, dyna a wnaeth. 'Reverence for life', meddai Pennar, 'is an integral part of the Christian approach to the problems of society . . . and we are bound to ask whether the indiscriminate mass destruction involved in nuclear warfare can ever be compatible with Christian reverence for life.'[51] Er na allai fod yno yn bersonol, cyflwynwyd ei bapur i'r cynadleddwyr drosto. Ymdriniaeth resymol, ddeniadol a chlir â'r heddychiaeth Gristionogol oedd ganddo, yn seiliedig ar athrawiaeth yr *imago Dei* ac ar efengylau'r Testament Newydd. Er iddo gyfeirio'n ddigon cwrtais at syniad y Rhyfel Cyfiawn ac at y dadleuon traddodiadol yn erbyn ei safbwynt ei hun, roedd Pennar yn argyhoeddedig bod y radicaliaeth Gristionogol yn fwy perthnasol nawr nag erioed.

'I should have written to you much sooner to tell you about the nuclear conference at Swansea', meddai Glyn Simon wrtho yn dilyn y cyfarfod. 'It is a pity you were not there.' Roedd hi'n amlwg mai un o'r rhai mwyaf brwd o blaid ei bapur oedd yr esgob ei hun. 'Several points arose which I did use and felt I could rightly speak on your behalf, as it were.'[52] Er i lawer feirniadu dadleuon Pennar – 'Much criticism was directed against your statement that Christianity was committed to the principle of the sanctity of life' – roedd Simon yntau yn prysur gael ei argyhoeddi o hygrededd deallusol safbwynt y buasai ef gynt wedi ymwrthod yn reddfol ag ef. Roedd yr hen ddeuoliaeth rhwng Anglican-iaeth Gymreig (ym mherson Glyn Simon) a radicaliaeth gymdeithasol a fyddai gynt yn cael ei chyplysu ag Anghydffurfiaeth, yn cael ei dileu. Erbyn y 1960au deuai Simon, fel esgob Llandaf ac yna fel archesgob Cymru, yn flaengar iawn yn yr achosion radicalaidd a chenedlatholgar yr oedd Pennar yn eu hymgorffori. Roedd hi'n dröedigaeth arwyddocaol yn hanes Cristionogaeth Gymreig ganol yr ugeinfed ganrif, ac ymddengys fod i dystiolaeth prifathro'r Coleg Coffa ran nid dibwys yn y proses.

6 ⊃ Bwrlwm a Diflastod, 1956–1959

Rhyw gyfuniad o'r creadigol a'r ymarferol oedd y 1950au i Pennar
Davies. Erbyn i'r degawd ddod i ben byddai wedi cyhoeddi
chwe chyfrol a ffrwd o erthyglau tra ar yr un pryd yn cyfrannu at
weithgareddau ei enwad a Phlaid Cymru a hyfforddi to ar ôl to o ym-
geiswyr gweinidogaethol yn y Coleg Coffa. Erbyn hyn Cymru, a
Chymru'n unig, oedd canolbwynt ei fyd. Ni fyddai'n cadw nemor ddim
cysylltiad â'r beirdd Eingl-Gymreig y bu mor awyddus i'w denu i'r
rhengoedd cenedlatholgar cyn yr Ail Ryfel Byd. Gwyddai, fodd bynnag,
am drafferthion priodasol Keidrych Rhys (a oedd bellach ar staff gol-
ygyddol papur newydd *The People* yn Llundain) ac ysgrifennodd ato er
mwyn cydymdeimlo ag ef. 'I appreciated the fact that you wrote to me
after the dissolution of my previous marriage', meddai Rhys wrth
ymateb. 'As there was little I could do to save it, there was little . . . to
answer for except to continue to struggle to provide financially.' Roedd yn
llythyr ystyrgar a dwys, mor wahanol i'r ohebiaeth hwyliog ac afieithus a
fu rhyngddynt bron ugain mlynedd ynghynt. Edmygai Keidrych o hirbell
ymroddiad ysbrydol ei hen gyfaill, ond gofynnodd o ddifrif, 'Aren't the
Welsh *basically* a very materialistic people?'[1]

Prin iawn oedd cysylltiad Pennar hefyd â'i hen gylchoedd academaidd
yn Rhydychen. Ar wahân i adolygu cyfrol Nathaniel Micklem, *The
Abyss of Truth*, yng nghylchgrawn Coleg Mansfield yn 1956, ei erthygl
ddysgedig ar Milton yn *The Congregational Quarterly*, cylchgrawn
Annibynwyr Lloegr, oedd yr unig brawf iddo ddal i ymddiddori'n
broffesiynol mewn llên Saesneg a chyfrannu at ddysg y tu allan i gylch ei
wlad ei hun.[2] Tua'r un pryd cyhoeddodd erthygl ysgolheigaidd Gymraeg a
oedd yn cyfuno'i ddiddordebau llenyddol a'i waith fel athro Hanes yr
Eglwys, sef astudiaeth o lên boblogaidd Cymru yng nghyfnod Oliver
Cromwell. Tarddle'r ysgrif oedd anerchiad a roes yng nghyfarfod Cym-
deithas Hanes yr Annibynwyr yn Undeb Pen-y-groes, Sir Gaernarfon, ym
Mehefin 1954. Fel Ymneilltuwr radical roedd ganddo gydymdeimlad

mawr â gweledigaeth Morgan Llwyd a'i awydd i greu daear newydd lle roedd cyfiawnder yn teyrnasu, ond fel cenedlaetholwr a fawr brisiai warineb ddoe, roedd ganddo gryn dipyn i'w ddweud wrth freniniaethwr fel Huw Morys, Pontymeibion, gŵr a oedd yn casáu Piwritaniaeth â chas perffaith. 'Ffyddlondeb i'r gorffennol cyfoethog a ffyddlondeb i'r dyfodol godidog; blasu hyfrydwch y byd hwn a llawenhau yn ysblander y byd a ddaw', dyma'r ffordd y ceisiodd Pennar rychwantu'r ddau fyd: 'y mae iechyd dyn yn gofyn y ddwy fendith.'³ Roedd un peth yn amlwg, fod ganddo ddawn ddiamheuol i ysgrifennu am y gorffennol fel y dengys ei erthygl odidog 'Episodes in the history of Brecknockshire Dissent' a welodd olau dydd yn y cylchgrawn *Brycheiniog* yn 1958. Nodi cyfraniad y Coleg Coffa i grefydd y gororau oedd amcan yr astudiaeth ond y mae, mewn gwirionedd, yn llawer ehangach na hynny. Ym marn deg Geoffrey Nuttall roedd yr erthygl yn gampwaith diamheuol, 'a little masterpiece'.

> Its broad sweep, mastery of subject and organization of detail, and illustrations that illuminate, make it a model among local history studies, while its insights and reflectiveness carry the reader far beyond the immediate neighbourhood.⁴

Pan gyhoeddwyd yr astudiaeth ar ffurf cyfrol flwyddyn yn ddiweddarach, mireindra'i harddull a nodwyd gan Erik Routley, hanesydd blaenllaw arall o blith Annibynwyr Lloegr. 'Above all', meddai, 'it is a book whose English style is a pure joy.' Gallai gwaith o'r fath yn hawdd fod wedi troi'n gatalog sychlyd o enwau a digwyddiadau, ond nid dyna ydoedd. Yn hytrach cafwyd 'a pageant of Welsh Puritanism' a chrynodeb hwylus a bywiog o hanes Ymneilltuaeth y gororau o ddyddiau Vavasor Powell hyd at ganol yr ugeinfed ganrif.⁵

Nid hanesydd cymdeithasol oedd Pennar, llai fyth hanesydd economaidd, ac er bod ganddo'i gyfundrefn syniadol ei hun, nid hanesydd syniadau ydoedd yn bennaf ychwaith. Llenor creadigol ydoedd a gafodd ei hun yn dysgu Hanes yr Eglwys i ymgeiswyr gweinidogaethol. Roedd ei syniadaeth yn ystod y 1950au a'i ddatblygiad artistig i'w gweld amlycaf yn ei weithiau creadigol. Mynegodd rai o'i argyhoeddiadau arhosol yn y gyfrol *Cinio'r Cythraul* (1946), yn ei gyfraniad i *Cerddi Cadwgan* (1953) ac yn ei ail gasgliad o farddoniaeth, *Naw Wfft* (1957). Fel yn y gyfrol gynharach, roedd y canu ymhell o fod yn athrawiaethol ddigynnwys. Roedd y gerdd 'Aletheia', sef y gair Groeg am 'wirionedd', yn mynegi'n groyw ei weledigaeth sylfaenol ynghylch yr ysbryd a'r cnawd:

> . . . Nid hoff gan rai yw clywed
> Am nerth a rhinwedd rhyw.
> Ond Aletheia 'ddywed
> Mai'r Crëwr ydyw Duw.
>
> Os siociwyd rhai pan ddaethpwyd
> Ag oglau'r corff i'm llith,
> Gŵyr hi mai'r Gair a wnaethpwyd
> Yn gnawd ac nid yn rhith . . .[6]

Trafododd yr un argyhoeddiadau yn y rhyddiaith greadigol a ddaeth o'i law yn ystod yr un cyfnod. Roedd yr emyn hyfryd i'r Ysbryd Glân a gyhoeddodd yn *Naw Wfft* yn rhagfynegi thema ganolog y gweithiau hynny:

> Disgyn, Ysbryd Glân, i'n llanw
> Â gorfoledd pur y Nef.
> Tyrd â glendid y Tragwyddol;
> Gwna ni'n sanctaidd iddo Ef.
> Fel colomen,
> Disgyn arnom, Ysbryd Glân.
>
> Chwyth, O Anadl o'r Uchelder,
> Awel o Galfaria, chwyth.
> Arglwydd wyt a rhoddwr Bywyd,
> Llwyr feddianna ni dros byth.
> I'r gwirionedd
> Tywys ni, O Ddwyfol Wynt.[7]

Ysbrydolrwydd ac anturiaethau bywyd yr Ysbryd oedd amlycaf yn y dyddlyfr enaid hynod *Cudd Fy Meiau* (1957) a'i nofel ffantasmagorig *Anadl o'r Uchelder* (1958). Roedd y ddau ohonynt yn unigryw yn llenyddiaeth Gymraeg y cyfnod.

Er mor gyffredin oedd hunangofiannau ysbrydol mewn dyddiau gynt, anarferol iawn oedd yr ysgrifau hynny gan 'Y Brawd o Radd Isel' (Iago 1:9) a ymddangosodd yn *Y Tyst* ar hyd blwyddyn 1955. Fe'u cyhoeddwyd yn gyfrol ddwy flynedd yn ddiweddarach a chyfrinach eu hawdur, erbyn hynny, wedi dod yn hysbys. Ymgais at hunanymholiad a chyffes a geir ynddynt, o 'ymddinoethi ger bron Duw' a cherdded ar hyd 'ffordd y puro'.[8] Er gwaethaf y ffaith mai gwaith llenyddol ydyw a chreadigaeth fwriadol artistig, teimlwn ein bod yn dod yn agos iawn at adnabod gwir bersonoliaeth eu hawdur. Fel yn nhechneg a myfyrdod y cyfrinydd Ignatius Loyola (1491–1556), sylfaenydd Cymdeithas yr Iesu, ymgais at ymuniaethu â Christ trwy gyfrwng y dychymyg a geir yma. Dro ar ôl tro deuwn i weld Iesu o Nasareth trwy ddychymyg Pennar Davies a thrwy hynny ymdeimlo â'i bresenoldeb. Er enghraifft: 'Gwelais yn fy nychymyg yr Iesu'n cerdded o'm blaen i Jerwsalem (t.52) . . . Ceisiais yn fy nychymyg weld yr Iesu'n unig (t.53) . . . Ceisiaf ddychmygu'r wyneb a'r corff a'r dwylo (t.54) . . . Ceisiais fod gyda'r Gwaredwr ar binacl y Deml . . . Er i mi ei weld, yn fy nychymyg, mor agos ataf, eto yr oedd ymhell oddi wrthyf (t.64) . . . Deuthum yn agos at yr Iesu yn fy nychymyg (t.104) . . . Ymdrechais i adnabod yr Iesu unwaith eto trwy gyfrwng y dychymyg synhwyrus'(t.195). Er mai hanesion y Testament Newydd oedd sylfaen ei fyfyrdod gan amlaf, â Pennar ymhellach na'r dystiolaeth ysgrifenedig er mwyn darlunio Iesu yn ôl manylion tybiedig ei ddynod: 'Ceisiaf mewn myfyrdod agosáu ato a syllu ar grychion a chreithiau ei groen a chlywed ei anadliadau a'i chwerthiniadau a chyffwrdd â'i law' (t.49). Mae'n amlwg fod gan Pennar ddarlun clir iawn o'r Gwaredwr ond mae'r darlun yn gynnyrch ei ddychymyg ac nid yn deillio o fanylion y dystiolaeth feiblaidd:

Ceisiaf edrych ym myw llygad yr Iesu a gweld glendid ei wên a gafael yn dyner yn ei freichiau. A thrwy wneuthur hyn yn aml deuthum yn gyfarwydd â'i wedd, a gwelaf bob amser un graith fechan dan ei lygad chwith. (t.54)

Pa fath Iesu yw'r Iesu hwn? Gwelsom eisoes ei argyhoeddiadau Cristolegol yn y llyfryn *Geiriau'r Iesu* a'i ysgrifau ysgolheigaidd yn *Y Dysgedydd*. Er na fynn ymwrthod â'i ddwyfoldeb, dyndod Iesu sy'n cael y flaenoriaeth ganddo a'r dyndod hwnnw yn mynegi undod profiadol cyflawn â'r Tad. Prif nodwedd Crist yw ei ufudd-dod costus i'r ewyllys ddwyfol: 'Ofer pob Cristoleg a esgeuluso ewyllys y Crist' (t.136), meddir, pwynt sy'n mynd â ni unwaith eto at wraidd diwinyddiaeth Pennar. 'Teimlaf mai dyma gnewyllyn bywyd a gwaith yr Iesu,' meddai. 'Ni eller deall na'r Ymgnawdoliad na'r Iawn ar wahân i Ewyllys y Crist, yr Ewyllys sydd yn mynegi'r Daioni Dwyfol ac yn gwrthod pob drwg' (t.73). Chwys, gwaed ac ymdrech sy'n nodweddu disgybledd yr Iesu hwn, a hynny ynddo'i hun yn her ac yn esiampl i'w ddilynwyr. Os oedd angen pwysleisio'r gwirioneddau hyn yng ngŵydd yr union-grededd honno a fynnai orbrisio ei dduwdod, perygl y math o ddarlunio dychmyglawn a geir yn *Cudd fy Meiau* yw troi'r portread o Iesu yn un ffuantus a ffansïol. 'Cydiais yn ei freichiau a chwilio dyfnderoedd y llygaid brown' (t.69), meddai, ac 'Ymataliaf, ac ymgyffroi wrth weld y tynerwch cysurus yn ei lygaid mwyn' (t.166). Weithiau gall y teimladrwydd hwn droi'n syrffed ac yn embaras: 'Daeth – am foment lesmeiriol – y llygaid brown, y graith, y wên, cynhesrwydd y gwaed ar groen ei wyneb a'r cariad gorlethol, gorchestol, gwych' (t.175). Er iddo fynnu nad rhyw fath o ddarlun Holman Hunt neu Gyn-Raffaëlaidd o Iesu sydd ganddo, ond un sydd yn nes o lawer at bortreadau seicolegol bwerus Rembrandt – 'Yr Iesu rhyfeddol gan Rembrandt, yr Iesu a fu erioed yn annwyl gennyf, yr Iesu sydd yn sylfaen i'r darlun ohono sydd yn fy nychymyg' (t.165) – eto, mae'n anodd peidio â sylwi ar yr elfen fympwyol a ddaw i'r golwg yn y gwaith. Ni lwyddodd neb eto mewn nofel nac mewn ffilm i gyfleu portread boddhaol o Iesu o Nasareth, ac er gwaethaf ei alluoedd creadigol a'i ysbryd diffuant, ni lwyddodd Pennar i wneud hynny ychwaith. Mae moelni ymataliol yr efengylau yn trechu'r llenor bob tro.

Fodd bynnag, mae llawer o bethau yn *Cudd Fy Meiau* sy'n ei gwneud yn gyfrol gyfareddol iawn. Ceir ynddi gipolwg hyfryd ar fywyd teuluol, myfyrdod ei hawdur ar y berthynas oesol rhwng ysbryd a chnawd, cawn olwg ar rwystredigaethau bywyd gweinidog Ymneilltuol yn y 1950au pan oedd y capeli yn dechrau ymgodymu ag argyfwng mawr eu parhad, heb sôn am y dadelfennu cyson, ac weithiau gignoeth, ar ei gyflwr ef ei hun: 'Gymaint haws ydyw i ddyn gyfaddef ei fod yn bechadur na chyfaddef ei fod yn cnoi ei ewinedd (t.143) . . . Y mae ceunentydd ac ambell wastadedd yn fy mhersonoliaeth nas meddiannwyd yn llwyr eto gan y Gras Achubol' (t.37). Gall Pennar lunio brawddegau gwirebol bron sy'n glynu yn y cof yn hir. 'Y mae tlodi gweinidogion Cymru heddiw yn sancteiddiach tlodi na dim byd a wynebodd mynach erioed' (t.33), meddai, ac mae ei ymdriniaeth â'r berthynas rhwng nwyf a duwioldeb unwaith eto yn feiddgar: 'Y mae cyfathrach agosaf mab a merch yn llawn rhin sagrafennol' (t.71), ac oherwydd hynny y mae angen hunanddisgyblaeth barhaus: 'Rhaid sancteiddio'r cnawd i'w wneuthur yn gydymaith da i'r ysbryd' (t.67). Agosrwydd Duw trwy ei Ysbryd yw'r thema sy'n rhedeg trwy'r dyddlyfr, ac mae rhai o'r 75 o golectau neu saethweddïau sy'n ei fritho yn tystio i ddyfnder duwioldeb eu hawdur:

O Arglwydd Iesu, a faddeuaist hyd yn oed y Groes, maddau i mi'r uffern a lysg yn fy nghalon. Pâr i mi weled y Ddynoliaeth a arfaethwyd inni, y clwyfau'n ddisgleirwiw ar Dy gorff, a holl ogoniant anian yn goron ar Dy ben, a'r Cnawd a fu'n drigfan i'r Gair yn ymgodi o'm blaen yn amlder ei hyfrydwch a'i nerth. Rho imi Di Dy hunan, y Dyn a fynega Dduw, yn awr a thros byth. (t.159)

Y math hwn o sensitifrwydd ysbrydol, sy'n cynnwys disgrifiadau o ysictod ac aceidia y bywyd defosiynol yn ogystal â'i wefr a'i orfoledd, sy'n rhoi i'r llyfr ei arbenigrwydd. Dyma a barodd i Bobi Jones sôn amdano fel 'Un o glasuron y cyfnod wedi'r rhyfel . . . ac yn fy marn i, campwaith bach yn anialwch defosiwn y ganrif hon.'[9] Hyd yn oed yng nghanol dirywiad y grefydd gyfundrefnol, roedd gwefr y bywyd newydd yng Nghrist yn bosibilrwydd o hyd.

Os y dychymyg yw cyfrwng defosiwn Pennar yn y dyddlyfr, creadigaeth dychymyg llachar yw'r nofel ffantasïol *Anadl o'r Uchelder*. Ar un wedd mae'r ddau waith yn hollol wahanol i'w gilydd; y dyddlyfr yn ddwys-feddylgar ac yn ymwneud â chyfrinion y bywyd mewnol a'r nofel yn afreal, onid yn swreal, gan ddarlunio math o Gymru Fydd othig ac od. 'The strangest, perhaps the most phoney of the new novels', oedd disgrifiad Saunders Lewis ohoni, er iddi fod, yn ei farn ef, 'as learned as Joyce's *Ulysses*; it is comic and fantastic and melodramatic and brilliant'.[10] Er gwaethaf y gwahaniaethau rhyngddynt mae pob un o'r themâu oedd agosaf at galon Pennar yn y ddau: Cymru a'i thynged boliticaidd, natur a swyddogaeth Ymneilltuaeth yn ail hanner yr ugeinfed ganrif, y syniad o feseianaeth, a rhyw, cnawd a'r ysbryd. Dyheu am dywalltiad o'r Ysbryd Glân er mwyn achub a sancteiddio'r enaid a'r genedl sy'n ganolog yn y ddau. 'Dernyn o apocalups yr ugeinfed ganrif yw hon', meddir.[11] Mae'r digwyddiadau wedi'u lleoli yn y dyfodol, oddeutu 1980 gellid tybio, a'r dyfodol hwnnw wedi dod â barn yn ei sgil. Er bod Cymru, ei hiaith a'i diwylliant a'i chrefydd yn bodoli, mae'r genedl bellach dan ormes Anglosacsonia, sef yr uniad a ddigwyddodd rhwng Prydain a'r Unol Daleithiau rywbryd yn y 1960au. Mae ganddi ei senedd ranbarthol ddatganoledig ei hun, er nad ydyw'n fwy na siop siarad, tra bo'r gwir rym yn y 'rhanbarthau diogelwch', un yn ne Cymru, un arall yn y gogledd a'r trydydd ar y gororau. Caiff afrealrwydd y sefyllfa hon ei adlewyrchu yn enwau'r cymeriadau: Marcel Breton sy'n adrodd yr hanes; Huw Hedyn Hywel, yr arwr, sy'n löwr ac yn athro ysgol Sul yng Nghwm Aman Fawr, Morgannwg; y pregethwr tân-a-brwmstan Elias John a'i gydymaith dlos 'Calfaria Fryn'; y gogleddwr mursenaidd Gareth Seiont Prys, ac yna'r gormeswyr dychrynus megis yr Arglwydd Wyndham Gutyn a'i wraig drythyll Trwdi; y gwleidydd pwerus-lygredig Andrew de Porson a'r Americanwr Nahum D. Flewelling sy'n bennaeth

Cyngor Diogelwch y Gogledd. Mae odrwydd theatrig enwau'r cym-
eriadau'n cael ei ddwysáu gan rai o olygfeydd rhyfedd ac ofnadwy y
ddrama, nid lleiaf y ralïau pregethu diwygiadol gydag Elias John yn
ymddangos ar y llwyfan yn ei ŵn gwyn ac yntau, fel consuriwr, yn camu
allan o arch! Mae'n anodd ar y dechrau gymryd dim o hyn o ddifrif nes
i'r stori ddechrau gafael ac i'r darllenydd sylweddoli bod gan yr awdur, er
gwaethaf düwch y gomedi arswyd, bethau pwysig i'w dweud.

Y delfryd i Pennar o hyd yw cydweithio â Duw er mwyn prysuro
dyfodiad ei Deyrnas a fydd yn trawsffurfio cyflwr alaethus y byd hwn a'r
gymdeithas gyfoes. Nid rhywbeth goddefol, preifat mo crefydd iddo,
ond pŵer gweithredol a chanddo oblygiadau cymdeithasol a pholitic-
aidd amlwg: 'Ymddisgyblaeth, ymgysegriad, ymroddiad llwyr i waith yr
Arglwydd – dyma a ddisgwylir gan y sawl a fo'n perthyn i Iesu Grist'
(t.63). Dyma graidd ei gydymdeimlad â Phelagiaeth a'i wrthwynebiad i
Awstiniaeth, Calfiniaeth a neo-uniongrededd Emil Brunner a Reinhold
Niebuhr. Trwy bwysleisio sofraniaeth Duw a'i arfaeth, tuedd y diwin-
yddiaethau hyn (yn ei dyb) oedd esgusodi dyn rhag chwarae ei ran i
hwyluso dyfodiad y Deyrnas ac felly gyfiawnhau'r *status quo*. Yn y
Gymru Fydd dotalitaraidd a gormesol, opiwm oedd crefydd, yn arf yn
nwylo'r llywodraeth i fygu'r nwyf radicalaidd ac ysbryd gwrthryfel
ymhlith y werin. Elias John, sy'n cael ei fodelu'n rhannol ar yr efengyl-
ydd Americanaidd Billy Graham a gafodd y fath lwyddiant yn ei ym-
gyrch yn Harringay, Llundain, yn 1955, sy'n cynrychioli i Pennar bopeth
sy'n wrthun yn y grefydd oddefol, bietistig, efengyl-llyd. Yn ôl Huw
Hedyn Hywel roedd y 'mesmereiddwyr efengylaidd poblogaidd . . . yn
chwain ar gorff cymdeithas' (t.30) am iddynt droi her radicalaidd Crist
yn gyffur arallfydol. Os ffieiddiodd Huw Hywel 'yr efengylwyr "hen-
ffasiwn-newydd" a ddaeth i'r amlwg wedi'r Ail Ryfel Byd – arweinwyr
yr adwaith diwinyddol, proffwydi Baal y Gorllewin, y pregethwyr a
bregethai yn erbyn Fenws a Bachus ac a ymgrymai (yn swil neu'n wyneb-
galed) gerbron eilunod anferth Mamon a Moloch' (t.9), tebyg oedd barn
Pennar Davies, yr ysgolhaig soffistigedig, am genhadu poblogaidd
amrwd ac anwleidyddol Billy Graham yn Harringay:

> Heidia cerbydau ar hyd y rheilffordd a'r ffordd fawr gan gludo ugeiniau
> ac ugeiniau o Gymry i weld mabolgampau ysbrydol rhyw arena yn
> Llundain a chrynu o dan lach y digofaint proffwydol sydd yn osgoi sôn
> am gamwedd cymdeithasol ac am wleidyddiaeth ryfelgar – y math o
> foesoldeb sydd yn ystyried plentyn anghyfreithlon yn fwy o warth ar y
> ddynoliaeth na'r bom a ddisgynnodd ar Hiroshima. (t.171)

Nid yw'r ymateb hwn yn amddifad o snobyddiaeth deallusol y diwinydd proffesiynol ond eto ceir awgrym y tu ôl iddo, a thu ôl i'r darlun gwrthunddeniadol o Elias John, o ryw anesmwythyd apelgar, yr amheuaeth y gallai'r stranciau mwyaf histrionig fod yn cuddio grymusterau ysbrydol diffuant a allai, o'u sianelu'n iawn, droi'n foddion iachawdwriaeth i'r bobl: 'Ceir gelyniaeth gynhenid yr awdur at y fath hysteria cnawdol yn gymysg â'i ansicrwydd a'i barchedig ofn rhag bod yna rywbeth mwy ar gerdded nag y gall ef ei feirniadu.'[12]

Os oes rhinwedd ym mywyd yr ysbryd, mae pechod ym mywyd y cnawd. Caiff Pennar gryn sbri ar ddarlunio'r gwyrni a'r llygredigaethau nad oedd disgwyl i brifathro coleg diwinyddol yn y 1950au sobr wybod y peth lleiaf amdanynt. Rhan o arswyd y Gymru Fydd yw ei chnawdolrwydd di-ball, ond yn wahanol i hoen gorfoleddus y synhwyrau iach, cnawdolrwydd y diafol yw hwn na chafodd ei sancteiddio gan na'r Ysbryd na'r Gair. 'Y mae'n bur sicr bod diweirdeb priodasol mor brin ag ympryd a gweddi ymhlith ei gefnogwyr a bod gwyrdroadau rhywiol yn cael tragwyddol heol yn eu cylchoedd' (t.87), meddai, ond Elên de Porson sy'n darlunio'r puteindai swyddogol a gaiff eu noddi gan lywodraethwyr y Gymru newydd:

> Darperid bob math o ysfa a gloddest rhywiol ynddynt ar gyfer llanciau a hen lanciau'r bendefigaeth newydd; câi pob gwyrdroad ac arbraw serchnwydol dragwyddol heol rhwng eu muriau; byddai'r cwsmeriaid yn talu'n ddrud am y fraint o ymdrybaeddu'n ddigywilydd ym mhob math o annisgyblaeth wenerol . . . Ac yr oedd Andrew de Porson yn symud fel tywysog pob trythyllwch yng nghylchoedd y tafarndai, a gogwydd cryf ynddo at gelfyddydau'r Marquis de Sade. (t.110)

Roedd Pennar eisoes wedi cyfaddef yn ei ddyddlyfr fod 'digwyddiadau rhywiol yn hanes pob un ohonom na allwn sôn amdanynt wrth ein cyfeillion agosaf' (t.72), ac o ran ei ddychymyg, os nad o ran ei weithredoedd, 'Ni all de Sade a Sachar-Masoch ddweud dim newydd wrthyf' (t.97). Ni wyddys beth a wnaeth darllenwyr *Y Tyst* o hyn, ond o dan orchest disgrifio bordelaidd y nofel, mynnai'r awdur drafod gweddau digon difrifol ar y profiad dynol na fynnai capelyddiaeth y cyfnod gyffwrdd â hwy. Rhan o wendid Ymneilltuaeth oedd ei hamharodrwydd i ymgodymu â phynciau fel y rhain, ond beth bynnag am yr angen am onestrwydd rhywiol, credai Pennar mai trwy ddisgyblaeth yr Ysbryd yn unig y gellid dofi'r cnawd. Os oedd hynny'n wir yn bersonol, yr oedd yr un mor wir yn boliticaidd ac yn gymdeithasol. Roedd iachawdwriaeth eto'n bosibl a hynny trwy adfywiad ysbrydol grymus ond i hynny fod yn adfywiad o'r iawn ryw. 'Modes and methods change from age to age', meddai mewn man arall, 'and the next revival will be different from its predecessors. But the Power is the same, undiminished, unconfined, inexhaustible.'[13] Nid dilorni diwygiaeth a wnâi Pennar ond pledio'r achos am ddiwygiaeth greadigol, iach.

Cysyllta Pennar hyn â'i syniad am y Meseia. Fel y dyheai cenedl Israel gynt am ddyfodiad Gwas yr Arglwydd, felly hefyd y dyheai'r Gymru Fydd am eni'r mab darogan a fyddai'n cychwyn ac ymgorffori'r Oes Newydd. Thema gyson yng ngwaith Pennar yw meseianaeth: mae'n ganolog yn ei nofel *Meibion Darogan* (1968) ac yn ei ddehongliad unigryw o Iesu o Nasareth yn ei gyfrol ddiwinyddol *Y Brenin Alltud* (1974). Fel mae Ioan Fedyddiwr yn baratoad ar gyfer Iesu, felly mae Elias John yn y nofel hon yn baratoad at y mab disgwyliedig a fydd yn fwy nag ef: 'Mi garwn ysgrifennu hanes Arthur Morgan, ond rhaid yw dechrau trwy roi darlun o yrfa ryfedd Elias John' (t.9). Bu raid i ddarllenwyr y Gymru real aros tan *Mabinogi Mwys* (1979) a *Gwas y Gwaredwr* (1991) i ddilyn helynt yr Arthur hwn a sylweddoli bod *Anadl o'r Uchelder* y gyntaf mewn cyfres o nofelau a fyddai'n mynd ag anturiaeth y Gymru newydd i'w phen draw eithaf. Ond yn 1958 mae'r disgwyliad am y Meseia yr un â'r dyhead am ddiwygiad crefyddol:

> Effeithiodd hyn yn hynod iawn ar y Mudiad Gweddi mewn nifer o'r capeli; wrth weddïo am ddeffroad Cristionogol dechreuodd cryn nifer o'r gweddïwyr erfyn ar Dduw anfon arweinydd i Gymru. Ni ellid sicrwydd weithiau ai rhyw Owain Glyndŵr ai rhyw Evan Roberts ai rhyw gyfuniad o'r ddau oedd ym meddwl y gweddïwyr . . . Bu hyn yn symbyliad i lawer weddïo'n daerach ac yn fwy agored am ddyfodiad un a allai uno a rhyddhau Cymru, a chredai rhai y byddai hyn yn foddion cychwyn oes newydd i Anglosacsonia a'r Gorllewin oll a'r byd. (t.82)

Craidd drama'r nofel yw tröedigaeth Elias John o fod yn efengylydd pietistig, anwleidyddol sydd â'i weinidogaeth yn cael ei noddi gan yr awdurdodau, i fod yn ddiwygiwr cymdeithasol eirias sy'n cyfuno egnïon yr adfywiad ysbrydol â neges radicalaidd sy'n tanseilio'r gyfundrefn lywodraethol. Caiff holl baraffernalia allanol yr ymgyrchoedd cenhadol eu cadw ond eu troi bellach yn arf yn erbyn y gormes gwleidyddol. 'Pregethodd Elias John y noson honno'n hynod afaelgar, a chodi yn y diwedd i'r fath uchelderau o ddigofaint dychrynllyd nes bwrw'r gynulleidfa i ryw barlys o ofn ac o gywilydd' (t.199). A dyma, i Pennar, gyfrinach ac arwriaeth pob pregethu mawr, sef argyhoeddi'r gydwybod o'r pechod sydd ynghlwm yn y gyfundrefn yn ogystal ag yn yr enaid unigol. 'Bu pawb a fu mewn cyffyrddiad ag ef yn ystod y misoedd hynny yn unfryd eu tystiolaeth na fu dim tebyg yng Nghymru er amser y Diwygiad Methodistaidd' (t.187), medd y nofelydd, gan fynd wedyn gam ymhellach: 'Mae'n debyg na chlywyd pregethu dewrach er adeg y Diwygiad Protestannaidd' (t.196)! Cynhyrchu math newydd o dröedigion a wnaeth yr adfywiad hwn, rhai sylweddol, deallgar a chanddynt gydwybod gymdeithasol; 'yr oedd natur yr ymateb yn hollol wahanol i'r teimladusrwydd ffuantus a fuasai mor gyffredin mewn ymgyrchoedd crefyddol llwyddiannus' (t.199). Dyma ddiwygiad crefyddol y gallai diwinydd radicalaidd o genedlaetholwr ei arddel heb orfod ymddiheuro amdano!

Beth a ellid ei ddweud am y nofel ryfedd hon? Byddai ei gwendidau yn ddigon i godi cywilydd ar lenor llai sicr ei amcan na Pennar Davies. Gyda'i hodrwydd yn fynych droi'n fisâr, mae difrifoldeb ei deunydd mewn perygl o gael ei orchuddio gan haen drwchus o gomedi anfwriadol. Er iddi gael ei llunio pan oedd y Rhyfel Oer ar ei anterth, prin fod y darlun o ormes gwladwriaethol yn argyhoeddi; ni cheir yma'r ymdeimlad o fygythiad arswydus sydd mor effeithiol yn *Nineteen Eighty-Four* George Orwell, er enghraifft. A dweud y gwir, mae hi fel petai Huw Hywel a'i ffrindiau'n byw bywyd digon difyrrus a rhydd er gwaethaf y sôn am ewthanasia gorfodol, arbrofion ar y byw, ysbytai-garchardai'r gyfundrefn hollbwerus, a pherygl y gyflafan olaf rhwng Anglosacsonia a'r elyn-wladwriaeth enfawr y tu hwnt i'r Llen Strontiwm. Doniol yn hytrach na difrifol yw'r cyfeiriadau at lygredigaethau rhywiol y dihirod tra bo'r disgrifiad o rialtwch hedonistig y wledd ym Mhlas Talgoed yn y bennod olaf, a Trwdi Gutyn yn hawlio bywyd Elias John fel Salome'n hawlio pen Ioan Fedyddiwr, yn fwy o bantomeim nag o drasiedi. Ond eto i gyd, mae angerdd yma ac ymgais i bortreadu cymeriadau diddorol a chymhleth eu gwead sy'n ymboeni am ystyr byw mewn byd technolegol a pheryglus. 'It is strangely fascinating', meddai'r diwinydd Glyn Richards, '[It] is concerned with the intense struggle that is going on for the soul of twentieth century man.'[14]

Tebyg oedd barn nofelydd a oedd yn fwy o lawer o blentyn Oes Fictoria nag awdur *Anadl o'r Uchelder* ac un na fyddai'n reddfol yn gwerthfawrogi ei fath ef o waith. Meddai Tegla Davies:

> Fy argyhoeddiad pendant wedi ei gorffen yw, mai dyma'r ymdrech fwyaf cawraidd sydd gennym i ddehongli'n hamgylchiadau echrydus heddiw mewn byd ac eglwys – y cerrynt croesion ofnadwy . . . sy'n bygwth

dinistrio'r byd; y creulonderau anhygoel a'r trythyllwch arswydus sydd wedi meddiannu'r gwladwriaethau, a diymadferthedd anobeithiol yr Eglwys yng nghanol y cwbl.[15]

Datgelai'r nofel holl ofnau a phryderon canol yr ugeinfed ganrif a hynny mewn gwedd Gymreig. 'Dr Pennar Davies finds a function for Welsh Nonconformity in the darkening years of possibly the last of the centuries', meddai Saunders Lewis gan adleisio gofid y cyfnod.[16] Nid dibwys mo'r cyfeiriad at grefydd oherwydd nofel Ymneilltuol yw hon sy'n deillio'n uniongyrchol o weledigaeth ddiwinyddol ei hawdur. 'Nid wyf yn siwr i ba raddau y mae ef ei hun yn credu yn ei weledigaeth', meddai John Rowlands amdani.[17] Y gwir yw i Pennar gredu yn y weledigaeth a bortreedir yma i fwy graddau nag y sylweddolodd ei ddarllenwyr erioed. Ac yntau'n argyhoeddedig y gallai'r Cristion, trwy fyw bywyd o ufudd-dod ac ymroddiad, brysuro dyfodiad y Deyrnas a phrofi buddugoliaeth derfynol Duw, prif angen Cymru oedd cael tywalltiad nerthol o'r Ysbryd Glân er mwyn troi'r delfryd hwnnw'n ffaith. Fel Elias John, 'Ni ddisgwyliai fuddugoliaeth fuan; ni ddisgwyliai fuddugoliaeth rwydd', ond eto roedd y proses wedi cychwyn a fyddai'n gweddnewid y greadigaeth gyfan:

> Credai ei fod ef, trwy ras anhygoel y Duw byw, wedi cael y fraint o gychwyn y cwrsweithrediad o ymddatodiad cynyddol yr oedd yn rhaid i wareiddiad dyn fynd trwyddo; credai fod gan Gymru ei rhan arbennig yn aeddfediad barn Duw ar y byd . . . fod athrylith grefyddol y Cymry'n offeryn yn llaw Rhagluniaeth i ryddhau Gair y Broffwydoliaeth, y Gair a fyddai'n tanseilio colofnau caer Anghrist; credai mai gwaith yr Eglwys Atgyfodedig, y gweddill ffyddlon ymroddedig, oedd prysuro dinistr y gwareiddiad caethiwus, trachwantus, godinebus, pechadurus a oedd yn ffynnu'n fileinig ar y ddwy ochr i'r Llen Strontiwm. Y gwaith a roddasai'r Arfaeth iddo ef oedd . . . dechrau mudiad a fyddai'n ymledu o ranbarth i ranbarth ac o wlad i wlad ac o'r naill ochr i'r Llen Strontiwm i'r llall . . . Ni all neb fanylu ar y pwnc hwnnw . . . Ond yn sicr bydd yr Eglwys Atgyfodedig yn llawenhau ym muddugoliaeth Duw a'i Grist. (t.174)

O'i throsi i ieithwedd lai nofelaidd, dyma'r rhaglen waith a osododd Pennar Davies iddo'i hun ac i'w gyd-Gristionogion yng nghanol ugeinfed ganrif oes cred.

Cyhoeddwyd ysgrifau hanes Pennar, *Episodes in the History of Brecknockshire Dissent*, yn gyfrol i nodi'r ffaith fod y Coleg Coffa, ar ôl dwy ganrif o wasanaeth yng nghylch Aberhonddu, ar fin cau ei ddrysau am y tro olaf ac uno gyda choleg Caerfyrddin i greu'r Coleg Coffa, Abertawe. Agorodd y coleg hwnnw ei byrth ym mis Medi 1959 ac o hynny ymlaen, Abertawe fyddai cartref Pennar, Rosemarie a'r plant. Ganwyd y pedwerydd plentyn, Hywel Martin, yn Aberhonddu, yng Ngorffennaf 1957 ond erbyn hynny roedd sôn am symud eisoes yn y gwynt. Daeth y cynnig i uno'r ddau goleg Annibynnol a oedd yn gwasanaethu de Cymru mewn man mwy cyfleus, mor gynnar ag 1948 ond ni wnaed dim amdano nes i'r Athro John Baillie a fu'n arwain y ddirprwyaeth yn 1954 gyhoeddi ei adroddiad y gwanwyn dilynol. Wedi ymweld â phob un o ganolfannau dysgu diwinyddiaeth ym Mhrifysgol Cymru gan gynnwys y colegau enwadol, awgrymodd y dylai'r Brifysgol ffederal fabwysiadu patrwm Bangor a chymell y colegau eglwysig i adleoli i adran brifysgol lle dysgid diwinyddiaeth eisoes, a chanoli'r dysgu yno. Trwy hyn gellid rhannu adnoddau, cynilo arian a dod â'r colegau ynysig i mewn i brif ffrwd y bywyd academaidd. Ofnodd y dirprwywyr fod myfyrwyr yn cael eu hamddifadu o'r profiad prifysgol cyflawn ac awgrymwyd yn gynnil y byddai eu staff, o ymuno ag adran ganolog, mewn gwell sefyllfa i gynhyrchu gwaith ymchwil o bwys. Ym Mangor roedd Adran Feiblaidd y Brifysgol, Coleg y Bedyddwyr, Coleg Annibynnol Bala-Bangor a'r Hostel Anglicanaidd wedi bod yn hyfforddi ymgeiswyr ar y cyd er 1922.[18] Yr unig fan a oedd yn cyfateb i Fangor yn ne Cymru oedd Caerdydd gyda'i hadran Ieithoedd Semitig a Choleg Bedyddwyr De Cymru. O dderbyn adroddiad y dirprwywyr, byddai'n rhaid i Goleg Coffa Aberhonddu a Choleg Presbyteraidd Caerfyrddin (heb sôn am golegau'r enwadau eraill) symud i brifddinas newydd Cymru yng Nghaerdydd.

I Pennar roedd adroddiad y dirprwywyr yn gwbl anfoddhaol. Wrth ymateb i'r adroddiad gerbron y Gyfadran Ddiwinyddiaeth a gyfarfu yn Amwythig ym Mai 1955, fe'i beirniadodd yn hallt. 'The visitors we have been having are erudite and worthy scholars', meddai, 'who are ignorant of our Welsh institution and totally ignorant of theological work done in the Welsh language.'[19] Mynnai fod athrawon y colegau enwadol wedi cyhoeddi gwaith academaidd o bwys ond, gan ei fod yn Gymraeg, fe'i hanwybyddwyd gan y pwyllgor. A chan na wyddent am gymhlethdodau enwadol Cymru a'i hanes crefyddol, ni allent farnu'r sefyllfa'n deg. Roedd yn bendant fod creu dwy ganolfan ddiwinyddol, y naill ym Mangor a'r llall yng Nghaerdydd, fel 'a remedy for all our ills', yn beth naïf. Aeth ati i wrthwynebu pob cymal o'r adroddiad ac ymwrthod â phob un argymhelliad a oedd ynddo.

Y gwir yw na fynnai Pennar fynd i Gaerdydd dros ei grogi. Roedd rhesymu'r dirprwywyr (a oedd yn cynnwys yr Athro J. R. Jones a wyddai'n iawn am neilltuolrwydd y cefndir Cymraeg) yn gytbwys a rhesymol. Roedd eu beirniadaeth ysgafn ar gynnyrch academaidd y staff yn llygad ei lle. Roedd y colegau diwinyddol yn ddiarhebol ers blynyddoedd am fethu â chyhoeddi gwaith academaidd o'r radd flaenaf. Esgus rhy hwylus o lawer oedd i'w staff wneud eu gwaith drwy gyfrwng y Gymraeg. Mewn gwirionedd tenau braidd (gydag ambell eithriad disglair), oedd ansawdd athrawon y colegau enwadol, fel y gwyddai Pennar yn burion. Ond mynnai wneud ei orau i rwystro unrhyw symudiad tuag at ymuno â'r brifysgol yng Nghaerdydd. Arswydai rhag mynd yno am ddau reswm: ofnai y byddai ei goleg yn cael ei lyncu gan adran academaidd a fyddai â'i statws yn uwch nag ef, a gwyddai hefyd na roddid y lle teilwng i'r Gymraeg. 'The tendency of a university school of theology', meddai, 'is for the theological colleges to cease to be equal partners and to be reduced to a position of subordination to the university college.' Byddai'r canlyniad seicolegol i hyn yn ddifaol; golygai 'the lowering of the prestige of the theological college tutors in the eyes of their students and all concerned'.[20] Mewn sefyllfa o'r fath rhagwelai y byddai hygrededd academaidd ei gyd-athrawon yn dioddef yn enbyd. Nid oedd yn sail ddiogel i gynllunio'n hyderus tuag at y dyfodol.

Dymuniad Pennar a rhai arweinwyr dylanwadol eraill oedd lleoli'r coleg unedig nid yng Nghaerdydd ond yn Abertawe. Yn ogystal â bod yn hwylus i eglwysi Saesneg dwyrain Morgannwg a Gwent, roedd Abertawe yn nes o lawer at drwch eglwysi Cymraeg siroedd y gorllewin. Er bod yn y dref goleg prifysgol, ni ddysgid diwinyddiaeth yno; ni fyddai'n fygythiad, felly, i'r Coleg Coffa ar ei newydd wedd. Gellid meithrin cysylltiad â Choleg y Brifysgol heb gael ei lyncu ganddo. Y broblem fyddai darbwyllo cefnogwyr Aberhonddu o ddoethineb y dewis – roedd Aberhonddu'n tynnu'n reddfol tuag at Gaerdydd – a chael gan selogion Caerfyrddin roi'r gorau i gyfrannu addysg ddiwinyddol mewn tref a fu'n gartref i academi Anghydffurfiol er y ddeunawfed ganrif. Ni fyddai'n dasg hawdd. Erbyn hynny roedd swyddogion y Coleg Coffa yn ogystal â'r staff yn gytûn ar briodoldeb uno ac erbyn 1958 roedd y drafodaeth gyhoeddus yn poethi. Ond wrth i'r wythnosau fynd heibio daeth hi'n gynyddol amlwg fod rhai o swyddogion pwyllgor Aberhonddu – a hwythau eisoes wedi cydsynio â'r uno – am warchod y *status quo*.

Daeth y tensiynau i'r golwg yng nghyfarfod blynyddol tanysgrifwyr y Coleg ar 24 Gorffennaf pan gafwyd canfasio brwd ymhlith y darpar bleidleiswyr er mwyn gwrthod argymhelliad yr uno. Creodd hyn ddiflastod eithriadol ac roedd brad y swyddogion yn gymaint loes i Pennar nes iddo ymateb yn gyhoeddus iddynt mewn llith yn *Y Tyst*. Crynhodd y sefyllfa trwy sôn am y '[d]drwgdybiaeth a droes erbyn hyn yn ddiflastod ac yn ddrewdod yn nhref Aberhonddu ei hun yn ogystal â thrwy Gymru gyfan'.[21] Roedd ei feirniadaeth ar swyddogion ei goleg ei hun yn finiog ac yn arwydd clir fod ei deimladau wedi'u corddi i'r eithaf. Aeth y llythyru ymlaen trwy'r hydref nes i olygydd *Y Tyst* orfod rhoi pen ar y drafodaeth ar 22 Ionawr 1959. Roedd y ddau goleg eisoes wedi creu pwyllgor llywio er mwyn goruchwylio'r uno gan roi'r hawl iddo ddewis man priodol ar gyfer lleoli'r coleg. Roedd y cyfundebau lleol bob yn un ac un wedi cymeradwyo'r symud, a daeth hi'n amlwg erbyn hynny mai Abertawe fyddai cartref y sefydliad newydd. Yn Chwefror 1959 penderfynwyd yn derfynol ar y cynllun ac aed ati i lunio cyfansoddiad ar gyfer y coleg, ac mewn cyfarfod pwysig yng Nghastell-nedd ar 10 Ebrill, dyna danysgrifwyr Aberhonddu yn pleidleisio gyda mwyafrif mawr o blaid uno yn Abertawe gyda Choleg Presbyteraidd Caerfyrddin. Pennar a fyddai'n brifathro'r sefydliad newydd gyda D. P. Roberts o Gaerfyrddin a D. L. Trefor Evans o Aberhonddu yn athrawon. Prynwyd tŷ helaeth yn y Ffynhonnau, tua milltir a hanner o ganol tref Abertawe, yn lluest ar gyfer y coleg newydd – a gariodd o Aberhonddu yr enw Coleg Coffa – ac agorodd ei ddrysau ym Medi 1959 gyda deunaw o fyfyrwyr. Gyda hynny daeth y saga, i bob pwrpas, i ben.

Gresyn na fyddai'n bosibl cofnodi, hyd yn oed o'r pellter hwn, fod y symudiad wedi bod yn ddianaf. Clwyfwyd Pennar gan weithred ei swyddogion yn Aberhonddu ac, yn ei siom, clwyfodd Pennar yntau rai hefyd. Y mwyaf sylweddol o athrawon y Coleg Coffa, wedi ymddeoliad terfynol Vernon Lewis yn 1956, oedd Isaac Thomas. Yn frodor o'r Tymbl, Llanelli, ac yn raddedig o Brifysgol Cymru, Caerdydd, roedd wedi gwasanaethu'r coleg er 1947 yn gyntaf fel Athro Hanes yr Eglwys ac yna fel Athro Testament Newydd. Roedd yn ŵr unplyg a bonheddig, yn Annibynnwr cydwybodol ac, yn wahanol i rai o athrawon y colegau diwinyddol, yn ysgolhaig o'r radd flaenaf. Aeth ymlaen i wneud cyfraniad unigryw i ddysg feiblaidd yng Nghymru.[22] Bu ef a Pennar yn gyfeillion cywir. Yn wir, wrth i ddyddiadur enaid Pennar ymddangos o wythnos i wythnos yn *Y Tyst* yn 1955, Isaac oedd y cyntaf i ddarganfod cyfrinach ei awduraeth. 'Daeth cyfaill ataf, un o ragorolion y ddaear', ysgrifennodd Pennar ar 1 Ebrill 1955, 'gŵr praff ei feddwl a glân ei ysbryd, a dweud wrthyf ei fod yn sicr mai myfi yw y Brawd o Radd Isel. Gwenais fel ffŵl Ebrill a chydnabod fy euogrwydd. Diolch gyfaill, am graffter a haelioni a thrugaredd.'²³ Gwyddai Isaac Thomas gystal â neb pa ddyfodol a oedd o flaen y colegau diwinyddol yng Nghymru. Gwyddai hefyd na fyddai lle i fwy nag un Athro Testament Newydd yng ngholeg newydd de Cymru. Bu iddo ildio un gadair eisoes pan benodwyd Pennar i Aberhonddu yn Athro Hanes yr Eglwys yn 1950, a Pennar, nid yntau, a ddewiswyd yn brifathro ddwy flynedd yn ddiweddarach. Nid oedd sicrwydd eto beth fyddai'i swyddogaeth oddi mewn i'r gyfundrefn newydd. Felly pan hysbysebwyd swydd darlithydd mewn Astudiaethau Beiblaidd yn y Brifysgol ym Mangor yn 1958, ymgeisiodd amdani a'i chael. Fel Pennar yntau ddeuddeng mlynedd ynghynt, dyma Isaac Thomas yn derbyn swydd nid mewn eglwys na choleg diwinyddol ond mewn adran academaidd prifysgol secwlar. Byddai'r cyflog yn sylweddol fwy na'r hyn a oedd yn bosibl mewn coleg diwinyddol. Roedd y peth yn ergyd i Pennar ac yn siom.

Yn rhifyn y gaeaf 1958 o'r cylchgrawn llenyddol *Y Genhinen*, ymddangosodd cerdd gan Pennar o dan y teitl 'Y Capten Coll'. Roedd yn gyfaddasiad o gân Robert Browning 'The Lost Leader', cân sy'n feirniadaeth giaidd ar William Wordsworth am gefnu ar ei radicaliaeth gynnar a chymrodeddu â'r sefydliad pan gafodd ei benodi'n Fardd y Brenin:

> Just for a handful of silver he left us,
> Just for a riband to stick in his coat.²⁴

Yn wahanol i'r gerdd wreiddiol, roedd 'Y Capten Coll' wedi'i chyflwyno 'ar gyfer Cymru ac Annibyniaeth'.

> Dim ond am ddyrnaid o aur y'n gadawodd,
> Am ryw hen daclau i'w dangos i'r byd.
> Cafodd yr hyn nad yw gennym, a thawodd.
> Talodd trwy golli'n trysorau i gyd.
> Gan wŷr y miloedd y cafodd ei gannoedd,
> Bach oedd ei wobor wrth gyfoeth y rhain –
> A ninnau mor barod i rannu'n ceiniogau –
> A'n coron – ond ni fynnai goron o ddrain!
> Ninnau oedd wedi ei barchu a'i garu
> A byw dan ei drem, yn ei harddwch a'i hedd,
> Dysgu ei fawriaith, adleisio'i acenion,
> A'i wneud ef yn batrwm mewn brwydr a bedd!
> Drosom roedd Penri, Llwyd, Cradoc, Fafasor,

S.R., Ieuan Gwynedd – y meirwon sy'n fyw,
'Does neb ond hwn sydd yn gwadu'r rhyddfreiniau
Yn cilio o'r ymladd, yn dofi ei Dduw!

Rhagom yr awn – heb ddim o'i gefnogaeth,
Daw gair i'n nerthu – ond nid ganddo ef.
Ni bydd ei gleddyf yn rhan o'n harfogaeth
Mae mawl i'r daearol yn watwar i'r nef.
Dilea ei enw, y gwrthgiliwr a gollwyd,
Un arall yw hwn sydd yn dianc yn drist –
Un grechwen yn rhagor i Satan ac Uffern,
Un cam ychwanegol â Chymru a Christ!
Dyfod mae'r nos. Na ddoed ef yn ôl inni,
Na ddoed ag amheuaeth, petruster a loes –
Ninnau'n ymdrechu i foli ei gyfnos
Ac eto'n hiraethu am fore ei oes!
Ymlaen â'r gâd – dyma'r neges – a brwydro,
Sigo ein heinioes cyn rhoi iddo hoen.
Wedyn derbynied oleuni a chymod,
Ei faddau'n y nef, yr agosaf i'r Oen.[25]

Isaac Thomas oedd 'y gwrthgiliwr a gollwyd' ac, i Pennar, rhesymau hunananol ac ariangar a barodd iddo gefnu ar y gwaith. 'Professor Isaac Thomas', meddai, mewn llythyr preifat, 'is abandoning the cause of the ministry in the present crisis to enjoy comparative ease and affluence in a solely academic position.'[26] Roedd y cyhuddiad yn annheilwng a'r ergyd yn greulon. Ni allai Pennar gelu ei siom ac ymylai ei ddrwgdeimlad ar gasineb agored. Nid oedd syndod i'r cyfeillgarwch rhyngddynt oeri. 'Yr unig ddylanwad a ges i arno', meddai Isaac Thomas, 'oedd y siom chwerw a fynegodd wrth imi gefnu ar y Coleg Coffa (a'r dadleuon ffyrnig ynghylch lleoliad y Coleg Unedig) i gymryd swydd darlithydd yng Ngholeg y Brifysgol Bangor er mai ei dystiolaeth ef ei hun, yn rhannol o leiaf, a ddaeth â'r swydd honno imi.'[27] Er gwaethaf canmoliaeth ddibrin Isaac o'i gyd-weithiwr cynt, nid oedd y briw wedi llwyr wella dros ddeugain mlynedd yn ddiweddarach. O ran Pennar yntau, roedd y ffaith iddo beidio â chynnwys y gân hon yn yr un o'i gasgliadau o gerddi na chyfeirio ati, nac at achlysur ei chyfansoddi, fyth wedyn yn awgrymu nad oedd yn gwbl esmwyth ei gydwybod yn ei chylch. Am y cymhelliad i lunio'r gerdd yn y lle cyntaf a'i chyhoeddi yng ngolwg y byd, roedd yn arwydd nad oedd yr hen ddyngasedd a andwyodd ei fywyd pan oedd yn ŵr ifanc eto wedi ei ddileu. Roedd yn fefl rhyfedd – a bron na ddywedwn, yn yr achos hwn, yn weithred anesgusodol – mewn cymeriad a oedd, fel y cyfeddyf pawb, yn un cywir a glân. Roedd hi'n amlwg fod sancteiddrwydd yn rhywbeth a oedd yn haws i Pennar ysgrifennu amdano yn hytrach na'i arddangos yn ddi-feth yn ei fywyd ei hun. Cyn dechrau ar bennod newydd ei fywyd yn Abertawe, cymerodd Pennar a Rosemarie amser iddynt eu hunain, ac yn haf 1959 aethant ar 'yr ail fis mêl'. Diau eu bod yn ei haeddu. Ni fu'n hawdd ar Rosemarie, yn gorfod magu nythaid o blant heb fymryn o gymorth ar gyflog hynod fach mewn tŷ gothig o anghyfleus mewn gwlad estron. Cymraeg oedd iaith yr aelwyd yn Aberhonddu Seisnigaidd, a honno nid yn ail iaith ond yn drydedd iaith iddi hi. Yn anaml iawn y câi ymweld â'i theulu yn yr Almaen, felly wedi gwneud trefniadau i eraill ofalu am y plant, dyma hwy'n cychwyn am orsaf Paddington ar 3 Awst er mwyn treulio tair wythnos orfoleddus ddigyfrifoldeb ar y cyfandir. Mewn ysgrifen annodweddiadol o aflêr, cadwodd Pennar gofnod o'r achlysur. Rhyfeddai at y golygfeydd wrth ymdeithio ac roedd cwirciau'i gyd-deithwyr yn destun difyrrwch parhaus: 'Tair lleian yn yfed pop', meddai wrth gyfeirio at y daith rhwng Dover ac Ostend.[28] Anelu am ddinas Köln yn yr Almaen oedd y bwriad a dyma'i chyrraedd erbyn trannoeth. O'r fan honno aethant i München ac aros mewn gwesty neu *Hospiz*. (Pan ymddangosodd ei gyfrol farddoniaeth *Y Tlws yn y Lotws* (1971) roedd y gân serch dyner 'Mewn Hospiz yn München' yn cyfeirio'n rhamantus ddigon at yr achlysur.)

Erbyn diwedd yr wythnos yr oeddent wedi cyfarfod â mam a chwaer Rosemarie, sef Héléne a Brigitte, ac yn cael amser ardderchog yn eu cwmni. Pensaernïaeth adeiladau hynafol a gogoniannau celf aeth â bri Pennar fwyaf yn y dinasoedd, a mwynhad cerdded mynyddoedd a bod yn yr awyr iach wedi iddynt gyrraedd cefn gwlad. Ar Sul 9 Awst 'codi'n fore a mynd i'r eglwys cyn brecwast. Offeren fer heb bregeth. Aeth rhai o'r ffyddloniaid i gymuno.' Roedd y gwahaniaeth rhwng moelni'r addoli Ymneilltuol a Chatholigiaeth symbolgar yr Almaen yn drawiadol iawn. 'Llawer o ymgroesi a phlygu glin a chryn dipyn o ganu clychau. Cawsom flas ar wrando'r offeiriad yn darllen dameg y Samariad Trugarog yn Almaeneg. Dim thus!' (t.7). Wedi cyrraedd y mynyddoedd mae'n cofnodi taith drên yng nghwmni haid o dwristiaid ac yn eu plith deulu o Americaniaid o dras Affricanaidd a theulu o Siapan. Roedd Rosemarie wedi sylwi ar harddwch plant yr Americaniaid: 'he is like my own baby' (t.10), meddai hi am yr ieuengaf ac o hynny ymlaen ni fu pall ar y cyddrafod. 'Profiad od', meddai wrth gofnodi'r achlysur. 'Ffieiddio'r holl

ddynol ryw fel y'i cynrychiolir gan yr heidiau o dwristiaid, ond ym-
deimlo bron hyd ddagrau â'r cariad a'n lluniodd ni i gyd i fod yn un'
(t.11). Rhwng popeth roedd y gwyliau yn adnewyddiad ysbryd i'r ddau
ohonynt, ac wedi cyrraedd yn ôl ar 21 Awst, roeddent yn barod ar gyfer
symud i Abertawe a fyddai'n agor pennod arall o'u bywyd ynghyd.

7 ␣ Cyffro'r Chwedegau, 1960–1969

Roedd y 1960au yn ddegawd gweithgar a phroffidiol yn hanes Pennar Davies. Roedd y teulu yn sefydlog yn eu cartref newydd yn Abertawe, roedd y Coleg Coffa mewn safle i fanteisio ar ei leoliad newydd mewn tref brifysgol a oedd hefyd yng nghanol grym Annibynia y de-orllewin, ac roedd Pennar wedi ennill ei le fel un yr oedd ei farn yn cyfrif yng nghylchoedd crefydd a llên. Er nad oedd yn wleidydd greddfol roedd yn un o selogion Plaid Cymru, a chyn diwedd y cyfnod byddai wedi ymladd am sedd seneddol Llanelli yn erbyn neb llai na James Griffiths, ysgrifennydd gwladol cyntaf Cymru ac eilun y Blaid Lafur, yn etholiadau cyffredinol 1964 a 1966. Bach oedd cyfran ei bleidleisiau (7 y cant y tro cyntaf a bron i 11 y cant yr ail dro), ond mater o ddyletswydd oedd y gweithgareddau hyn yn hytrach nag o wir fwynhad. Llawer difyrrach iddo oedd rhannu bywyd y teulu a mwynhau cwmni'r plant. Erbyn 1960 roedd Meirion yn yr ysgol uwchradd, Ysgol Ramadeg Dinefwr, yn astudio ar gyfer ei lefel O; roedd Rhiannon yn 13 oed, Geraint yn saith oed a Hywel, babi'r teulu, ond yn dair. Câi Owain, y plentyn olaf, ei eni yn Ysbyty Hill House yn y dref yn 1961. Yr unig gwmwl oedd i Mrs Edith Davies, mam Pennar, farw yn 81 oed ym mis Mawrth yr un flwyddyn. Buasai'r cwlwm rhyngddi a'i mab yn un rhyfeddol o dynn, a bu'n byw ar aelwyd Pennar a Rosemarie am gyfnodau er dyddiau Aberhonddu. Roedd ei marw hi yn nodi diwedd cyfnod ym mywyd ei mab.

Er mai llenor creadigol oedd Pennar o ran ei ddiléit, hanesydd eglwysig ydoedd o ran ei broffes. Byth oddi ar ei dröedigaeth, roedd hanes wedi bod yn bwysig iddo. Nid rhywbeth unigolyddol oedd Cristionogaeth yn ei dyb ond rhywbeth a'i gwreiddiodd mewn traddodiad a hwnnw'n draddodiad Cymreig. 'Take the Christian movement out of Welsh history', meddai, 'and there is nothing left worth speaking of . . . As a nation we sprang from the womb of the Christian church. [Wales] has ever since preserved a conscious loyalty to the Christian movement.'[1] Er na throes erioed yn hanesydd academaidd o bwys yn null Geoffrey F. Nuttall, Glanmor Williams (a oedd bellach yn gymydog iddo ac ar staff Adran Hanes Coleg y Brifysgol Abertawe) neu R. Tudur Jones, roedd ei afael ar y gorffennol Cristionogol yn gadarn a'i ddehongliad ohono yn graff. Fe'i swynwyd yn arbennig gan ddau gyfnod: y cyfnod Protestannaidd modern, o adeg y Piwritaniaid ymlaen, a'r cyfnod cynnar gan ganolbwyntio ar yr hyn a elwir erbyn heddiw yn 'ysbrydolrwydd Celtaidd'. Yn ystod y 1960au, cafodd gyfle i ddatblygu'i syniadau ar y ddau faes hyn.

Ar wahân i'w bapur ar y cysylltiad rhwng crefydd a llên yng nghyfnod Cromwell a roes fel anerchiad yng nghyfarfod Cymdeithas Hanes yr Annibynwyr yn Undeb Pen-y-groes, Sir Gaernarfon, yn 1954, y gyfres ysgrifau a brofodd ei fedr fel hanesydd eglwysig oedd ei *Episodes in the History of Brecknockshire Dissent* (1959). Fel y nodwyd eisoes, cafodd ganmoliaeth hael amdanynt gan haneswyr Ymneilltuol Lloegr a does dim modd gwadu eu harddderchowgrwydd. Roedd gafael Pennar ar ffeithiau dryslyd Piwritaniaeth y gororau'n ddi-feth ac mae ei allu i weu stori gynhyrfus ohonynt yn gyfareddol. Daw'r cymeriadau'n fyw o flaen ein llygaid, a'u bywydau cyffredin (y mwyafrif ohonynt) yn ddrama gyffrous. Yr un ddewiniaeth storïol a hoywder ymadrodd a ddaeth i'r golwg yn ei lyfryn Saesneg *John Penry* (1961). Dehongli un o arwyr y Cymry i'r Saeson oedd ei nod, ac wrth ei wneud try diwygiwr Cefn-brith yn rhyw fath o Dwm Siôn Cati crefyddol. Gwyddai Pennar yn burion fod y conensws academaidd wedi ymwrthod â'r farn mai Penry oedd Martin Marprelate, y pamffledwr Elisabethaidd dychanus a thafotrwg. Roedd Penry yn ddwys ac yn ddihiwmor, a Martin yn sionc, yn ysgafnfryd ac yn odidog o amharchus. I Pennar nid penboethyn ystrywgar mo'r Cymro o Gefn-brith a wyddai am realiti caled gwleidyddiaeth grym, ond arwr delfrydgar a fu farw yn rhy ifanc o lawer dros Gymru a thros Anghydffurfiaeth Gymreig: 'He died as one who dared to question the credentials of those who held sway in the state controlled church.'[2]

Roedd y berthynas rhwng eglwys a gwladwriaeth yn fater trafodaeth fywiog yn 1962, trichanmlwyddiant genedigaeth Ymneilltuaeth fodern. Fel rhan o'r dathliadau golygodd y gyfrol *Rhyddid ac Undeb*, a'i ysgrif '1660–62: y cefndir a'r canlyniadau' ymhlith y praffaf ynddi. Hanesyddiaeth ymrwymedig a geir yma hefyd; meistrolaeth ar y ffeithiau ynghyd â dehongliad Anghydffurfiol pendant ohonynt: 'Nid geni fu yn 1662 ond claddu – claddu'r ymgais Biwritanaidd i geisio diwygio a phuro'r Eglwys drwy'r wladwriaeth.'[3] Fel y gwelwyd yn ei gyfrol gynharach *Y Ddau Gleddyf*, nid anarchydd mo Pennar; ni fynn ymwrthod â'r wladwriaeth na bychanu dim ar ei phwysigrwydd. Mae i'r wladwriaeth ei lle oddi mewn i arfaeth Duw ond iddi hi beidio â threisio cydwybod ei deiliaid nac ymyrryd yng ngweithgareddau'r eglwys.

Nid negyddol . . . nac ymwrthodol yw agwedd y Gristionogaeth Feiblaidd tuag at [y wladwriaeth]. Mae'r weledigaeth am y Ddinas Sanctaidd, y Jerwsalem Newydd ar ddiwedd y Testament Newydd, fel y disgwyliad mesianaidd sydd yn rhedeg trwy'r Ysgrythurau i gyd, yn cysegru gwareiddiad, yn hytrach na chyntefigrwydd neu farbareiddiwch, fel cyfrwng y ddynoliaeth newydd.[4]

Ond eto, yr eglwys, y genedl ac nid y wladwriaeth sydd uchaf eu bri yn ei olwg. Yr un weledigaeth sy'n cynnal y gyfres o weithiau hyn: bod Ymneilltuaeth yn ffrwyth rhyddid sofran yr Ysbryd, bod yr Ysbryd hwnnw yn creu math arbennig o Gristionogaeth sy'n rhydd oddi wrth lyffetheiriau hierarchi, cyfundrefn a gwladwriaeth ac oherwydd ei radicaliaeth hanfodol yn her i ormes o bob math. Nid yw'n dehongli Ymneilltuaeth yn nhermau math arbennig o gredo (oherwydd Calfiniaid fu trwch Ymneilltuwyr Cymru er bod Pennar erbyn hyn yn Belagydd diamwys) ac ni ddywed fawr am le'r Beibl oddi mewn i'w threfn. Yn hytrach 'the cause of radical and free Christianity'[5] yw craidd y mudiad iddo ef. Nid ymchwilydd mo Pennar yn yr ysgrifau hyn ond dehonglwr. Saif ar ysgwyddau haneswyr a fu o'i flaen gan saernïo athrawiaeth ramantaidd, radicalaidd ei naws, o'r defnyddiau sydd eisoes wrth law. Os oedd i'r dehongliad ei wendidau fel darn o hanesyddiaeth, roedd ei gryfder yn ei swyn. Gallai ysbarduno Ymneilltuwyr Cymreig cyfoes i ymfalchïo yn eu tras a'u hargyhoeddi bod y gwerthoedd Cristionogol yn rhai dyrchafol a nobl ac yn werth dioddef drostynt o hyd. A phan oedd y ffydd ei hun dan warchae yn y 1960au, nid cymwynas ddibwys oedd hon.

Parhaodd gyda'i ddiddordeb mewn ysbrydolrwydd a'r bywyd mewnol. Yn 1962 cyhoeddodd Undeb yr Annibynwyr Cymraeg *Llyfr Gwasanaeth* gyda champwaith o ragymadrodd ar egwyddorion addoli gan y diwinydd o Gaerfyrddin, yr Athro W. B. Griffiths. Yn ogystal â bod yn ganllaw diogel ar gyfer addoli cyhoeddus ac yn fwynglawdd ardderchog at ddiben defosiwn personol, mae'n cynnwys toreth o weddïau wedi eu cywain o hen litwrgïau yr oedd Pennar wedi bod yn eu casglu ar hyd y blynydd-oedd.[6] Roedd stamp Nathaniel Micklem ar y casgliad hwn,[7] a naws 'catholig' Coleg Mansfield yn ei nodweddu. Er bod Pennar wedi cefnu yn bur drylwyr erbyn hyn ar yr 'uchel-eglwysyddiaeth' Annibynnol y bu'n ei harddel yng nghanol y 1940au, roedd cyfaredd y bywyd ysbrydol yn ei ddenu o hyd a mynnai fod yna gyfoeth parhaol yn nhraddodiad addolgar yr eglwysi litwrgïaidd. Nid yw'n amhosibl, ychwaith, fod y Lwtheriaeth y daeth ef erbyn hyn yn hen gyfarwydd â hi trwy gyfrwng ei wraig, wedi gadael ei hôl arno. 'Cofiaf fynegi syndod untro', meddai Guto Prys ap Gwynfor,

> pan ymwelais a'r aelwyd cyn y Nadolig tua 1980, o weld cymaint o 'ddelwau' yn cael eu harddangos. Atebodd taw arfer Lwtheraidd oedd hynny, ac ychwanegodd ei fod wedi dod i gredu bod gwerth aruthrol mewn 'symbolau' ac 'arferion' i helpu addoliad.[8]

Beth bynnag am hynny, roedd y *Llyfr Gwasanaeth* yn un o uchafbwyntiau hanes addoli yr ugeinfed ganrif yn Gymraeg, ac erys casgliad gweddïau Pennar yn un o'i hynodion o hyd.

Er bod ei fywyd yn gyfyngedig i Gymru erbyn hyn, gan ganoli ar weithgareddau cyfyngach Ymneilltuaeth Gymreig, dinesydd byd oedd Pennar a'i orwelion yr un mor eang ag erioed. Oherwydd canmoliaeth Saunders Lewis yn bennaf mewn adolygiad Saesneg, cynigiodd *Anadl o'r Uchelder* i dŷ cyhoeddi yn Llundain. *Being and Breath* oedd y teitl a roes ar ei gyfieithiad, ond yr un oedd ymateb Victor Gollancz a George Harrap, sef bod ei chynnwys yn rhy ddieithr i gynulleidfa Saesneg allu ei gwerthfawrogi: 'Ideas expressed in one language do not readily translate except on the lowest planes. Emotionally they certainly do not.'[9] Er bod i'r nofel ei rhinweddau, mae'n anodd gweld sut y gallai gweithgareddau apocalyptaidd ymysg capelwyr cenedlaetholgar apelio at *literati* Llundain ar ddechrau'r 'swinging sixties', ac roedd odrwydd hanfodol y nofel yn milwrio yn erbyn ei llwyddiant y tu allan i gylch y sawl a oedd yn ymdeimlo ag argyfwng Cymru ar y pryd. Ond tipyn o siom oedd y gwrthodiad hwn i Pennar serch hynny. Cadwyd ef mewn cysylltiad â'r hyn oedd yn digwydd y tu hwnt i'r Iwerydd gan Clem Linnenberg, ac ef a fynegodd y pryder a oedd yn cael ei deimlo yn ystod y 1960au ar ddwy ochr y môr:

> The bombing of a church and its congregation with the slaughter of four young girls, this and the other outrages against negroes in Birmingham, Alabama, on Sunday September 15, leaves me not only furious but more deeply disturbed than I have been by anything in a very long time . . . Governor Wallace of Alabama is fully as responsible for those atrocities as the person who threw the bomb. He has gone to fantastic lengths to demonstrate that he favors using barbarous measures against negroes.[10]

Pe na bai'r Rhyfel Oer a bygythiad cyflafan atomig yn ddigon, roedd anghyfiawnder cymdeithasol cyfandir arall yn fater gofid i Gristionogion a dyngarwyr ym mhob man. Ar 22 Tachwedd 1963, yn Dallas, Texas – talaith enedigol Clem Linnenberg – saethwyd John F. Kennedy yn farw gan Lee Harvey Oswald. Buasai sain y fwled honno'n diasbedain trwy'r byd i gyd. 'It was a great solace to have your compassionate and perceptive letter of November 24 about the murder of President Kennedy', ysgrifennodd Linnenberg. Gwyddai Pennar am ymlyniad ei gyfaill i'r Blaid Ddemocrataidd a'i edmygedd mawr o'r arlywydd, ac roedd y ddau ohonynt yn rhannu'r un delfrydau rhyddfrydig a dyngarol. 'He was gifted, urbane, and strongly motivated for the good of mankind . . . We are having a very difficult time accepting the fact of his death.'[11]

Wrth i'r digwyddiadau aruthr hyn ymagor ar lwyfan y byd, roedd Pennar yr un mor ddiwyd ag erioed yn ei astudiaethau. Nid duwioldeb a hanes Ymneilltuaeth oedd yr unig feysydd iddo ymddiddori ynddynt, fel y gwelir yn ei gyfrol uchelgeisiol *Rhwng Chwedl a Chredo* (1966). 'Ailystyried rhai agweddau ar ein llên a'n hanes o'r safbwynt diwinyddol' yw ei amcan yno, ac olrhain 'yr ymdoddi a fu rhwng y baganiaeth Frythonig a'r Gristionogaeth ymhlith yr hen Gymry'.[12] Cyn bod sôn am Gristionogaeth Geltaidd a ffasiynau o'r fath, dyma gyfrol sy'n gafael mewn themâu Celtaidd ac yn rhoi tro tra 'Pennaraidd' yn eu cynffon. Daw'r holl fotifau y daethom yn gyfarwydd â hwy yn ei waith cynharach i'r golwg yma megis unoliaeth waelodol bywyd, meseianaeth a Phelagiaeth. Nododd ei edmygedd pendant o Pelagius mewn ysgrif feiddgar yn 1959. Gan fanteisio ar ysgolheictod diweddar o'r Almaen ac o'r Alban, mynnai achub cam y Brython a wrthwynebwyd mor benderfynol gan Awstin Fawr yn y bumed ganrif, a darbwyllo'i ddarllenwyr nad heretig ydoedd ond un a haeddai gefnogaeth pob Cymro gwlatgar, cyfoes. O'i gymharu â'r bri a roddwyd i ddihirod fel Athanasius a Cyril o Alexandria, 'mae'r driniaeth a gafodd Pelagius yn . . . alaethus', meddai. Roedd hi'n hen bryd cydnabod camp a chyfraniad y 'Cristion praff, dewr a diffuant' hwn.[13] Wedi disgrifio gwaith yr ysgolheigion Torgny Bohlin a John Ferguson – roedd hyn ymhell cyn i B. R. Rees gyhoeddi ffrwyth ei ymchwil fanwl ar y gwrthrych[14] – mynnai fod Pelagius yn fwy beiblaidd o lawer nag y cydnabu'r uniongrededd ddiweddarach, ac awgryma fod y cyfuniad optimistaidd o natur a gras a geir yn ei syniadaeth yn nodweddiadol o ffydd y Cristionogion Cymraeg cynharaf: 'Mae'n fwy na phosibl bod pwyslais Pelagius yn fynegiant i fath ymdrechgar o Gristionogaeth a oedd yn dod i'r amlwg ymhlith y Brythoniaid.'[15] Erbyn *Rhwng Chwedl a Chredo* troes yr awgrym hwn yn ffaith. Wedi darlunio tarddiad y Celtiaid

a thwf y Brythoniaid, tywysa'r darllenydd trwy ddrysni'r pantheon Celt-
aidd gan fynegi sut y gadawodd y duwiau eu hôl ar chwedlau'r Oesoedd
Canol. Mae'n dadelfennu natur derwyddiaeth, yn enwedig y syniad
o drawsfudiad (*metempsychosis*) neu *karma* fel yng nghrefyddau'r
Dwyrain: 'Ni ellir osgoi'r casgliad fod yr hen Geltiaid yn ymglywed ag
ymarllwys bywyd o'r naill lestr i'r llall ac ag unoliaeth hanfodol bywyd lle
bynnag y bo',[16] tra mynn fod ein Cristionogaeth gyntefig yn drindodaidd,
yn gyfannol ac yn optimistig ynghylch tynged dyn. Roedd y Celtiaid
eisoes wedi paratoi'r ffordd ar ei chyfer gyda'u crefyddolder triphlyg,
pantheistig a moesegol ei naws:

> Hwyrach na fyddwn ymhell o'n lle [meddai, mewn paragraff gor-
> dechnegol, braidd] os crynhown ein casgliadau a dweud fod Criston-
> ogaeth y Brytaniaid, felly, yn Drindodaidd, yn wrth-Ariaidd, gyda thuedd
> at Sabeliaeth; ac ar yr un pryd yn wrth-ddeuolaidd, yn wrth-Gnostig, yn
> wrth-Fanicheaidd – ac yn naturiol, cyn pen llawer o amser, yn wrth-
> Awstinaidd, gyda thuedd at Belagiaeth. Cawn beth cadarnhad i hyn yn
> llenyddiaeth Gymraeg yr oesoedd cynnar a chanol. (t.54)[17]

Yr arwr mawr eto yw Pelagius sy'n crynhoi, i Pennar, bob rhinwedd
diwinyddol; gŵr a fynegodd athrylith grefyddol y Cymry cyn iddi gael ei
llygru gan Awstiniaeth Rufain a'r Galfiniaeth a ddaeth yn ei sgil. Hon
oedd 'y ddiwinyddiaeth Frutanaidd' (t.57) a fynnodd fod gras yn ymhlyg
yn y greadigaeth a thrwy hynny yn galluogi dyn, trwy gyfrwng ei gyn-
eddfau ei hun, i weithredu'n foesegol ac felly gyfrannu tuag at iachawd-
wriaeth ei fyd. Roedd hyd yn oed saint mawr y chweched ganrif megis
Illtud a Dewi yn cyfranogi yn 'y pwyslais Cymreig' (t.65) o arddel y
Drindod ynghyd ag iachawdwriaeth foesegol ei naws tra bo trwch y
dystiolaeth a gaed yng ngherddi'r cynfeirdd a'r gogynfeirdd heb sôn am
ryddiaith yr Oesoedd Canol a'r chwedlau yn pwyntio i'r un cyfeiriad;
wele'r 'hen ddiwinyddiaeth Gymreig gyda'i phwyslais ar y Creu ac ar yr
Achub fel rhan o wead y Creu' (tt.114–15).

   Cyfrol orfentrus a gorfeiddgar yw *Rhwng Chwedl a Chredo* sy'n
dioddef oddi wrth yr hyn a alwodd J. E. Caerwyn Williams mewn
adolygiad '"the dangers of discoursing easily on difficult matters and
offering concise conclusions from inevident evidence"'. Fe'i beirniadwyd
yn annodweddiadol hallt ganddo ar gyfrif ei hymdriniaeth gafalîr â
hanes a tharddiad y Celtiaid ac â natur eu crefydd. [18] Aeth yr Awstinydd
diedifar Bobi Jones i'r afael â Pennar ar gyfrif ei Belagiaeth frwd:
'Tuedda'r Prifathro i beidio â gweld Awstiniaeth lle y mae'n amlwg, a

chais yn ddiwyd weld Pelagiaeth lle nas ceir.'[19] Does dim amheuaeth nad yw y feirniadaeth hon yn llygad ei lle. Nid ffrwyth Pelagiaeth mo'r pwyslais ar y creu, a gwyddai disgyblion Awstin (a Chalfin a Karl Barth) am yr alwad i ymateb i'r gras a oedd yn trawsffurfio natur yn ogystal â'i hachub. Roedd hyd yn oed ei gyfaill agos, J. Gwyn Griffiths, yn ddrwg-dybus o duedd y llyfr. Roedd Pennar, meddai, yn rhy chwannog i dderbyn syniadau'r ysgolhaig o'r Barri, Glyn Daniel, ynghylch Celtig-rwydd cynhenid rhai o'r arteffactau y soniai amdanynt a diystyru'r dylanwadau dwyreiniol a allai fod arnynt:

> Bûm gyda Pennar unwaith yn y Gyngres Geltaidd yn Nulyn . . . a rhoddais fanylion wedyn iddo am y deunydd perthnasol. Nid yw'n sôn dim am fy ymdrech frwd, er imi yn bendant wybod mwy am y peth na'r megalithydd Daniel. Hefyd, tua diwedd y gyfrol mae sôn am ddiwethafiaeth Iran a'r Aifft, a gwneir gosodiadau hollol anghywir.[20]

Ond dilyn ei drywydd ei hun a wnâi Pennar yn orfoleddus ddi-hid o'r anawsterau a oedd o'i flaen.

Nid nad yw'r gyfrol, yn ei ffordd ei hun, yn dangos cryn gamp. Pwy arall a fyddai'n cyfuno disgyblaethau'r archaeolegydd a'r hanesydd, y diwinydd a'r beirniad llenyddol, y dehonglwr chwedlau a'r llenor cread-igol a llwyddo, i raddau, i greu ohonynt undod crwn. Roedd R. Tudur Jones, er gwaethaf ei Galfiniaeth, yn ddigrintach ei farn: 'Pennar Davies', meddai, 'has produced a book of fine scholarship in which he carries his erudition with his accustomed elegance of style.' Roedd y gyfrol, yn ei farn, yn 'balanced and provocative study of a difficult period of our history'.[21] Does dim amheuaeth nad oedd gan yr awdur feistrolaeth dechnegol ar lawer pwnc er bod ei ddehongliad braidd yn ecsentrig. Yr un dehongliad o'n gorffennol Cristionogol a geir yn ei ysgrif odidog 'The fire in the thatch' (1970), sy'n cyfuno'i ddeallidwriaeth Belagio-Geltaidd â'i radicaliaeth Anghydffurfiol gyda chryn *panache*. Mynn fod gan y Cymry eu hathrylith crefyddol eu hunain nad oedd yn ddyledus i Rufain na Chaer-gaint nac Awstin na neb, a rôi bwyslais ar ryddid yr Ysbryd a hoywder y creu ac a fynnai, ar ei orau, gydweithio gydag egnïon y Duw trindodaidd er mwyn hwyluso dyfodiad y Deyrnas i blith plant dynion. Trwy adfer y weledigaeth ecwmenaidd hon y gellid cynnig arweiniad ysbrydol i Gymru drachefn:

> In a *koinonia* both free and united . . . the walls of partition between catholic sacramentalism, humanist ethicism and evangelical solafideism

melt away: I see no reason why the universal priesthood of believers should not delight in colour, sound and symbol, or should not see Christ in one of the least of his brethren in the Third World. But to find the renewal without which our synods and assemblies cannot save us we must meet the *Iesu* who claimed nothing and gave all and who eludes all our systems and even the marvellous and marvelling hints towards a theology strewn over the New Testament itself. There is still none other name under heaven given among men. [22]

Ar wahân i'w ddefosiwn personol a'i waith fel dehonglydd y gorffennol, roedd y 1960au yn gyffrous i Pennar o ran ei gyfraniad i lenyddiaeth greadigol. Parhaodd i werthfawrogi creadigrwydd llenorion eraill. 'Diolch i chi am feirniadaeth mor gytbwys ysgubol a charlamus ddof', meddai Bobi Jones wrth ddiolch iddo am ysgrif yn dadansoddi ei farddoniaeth ddiweddaraf.[23] Ond nid beirniadaeth lenyddol a aeth â bryd Pennar fwyaf. Erbyn diwedd y degawd byddai wedi cyhoeddi cyfrol nodedig o farddoniaeth, casgliad o straeon byrion a nofel, ac ennill gwobr bwysig gan Gyngor y Celfyddydau yn nodi ei gamp. Ymddangosodd ei gyfrol gerddi *Yr Efrydd o Lyn Cynon* yn 1961. Ffrwyth awen y 1950au ydoedd mewn gwirionedd ac yn cynnwys y ddwy gerdd hir 'Heilyn ap Gwyn' yn seiliedig ar chwedl Branwen yn y Mabinogi, a'r gerdd a roes deitl i'r gyfrol yn seiliedig hithau ar y faled o'r ail ganrif ar bymtheg 'Coed Glyn Cynon' a ddisgrifiai raib coedydd Morgannwg yn y cyfnod cyn-ddiwydiannol. Ynghyd â hyn cafwyd 'Caneuon Li, Bardd a Merthyr' a'u sawr oriental ac ambell gân arall yn cynnwys y soned hudolus 'Cymru':

> Fy Nghymru wen, rhaid bod y Nef yn lân
> Os yw'n rhagori ar dy lendid di . . .[24]

Ond y gerdd fwyaf ystyrlawn gelfydd o'r cwbl yw 'Cathl i'r Almonwydden'. Yn gyforiog o gyfeiriadau beiblaidd, clasurol, llenyddol a chwedlonol, roedd hi'n fynegiant hynod bwerus o ffydd Pennar yng ngrym adenedigol y gras dwyfol a symboleiddir yn y pren almon, 'y goeden eofn, lew, y pêr, balchlwythog pren'.

> Och, Iesu, daw pob atgof am dy boenau
> Fel alaw lawen i sirioli 'mryd,
> A'r drewdod erch a gododd at dy ffroenau
> Fel peraroglau godidoca'r byd.

> Cans gwelais Sarff yn hyfryd ymgordeddu
> O amgylch Pren y Bywyd uwch y lli
> A chlywais dy Golomen yn gwireddu
> Â chân fytholwiw dy addewid di.
>
> Do, gwelais almonwydden
> A'i brig ymwthgar, braf a'i choron wen,
> Y goeden eofn, lew, y pêr, balchlwythog bren.[25]

Mae ystyr y 'Sarff', 'Pren y Bywyd' a'r 'Golomen' yn ddigon hysbys, wrth gwrs. 'Symbol yw'r almonwydden yn y gerdd, dan ei blodau gwynion, o rym iachaol, adnewyddol Cristnogaeth, symbol o oruchafiaeth Crist ar angau', meddai Alan Llwyd.' Y mae'n gerdd ysgubol o afieithus a gorfoleddus . . . Efallai i ysgolheictod Pennar Davies ddychryn rhai darllenwyr lleyg, ond ni allwn fel cenedl fforddio anwybyddu bardd mor bwysig ag ef.'[26]

Er mai 1966 yw'r dyddiad sydd ar dudalen flaen *Caregl Nwyf*, mae'r chwe stori fer sydd ynddi yn rhychwantu'r blynyddoedd cyn yr Ail Ryfel Byd pan oedd Pennar yn fyfyriwr ym Mhrifysgol Iâl hyd at ychydig fisoedd cyn cyhoeddi'r gyfrol yng nghanol y 1960au. Rhai cyfarwydd yw'r themâu: serch, nwyd a chymhelliad yr ysbryd; athrawiaeth y Drindod (sy'n derbyn ymdriniaeth hynod greadigol ac effeithiol yn y stori ddechreuol 'Y Tri a'r Un'), a lle'r dychymyg yn y gwaith o ddod o hyd i'r sylweddau tragwyddol sydd y tu hwnt i bob profiad darfodedig. Hon oedd ei gyfrol gyntaf o straeon byrion ac er gwaethaf ei ddeallusrwydd didostur a'i chyfeiriadaeth dra dysgedig, mae iddi hi swyn arbennig a phŵer annisgwyl. Meddai John Rowlands:

> Yn wahanol i rai beirniaid sydd wedi bod yn trafod ei ryddiaith o'r blaen, rwy'n teimlo mai'r stori fer yw ei briod gyfrwng, a bod *Caregl Nwyf* yn berffeithiach na'i nofelau . . . Beth bynnag yw'r rheswm, does dim amheuaeth nad yw'r storïau hyn ymhlith goreuon y ffurf yn Gymraeg.[27]

O blith y chwe stori mae dwy yn fer fer, 'Sawr y blodeuyn', sy'n astudiaeth ddoniol eironig o serch, cariad a ffawd, a 'Pren paradwys' sy'n hanes bach hunangofiannus am grwtyn ifanc breuddwydiol yng nghymoedd de Cymru oddeutu amser y Rhyfel Byd Cyntaf. Mae 'Dwyfoldeb athrylith', sy'n gyfuniad o'r ysbrydol a'r dychmygol, fymryn yn hwy. Math o alegori yw 'Y dyn a'r llygoden', sydd â'i ffeithiau yn seiliedig ar arbrofion a wnaed ar lygod mawr yn labordai Prifysgol Iâl pan oedd Pennar a Clem Linnenberg yn fyfyrwyr yno yn y 1930au. Pwynt yr alegori yw bod athrylith yn hesb heb gariad a phan fo cariad yn pallu, angau sy'n dilyn. Yr hwyaf o'r storïau yw 'Cyffroadau', sy'n stori fer-hir neu nofelig fechan, yn darlunio deffroad creadigol yr artist Luned Lloyd. Mae'i deffroad artistig yn cydredeg â deffroad rhywiol, ond ei hathrylith ei hun sy'n gyfrifol am ei llwyddiant ysgubol ym myd y celfyddydau. Daw bodlonrwydd artistig i Luned trwy ymwrthod â ffasiwn *avant-garde* salonau Llundain – a gynrychiolir gan ei Svengali, Gwenffrewi Brodrig – a dychwelyd at ei gwreiddiau Cymreig, yn ddiwylliannol ac yn ysbrydol. 'Dathlu bywyd yn ei holl nwyd a'i obaith yw bwriad yr awdur', meddai Harri Pritchard Jones. 'Gan ei fod yn dewis trafod agweddau cymharol optimistaidd ar fywyd, mae naws rhamant yn llawer o'r storïau, ond heb sentimentaliaeth.'[28] Ni welir hynny'n fwy nag yn hanes tyner Luned Lloyd a'i charwriaeth genedlaetholgar â Robin Harri yn y stori hon.

Ond os 'Cathl i'r Almonwydden' yw'r rhagoraf o ganeuon *Yr Efrydd o Lyn Cynon*, stori fwyaf ystyrlawn a chaboledig *Caregl Nwyf* yw 'Y Tri a'r Un'. Dyma ni wedi ein symud ymhell o syberwyd trefol Abertawe i heulwen danbaid Sbaen y Gwrthddiwygiad. Nid sawr Ymneilltuaeth Gymreig sydd ar y stori orchestol hon ond celfyddyd faróc Dadeni De Ewrop a chyfriniaeth ecsotig Ignatius Loyola a Teresa o Avilla. Lleian yw Juana'r Sagrafen Fendigaid sydd, mewn gweledigaethau llesmeiriol, yn gweld y Drindod Sanctaidd yn Un ac yn Dri. Cyn gwisgo'r gorchudd ac ymostwng i ddisgyblaeth y bywyd ysbrydol, roedd hi'n gariad i'r artist enwog Alonzo de Olagon. Ymhlith eu cydnabod yn y dyddiau hynny yr oedd Pedro de León, ac ef – ac yntau bellach yn uchel swyddog eglwysig – sy'n cael ei anfon o Rufain i archwilio dilysrwydd ei honiadau. Mae'r drafodaeth rhwng Juana a Pedro yn firain awgrymog a darlunnir y cysylltiad rhwng nwyf, dychymyg ac ecstasi ysbrydol mewn dull di-gymar. Gwelsai Juana ei chariad am y tro olaf mewn drych yn ei stiwdio ac yntau'n paentio hunanbortread. Y darlun hwn oedd sail ei gweledig-aethau llesmeiriol diweddarach o'r Duwdod fel Un-yn-Dri:

> Yr Iôr difesur ei ras yn gweithio yn ei gread mawr i berffeithio yn ein deunydd dynol ni lun ei ogoniant ei hun. Fe'i gwelwch yn y drych fel Tad yr holl eneidiau, y Cawr anfeidrol ei ras, a fu y sydd ac a fydd. A fan'na ar y cynfas mae Mab ei fynwes, nod yr holl greadigaeth, y Gair a ddaw yn gnawd. A phwy yw'r Ysbryd Glân ond yr arlunydd brwd a diwyd sydd yn cyfryngu rhwng gweledigaeth a gorchestwaith byth?[29]

Nid oedd yn anodd i ddiwinydd praff fel Pedro de León, y Tad Ofwywr ac awdur y traethawd galluog *De Trinitate* gyfeirio at y gwendidau athrawiaethol sydd yn y darlun hwn, ond nid dyna'r pwynt. Darlun sydd yma o'r Duw annisgrifiadwy a ddaeth atom yng Nghrist yn ei gyfryngu'i hun yn uniongyrchol i'r enaid unigol. Ac yn y cyfryngod llesmeiriol hwn caiff serch y cariadon gynt ei sancteiddio a'i ogoneddu. 'Ar y ffordd yn ôl i Rufain ysgrifennais adroddiad byr am weledigaethau Juana'r Sagrafen Fendigaid a datgan mai hi oedd yr enaid mwyaf sanctaidd a sancteiddiol y cawswn erioed ei hadnabod.'[30] Meddai D. T. Evans, gweinidog capel Minny Street, Caerdydd, mewn adolygiad yng nghylch-grawn Coleg Mansfield: 'This is surely the most profound and deeply convincing story in a volume which is always interesting and frequently impressive.'[31] Mewn gwirionedd campwaith fechan yw'r stori hon ac ymhlith yr enghreifftiau mwyaf trawiadol o ryddiaith greadigol a luniodd Pennar.

Wedi dwy flynedd yn dilyn ymddangosiad ei gyfrol o straeon byrion, cyhoeddwyd ail nofel Pennar, *Meibion Darogan*. Roedd *Meibion Darogan* wedi'i lleoli yn un o gymoedd Morgannwg yn ystod blynydd-oedd cynnar yr Ail Ryfel Byd ac yn seiliedig yn fras ar weithgareddau Cylch Cadwgan. Mynn Pennar ar ddechrau'r nofel: 'Nid oes dim tebyg-rwydd rhwng personau'r nofel a'r aelodau o'r cylch.'[32] Diau fod hynny'n wir – gydag un eithriad – fel yr honiad: 'Y mae'r tri phrif gymeriad ymhlith y gwrywod yn cynrychioli gwahanol dueddiadau ym meddwl yr awdur yn y cyfnod hwnnw' (t.5). Er i dros chwarter canrif fynd heibio rhwng 'y cyfnod hwnnw' a llunio'r nofel, roedd y ffaith fod yr atgofion mor fyw a'r argraffiadau yn dal mor bendant yn profi pa mor ffurfian-nol oedd gweithgareddau'r Cylch i'r Pennar ifanc.

Plethu ynghyd ddau ddiddordeb mawr ac arhosol yr awdur a wna'r nofel, sef y berthynas rhwng cnawd ac ysbryd a'r syniad o feseianaeth. Cynrychiolir y ddau ddiddordeb gan ddau grŵp o gymeriadau: merched Martha Francis sef Senena, Nest a Lea, ac aelodau gwrywaidd y cylch llenyddol blaengar a bohemaidd a fyddai'n cwrdd ar aelwyd Deio Lorens, athro'r Clasuron yn yr ysgol ramadeg leol, a'i wraig soffistig-edig o Eidales, Renata. 'Coterie fach o genedlaetholwyr a heddychwyr yn troi o gwmpas ail fab Edward Lawrence', oeddent, meddir. 'Braidd yn bathetig. Ond mae'n braf bod yn ifanc hyd yn oed yn amser rhyfel' (t.25). Y dynion yw'r meibion darogan, sef Eurof Powel, y pregethwr poblogaidd arwynebol ei bersonoliaeth a chyffredin ei allu; y myfyriwr diwinyddol diletantaidd Neddwyn Lewis, 'Deallusyn gorddysgedig, trwsglyn esthetigaidd, penwannyn crwca, crefyddllyd' (t.128), ym marn Eurof Powel beth bynnag; a'r cerddor delfrydgar Edryd Simon. Yr hyn sy'n eu huno yw eu huchelgais hesb a ffuantus i newid cwrs hanes y genedl trwy eu gweithgareddau creadigol ym meysydd llên, cerdd a chrefydd. Fel y'u darlunnir yn y nofel, prin fod yna rinwedd wironeddol yn perthyn i'r un ohonynt; nid yw eu meseianaeth yn ddim namyn *hubris* aneffeithiol.

Rhagrith yw nodwedd amlycaf Eurof. Nid argyhoeddiad ysbrydol a'i gyrrodd i'r weinidogaeth ond awydd i fod yn un o sêr y cyrddau mawr. Actio yw ei ddawn a'i unig obaith am achubiaeth fyddai pe bai'r ddrama, trwy ryw wyrth, yn troi'n ffaith. Efallai mai 'Trwy actio'r sant yn unig y gellid troi'n sant yn y diwedd' (t.8), meddir. Nid yw crefydd Neddwyn fymryn yn well, er gwaethaf y dröedigaeth lachar a brofasai'n ddiweddar ac a synnodd ei gydnabod a'i holl gyfeillion. Mursendod afiach yw ei obsesiwn gyda phechod a maddeuant: y syniad o bechu i'r eithaf er mwyn derbyn maddeuant i'r eithaf. Ond nid ymddengys fod y maddeuant hwnnw'n costio fawr ddim nac iddo ef nac i Dduw ychwaith. 'Chwilio am brofiad – am y profiad eithaf' (t.102) yw ei unig ddymuniad. Chwarae ar fod yn bechadur a wna Neddwyn yn hytrach na phechu o ddifrif – beth bynnag am ei siarad mynych am y Marquis de Sade a Sachar-Masoch a'i sôn parhaus am y flwyddyn hedonaidd a dreuliasai fel myfyriwr ym Mharis – am fod y *syniad* o bechu wedi cyffroi ei ddychymyg. Ei awydd mawr yw 'ysgrifennu nofel o gynfas epig ac arwyddocâd cosmig' (tt.71–2), ar lefel *Aeneid* Fyrsil neu *Divina Commedia* Dante neu *Y Brodyr Karamazov* Dostoevsky, 'gwaith . . . a fyddai'n dwyn perthynas bendant â Chymru a'r ugeinfed ganrif ac a fyddai'n plymio dyfnderoedd pechod a maddeuant' (t.36). Ond eto'r syniad sy'n bwysig iddo ac nid y profiad honedig ddirdynnol a fyddai'n sail iddo: 'Rhaid imi wneud hynny mewn llenyddiaeth hyd yn oed os methaf â chyflawni dim byd o'r fath mewn bywyd' (t.36).

Nid yw'r cymhelliad crefyddol mor gryf yn Edryd ond mae'r fyfïaeth yr un mor bendant. Dyneiddiwr yw Edryd sy'n credu ym mhotensial daionus y natur ddynol. Nid cael eu gwaredu oddi wrth eu pechodau yw angen dynion a merched ond ymroi i'r egnïon cadarnhaol sy'n cwrso trwy'r greadigaeth. A sut? Yn rhannol drwy'r arweiniad artistig y gall ef ei gynnig. Dyma 'fegalomania Edryd' (t.36) a hanfod ei 'fyfïaeth' (t.39); sonnir am 'Edryd Simon . . . a'i uchelgais Meseianaidd' (t.36) a'r ffaith fod 'myfïaeth ei ramantiaeth yn ymylu ar fegalomania' (t.78), ond 'ei hoff bwnc [oedd] ei hunan, ei arbenigrwydd, ei dynged' (t.39). Wele driawd nad ydynt, er gwaethaf eu holl rodres, yn arwyr o fath yn y byd. Gwir y dywedodd J. Gwyn Griffiths: 'Gobeithio y caiff Cymru feibion cliriach eu gafael ar hanfod bywyd a dewrach eu safiad a'u ffydd' na'r triwyr ymhonnus hyn.[33]

Mae troi oddi wrth y dynion at ferched y stori megis symud o'r tywyllwch i oleuni. Teulu yn hanu o Sir Benfro yw'r Francisiaid – bu Abel, y tad, farw flynyddoedd ynghynt – a symudodd i Gwm Berw, Morgannwg, er mwyn osgoi gwarth wedi darganfod bod Nest, y ferch ganol, yn disgwyl a hithau'n ddibriod. Plentyn Nest yw Lea sy'n cael ei magu fel merch ieuaf Martha Francis. Ni ŵyr Lea mai Nest yw ei mam. Gwraig ddiwylliedig, alluog a phwerus yw Martha er na chafodd fanteision addysg ffurfiol erioed. Etifeddwyd ei gallu a'i chreadigrwydd gan Senena, ei merch hynaf, sy'n prysur wneud enw iddi ei hunan fel dramodydd Cymraeg blaengar. Mae hi hefyd yn lesbiad, er i hyn gael ei ddatgan yn fwy cynnil na chroch. Yn ôl confensiwn y cyfnod – cofier mai ym mlynyddoedd y rhyfel y lleolir y nofel ac mai gwlad dra cheidwadol o safbwynt rhywiol oedd Cymru yng nghanol y 1960au hefyd – un *celibate* yw Senena, sy'n sianelu'i nwydau i mewn i'w gwaith creadigol. Fodd bynnag, ffeminydd ydyw sy'n datgan ei chred yng ngoruchafiaeth y ferch gan y math o destunau a gymer ar gyfer ei dramâu. Hanesion am ferched pwerus ydynt i gyd, merched sy'n llwyddo ym myd dynion ac yn rhagori arnynt er iddynt orfod cystadlu ar eu telerau hwy. 'Dyna ichi ferch athrylithgar', meddai Edryd amdani,

> Yn dial ar ei thynged trwy sgrifennu cyfres o ddramâu hanesyddol sydd yn gogoneddu merched meistrolgar. Mae'n amlwg ei bod hi wrth ddarlunio Debora a Buddug a Zenobia a Christiana o Sweden a Chatrin Fawr o Rwsia yn ceisio boddhau'i holl nwydau a'r holl chwantau does dim modd iddi eu boddhau yn ei bywyd preifat. (t.45)

Nid meseianaeth yw nod angen cymeriadau teulu Martha ond yr ymgiprys rhwng ysbryd a chnawd. Ysbryd creadigrwydd a dynoliaeth yw'r ysbryd sy'n teyrnasu ar yr aelwyd, er bod y bywyd yno yn gaethiwus a'r *regime* yn llethol, braidd. Caiff nwyf ei gynrychioli'n bennaf gan Nest – Nest annwyl a dymunol a normal – ac, o ran potensial hefyd, gan Lea sydd yr un mor normal a seicolegol iach â'i mam. Er ei bod yn nwyfus roedd 'afradlondeb Nest mor hael ag afradlondeb Natur ei hun' (t.98). Os yw nwydau Neddwyn yn wyrdröedig – neu o leiaf y byddent yn wyrdröedig petai ganddo ddigon o rym penderfyniad i droi ei ffantasïau yn ffaith – mae rhywioldeb Nest yn normal er iddo dramgwyddo yn erbyn confensiynau parchusrwydd y Gymru Ymneilltuol ar y pryd. Yn wahanol i'r meibion, nid oes arlliw o ffug yn perthyn iddi hi: 'Trafod bywyd oedd difyrrwch rhain; ni wyddent ddim am fyw' (t.90). Roedd mwy o realrwydd ym mywydau clawstroffobig Martha a'i merched nag yn stranciau histrionig degau o feibion darogan tebyg i Eurof, Neddwyn ac Edryd. A Nest, yn fwy na Senena hyd yn oed, sydd â'i thraed yn fwyaf solet ar y ddaear: 'Sgwennu am fywyd mae hi. Rydw i o leiaf wedi ceisio byw' (t.93). Tynnodd *Meibion Darogan* sylw o'r dechrau. Meddai Gwynfor Evans: 'Rhaid i mi ddiolch ichi am oriau o fwynhad mawr, a'ch llongyfarch ar y gwaith ardderchog hwn. Does dim llacio ar y nofel o'r bennod gyntaf orchestol ymlaen ac y mae bron pob paragraff yn tasgu gan syniadau.'[34] 'Ar wahân i'th arddull sydd mor rhywiog a chadarn', meddai Alun Llywelyn-Williams, 'mae gennyt ddawn neilltuol iawn i bortreadu cymeriadau credadwy a'u hymwneud â'i gilydd, ac ar yr un pryd i drafod syniadau sy'n bwysig a diddorol yn y Gymru gyfoes. Mi roddwn lawer i feddu cyfran fechan o'th ddychymyg creadigol treiddgar di.'[35] Roedd D. J. Williams, Abergwaun, er gwaethaf ei biwritaniaeth reddfol, yr un mor ganmoliaethus: 'Teimlaf ei bod yn nofel fawr, a gwreiddiol yn ei chynllun, ac fel barddoniaeth Gwenallt, y peth mwyaf beiddgar ac arbrofol mewn rhyddiaith Gymraeg, er bod rhai o'r pethau rhywiol, gor-rywiol, yn y cymeriadau gorau yn fy hala i'n grac.'[36] 'Am ryw reswm', meddai, 'mae gan bopeth yr ŷch chi wedi sgrifennu erioed ryw apêl arbennig ataf fi.'[37] Wrth ysgrifennu yn ddiweddarach, mynnai John Rowlands mai 'nofel ddifyrraf Pennar Davies, yn ddiau, yw *Meibion Darogan*', ac mae'i ddadansoddiad ohoni a'i safle oddi mewn i ganon cynnyrch ei hawdur yn nodweddiadol ddisglair a chraff.[38] Ceir yr un crafter a disgleirdeb ac nid hwyrach rywfaint o naws ôl-foderniaeth yn ymdriniaeth fwy diweddar M. Wynn Thomas. 'Like all Pennar Davies's unconventional fiction', meddai, '*Meibion Darogan* is a work of indeterminate genre and enigmatic character.'[39] Er mai Ymneilltuaeth *avant-garde* Cymru yn ystod yr Ail Ryfel Byd yw ei chyd-destun, mae ynddi holl gymhlethdod seicolegol bywyd yr ugeinfed ganrif ac ymateb yr artist iddo. 'The knowledge that *Meibion Darogan* has to offer . . . is that human psychology is not only labyrinthine but metamorphic, so that its complexities are ubiquitously self-altering and so endlessly elusive.'[40] Rhag ofn i neb gael ei ddychryn gan naws dechnegol hyn o ddadansoddiad, dylid dweud mai nofel hynod ddifyr yw *Meibion Darogan* sy'n dal diddordeb y darllenydd ar ei hyd.

Roedd hyn yn gryn gysur i Pennar. 'Calondid mawr oedd derbyn eich gair am y nofel fach newydd', meddai wrth ymateb i lythyr Gwynfor Evans. 'Dyw dyn ddim yn gwybod sut y bydd rhywbeth fel hyn yn taro meddwl arall. Hyfryd oedd cael hyn o esmwythâd gan un y mae gennyf gymaint o barch nid yn unig at ei farn a'i chwaeth ond hefyd at ei ysbryd

. . . Sut y mae diolch ichi? – nid yn unig am hyn ond am gyfeillgarwch difesur oes.'[41] Cadarnhad o'r ymateb ffafriol hwn oedd i'r nofel dderbyn un o wobrau Cyngor Celfyddydau Cymru (ynghyd â rhodd ariannol), ac ar 17 Ebrill 1969, mewn derbyniad swyddogol yng Nghaerdydd, cyflwynwyd y wobr iddo gan Saunders Lewis. 'Dr Pennar Davies', meddai, 'yw un o'r rhai rhyfeddaf, odiaf a mwyaf syfrdanol o'n llenorion. Ef yw'r mwyaf dysgedig o'n nofelwyr; mae'n dywyll, yn ffres ond yn diddanu o hyd.'[42] Dyma'r union hwb yr oedd ei angen ar Pennar er mwyn ei fwrw ymlaen yn ddiwyd â'i waith.

Er yn gynnar yn ei yrfa lenyddol, lluniasai Pennar ddramâu yn ogystal â cherddi, nofelau a straeon byrion. Yn y 1940au darlledwyd rhai ohonynt ar y radio, ac yn y cyfnod hwn troes ei law at lunio dramâu drachefn. Trosodd anterliwt Twm o'r Nant *Cybydd-dod ac Oferedd* i'r Saesneg, ac fe'i perfformiwyd ar y 'Welsh Home Service' ym mis Mawrth 1968 gyda'r digrifwyr Ryan Davies a Ronnie Williams yn chwarae'r prif rannau.[43] Yna, yn yr odiaf, o bosibl, o'i sgriptiau, cafwyd y ddrama 'Torri Tant'. Fe'i lluniwyd ar gais y gyfarwyddwraig theatr Emily Davies, a'r bwriad oedd ei pherfformio gan ei myfyrwyr ym Mhrifysgol Cymru, Aberystwyth. Y bardd canoloesol Dafydd ab Edmwnd oedd y prif gymeriad, ond cafodd ei hun yng nghanol berw gwleidyddol diwedd y 1960au yng Nghymru. Mae'r ddrama'n gyforiog o holl ddiddordebau (bron na ddywedwn, obsesiynau) Pennar – crefydd, gwleidyddiaeth, Cymru a'i thynged, yr ysbryd, nwyd a serch – mewn un panorama lliwgar. Un o'r cyffion gwawd yw'r mynach truenus, y Brawd Awstin, sy'n gocyn hitio i ragfarnau crefyddol gwrth-uniongred yr awdur.

> Pechais, O Grist. Maddau imi. Pechadur wyf mewn byd pechadurus, pechadur aflan mewn cenhedlaeth aflan. Pechais o ran gweithred. Pechais o ran gair. Pechais yn fy meddyliau dirgel. Ganwaith y bûm yn edrych ar lendid y byd ac ar harddwch y cnawd, a chwantau fy natur yn fy ngorlethu . . . [Ac yna, y cyfeiriadau llwyfan] (Beichio wylo ac wedyn eiliad o ddistawrwydd ac wedi hynny ragor o riddfanau . . . Rholia ar y llawr dan riddfan).[44]

'Nid oedd gan Pennar fawr o barch at Awstin o Hippo', meddai Guto Prys ap Gwynfor, yn un peth, am iddo 'wneud rhyw yn weithred front. Ni allai Pennar faddau iddo am gael y fath ddylanwad negyddol'.[45] Bid a fo am hynny, gwendid y ddrama yw ei diffyg cynildeb ac awydd ei hawdur i sloganeiddio a gwneud un strôc ar ôl y llall yn hytrach na chreu cymeriadau credadwy. Nid oedd yn syndod i Emily Davies (yn ddigon diplomatig yn ddiau, ac ystyried ei bod yn wraig i gyd-weithiwr Pennar, sef yr Athro Dewi Eirug Davies) wrthod ei llwyfannu. Nid oedd ymhlith yr enghreifftiau disgleiriaf o'i gynnyrch creadigol o bell, bell ffordd.

Fodd bynnag, yng nghanol y llenydda di-baid, y gwleidydda ymarferol, y llafur gweinidogaethol a chyfrifoldebau pwysfawr magu teulu ar gyflog a oedd yn druenus annigonol o hyd, llwyddodd Pennar i gynnal gohebiaeth egnïol a helaeth. Bu'n annerch mewn cyfarfod o'r Cylch Catholig yn Awst 1966, yr Anghydffurfiwr cyntaf i'w wahodd gan y Cylch yn dilyn y newid polisi yn Rhufain a ddilynodd Ail Gyngor y Fatican. Daethai'r Cyngor i ben yn Rhagfyr 1965, ac am y tro cyntaf erioed anogwyd Pabyddion i greu cysylltiadau â'u cyd-Gristionogion o enwadau eraill. 'Dyma'r flwyddyn gyntaf inni gael cennad i *wahodd* agorwr Protestannaidd', meddai'r Tad John FitzGerald, wrth nodi'r ffaith.[46] Roedd yr awyrgylch ecwmenaidd yn prysur newid, ac roedd Pennar yn fwy na pharod i lawenhau yn y ffaith. Cafodd lythyrau gan hen gydnabod ar hyd yr adeg, a byddai'n eu hateb gan mwyaf yn ddiymdroi. Meddai R. Tudur Jones drannoeth Gŵyl Ddewi 1967, gan daro'r nodyn pryderus y byddai'n ei wneud yn gyson yn ei ohebiaeth â Pennar, 'Beth sydd orau i'w wneud yn wyneb y parlys cynyddol yn ein heglwysi?'[47] Ni ddeuai'r ddau brifathro yn gyfeillion mynwesol fyth, yn arbennig wrth i Bala-Bangor fynd yn fwyfwy ceidwadol ei bwyslais erbyn y 1970au a'r Coleg Coffa yn gynyddol ryddfrydol. Eto byddai'r ddau ohonynt ar delerau siarad iachus â'i gilydd ac yn medru rhannu gofidiau yn rhwydd. 'Os byddwch yn gallu hamddena dros fore dydd Iau', meddai Tudur Jones wrth wahodd Pennar i Fangor, 'beth am roi eich nodiadau Hanes yr Eglwys yn eich bag? Ni byddai dim yn well gennym na rhoi cyfle i'r dosbarth eich clywed yn traddodi yn fy lle i am 10 y bore.'[48] Os pryderus oedd y nodyn a darawai Tudur Jones, roedd cyfarchion rheolaidd Nathaniel Micklem, a oedd bellach dros ei 80 oed, fel awel iach o hyd. 'Dear Bill', meddai ar 20 Gorffennaf 1968. 'Never was a worse mathematician than I, but tomorrow by my reckoning will be the 25th anniversary of your ordination'. Roedd cryn dipyn wedi digwydd er i Pennar gael ei sefydlu yn weinidog yng nghapel Minster Road, Caerdydd, ym mlynyddoedd tywyllaf y rhyfel. Bu gan Micklem ddisgwyliadau llachar ar gyfer ei fyfyriwr disglair ar un adeg, ac nid oedd ennill bri yng nghylchoedd cyfrin y bywyd Cymraeg yn rhan o'r cynllun. Os cafodd ei siomi ynddo, ni ddangosodd mo hynny fyth. 'I shall be giving thanks', meddai yn hytrach, 'where thanks are due.'[49]

Ar wahân i J. Gwyn Griffiths a Gwynfor Evans, cyfeillion pennaf Pennar oedd ei hen gyfoeswr o ddyddiau Prifysgol Iâl, Clem Linnenberg, a'r hanesydd eglwysig Geoffrey F. Nuttall. Arwydd o gyfeillgarwch a oedd bellach yn ymestyn ar draws deng mlynedd ar hugain oedd y ffaith i Pennar gyflwyno *Caregl Nwyf* i Clem Linnenberg a Marianne, ei wraig. 'We are deeply moved by the fact that you did this', meddai'r Americanwr. 'The dedication will be my nearest approach to immortality.'[50] Er nad oedd gan Clem na Marianne ddim gair o Gymraeg, crynhodd Pennar gynnwys y gyfrol yn Saesneg, ac meddai Clem: 'I still have to look, from time to time, at the dedication page of *Caregl Nwyf* and rub my eyes to be sure that there is a book dedicated to us.'[51] Er bod rhywbeth trymaidd, afrosgo ynghylch ei bersonoliaeth, roedd didwylledd Linnenberg yn dryloyw a'i ffyddlondeb i'w hen gyfaill yn ddi-ball. Erbyn hynny roedd y rhyfel yn Vietnam yn loes calon iddo, a sefyllfa wleidyddol ei wlad yn achos gofid dwys. 'The murder of Dr Martin Luther King is the direst atrocity that has happened in my country since the murder of President Kennedy', meddai ar Sul y Blodau 1968. 'King was one of the greatest of Americans.'[52] Gwaethygodd yr ysictod gyda llofruddiaeth y Seneddwr Robert Kennedy, ac wrth ymateb i gydymdeimlad Pennar, meddai: 'I am deeply unhappy over having been forced to the conclusion that my country is now addicted to political assassination.'[53]

Nid digwyddiadau politicaidd oedd unig fyrdwn eu gohebiaeth, ac roedd Linnenberg yn fawr ei gonsýrn am les ei gyfeillion Cymreig. Holai'n gyson am hanes Rosemarie a'r plant, yn arbennig am Geraint a fuasai'n dioddef er yn blentyn oddi wrth anhwylder nerfol, a mynnai anfon rhodd ariannol sylweddol i'r teulu bob Nadolig. Yn ogystal â'r rhodd arferol yn 1968, gyrrodd gopïau o holl weithiau Goethe a Schiller – 42 cyfrol i gyd – a etifeddodd o lyfrgell ei dad-yng-nghyfraith, yr Athro Paul Sakmann. Yr haf dilynol cyflawnodd Linnenberg a'i wraig hen freuddwyd o ymweld â Pennar a Rosemarie a threulio wythnos a mwy ar eu haelwyd yn Abertawe.

> Because of our uninterrupted correspondence, there was no withering but a further development of our friendship during the 31 year interval following a goodbye at the gangplank in New York in 1938. I am keenly happy that the man who long ago became my closest friend, still is, and that this bond has led to that between our respective households.[54]

Roedd y cyfarfyddiad hwn yn bwysig i Marianne Linnenberg yn ogystal ag i'w gŵr am fod ei syniad hi am genedlaetholdeb, a hithau'n Almaenes, yn bur feirniadol. Ond, 'By the end of our stay, Marianne understood very well indeed how it happens that this particular Welshman is so thoroughly devoted to Wales.' Sylweddolai Clem ddegawdau ynghynt i ba gyfeiriad yr oedd syniadau ei gyfaill 'Bill' yn ei arwain: 'Two years of conversations with Pennar in New Haven had already made his Welsh nationalism very understandable to me.'[55] Roedd y cyfeillgarwch hwn yn graig ddi-syfl ym mywydau'r ddau ohonynt, ac yn un y byddai Pennar yn ei fawrygu'n eithriadol.

Os oedd llythyrau Clem Linnenberg yn araf ac yn drofaus, roedd epistolau Geoffrey Nuttall fel arian byw. O blith ei holl gyfeillion, Nuttall oedd y mwyaf hyf ar Pennar, ac ni fyddai'n brin o'i feirniadu os gwelai reswm am wneud. Cychwynnodd yr ohebiaeth rhyngddynt ynghanol y 1950au, a chynyddodd fel yr aeth y blynyddoedd yn eu blaen. Byddai'n ceryddu Pennar o hyd am beidio â chyfrannu fel y dylai at ysgolheictod rhyngwladol ac am ei ddiffyg ymwneud â materion enwadol ar y lefel Prydeinig.

> You are naughty and disappointing to come neither to Manchester to Theol. Coll. Teachers, nor to Oxford to C[ongregational] C[ouncil of] E[ngland and] W[ales], nor to Durham to Eccl[esiastical] Hist[ory] Soc[iety] – what is the good of these occasions if the person you so much like meeting, and hope to have a good talk with, never turns up?[56]

Eto, ni allai ddal dig, ac wedi dweud ei ddweud, byddai'n rhannu'r clecs diweddaraf am staff y colegau, am ddigwyddiadau yn yr eglwysi ac am bethau crefyddol ac academaidd a oedd o ddiddordeb iddynt hwy ill dau. Adroddodd fel y gwahoddwyd ef gan ddeon cadeirlan Sant Paul i gynrychioli'r Eglwysi Rhyddion mewn achlysur rhwysgfawr yno yng nghwmni legad y Pab a chymedrolwr Eglwys Bresbyteraidd yr Alban:

> It was a pleasantly informal lunch, with the Moderator, a fine upstanding figure, with lace at cuffs and neck and in buckled shoes, and with high gaunt Highland cheeks contrasting with Archbishop Cardinale, whose body and eyes in his head were constantly curving and rolling! They each departed in a big car with chauffeur, but I, appropriately, on foot and by underground![57]

Wrth drafod un o'i gyd-weithwyr, roedd y nodyn yn fwy prudd na digrif: '[He] has become so critical, analytical, rationalistic and negative about scripture and any guidance, let alone authority, in scripture that I think it would hardly be right for him to go on training ministers.'[58] Byddai'n sôn hefyd am ddiwydrwydd Mary, ei wraig, yng nghanol ei gweithgareddau gyda Chymdeithas y Cyfeillion, yr enwad Cristionogol yr oedd hi'n perthyn iddo, ac y byddai'n holi'n gyson am ei gydnabod Cymreig. 'I am grieved that we shall see R. T. Jenkins no more', meddai yn 1969, 'but he went very gradually and "comfortably" through Myfanwy's devotion, I think.'[59] Flwyddyn yn ddiweddarach, dathlodd chwarter canrif o wasanaeth i'w goleg. 'The end of term', meddai, 'was observed with a small celebration, with Charles [Duthie, y prifathro] saying he thought of me as a Puritan, a Professor (in all but name), a patrician and a Christian Puck!'[60] Roedd cyfeillgarwch epistolaidd Geoffrey Nuttall yn fater o bwys i Pennar, fel y tystia'r lliaws o lythyrau sydd ynghadw ymhlith y papurau: 'let us continue to correspond while it is day,' meddai Nuttall; '*il mio conforto*.'[61]

Erbyn hynny roedd yr hinsawdd wleidyddol yng Nghymru wedi poethi'n ddirfawr. Rhoddodd buddugoliaeth Gwynfor Evans ar 14 Gorffennaf 1966, pan etholwyd ef yn aelod seneddol cyntaf Plaid Cymru, wynt nerthol yn hwyliau cenedlaetholdeb Cymreig. Roedd ymgyrchoedd Cymdeithas yr Iaith, er ei phrotest gyntaf ar Bont Trefechan, Aberystwyth, yn 1963, wedi gwneud y Gymraeg yn fater mwy dadleuol nag a fu erioed o'r blaen. Er bod ymlyniad Pennar wrth y mudiad cenedlaethol yn hysbys i bawb, roedd ei swyddogaeth fel prifathro'r Coleg Coffa yn ei rwymo wrth yr eglwysi Saesneg yn ogystal ag wrth y rhai Cymraeg, ac fel llywydd Cyngor Eglwysi Rhyddion Cymru disgwylid iddo gynrychioli pob barn oddi mewn i'r enwadau Ymneilltuol. I Pennar y cenedlatholwr, byddai'r cyfnod nesaf yn un digon anodd. Cafodd ef a golygydd y cylchgrawn *Barn*, Alwyn D. Rees, eu gwahodd gan Gymdeithas yr Iaith i annerch rali dorfol yng Nghefn-brith, cartref John Penri, yn Chwefror 1969, ac erbyn hynny roedd yn un o gefnogwyr mwyaf ffyddlon protestwyr y genhedlaeth iau. Er na fygwyd y nodyn crefyddol yn ei genadwri, daeth y nodyn gwleidyddol yn fwyfwy hyglyw ganddo ac erbyn diwedd y degawd fe'i cysylltid yn fwy pendant yng ngolwg y cyhoedd â radicaliaeth boliticaidd. Byddai i hyn oblygiadau dwys maes o law.

Cynyddodd y tensiwn yn ddirfawr gyda gwahoddiad a gafodd i gynrychioli'r Eglwysi Rhyddion ar bwyllgor yr Arwisgo. Bu Pennar yn llywydd Cyngor Eglwysi Rhyddion Cymru er 1963 ac iddo ef y daeth y cyfrifoldeb trist o leisio cydymdeimlad Ymneilltuwyr Cymru â'r gymuned yn dilyn trychineb anaele Aber-fan yn Hydref 1966.[62] Gallai wneud hynny'n ddibetrus. Arall oedd ei ymateb i wahoddiad dug Norfolk i ymuno â'r pwyllgor cenedlaethol a siarsiwyd i drefnu arwisgiad Charles

Windsor yn dywysog Cymru yn 1969.[63] Fel llywydd roedd disgwyl iddo gynrychioli Cyngor yr Eglwysi mewn gweithgareddau cyhoeddus. O dan unrhyw amgylchiadau eraill byddai'n falch o wneud, ond bwriwyd ef, gan yr achlysur hwn, i gyfyng-gyngor mawr. Aeth i'r cyfarfod cyntaf a gynhaliwyd ym Mhalas St James yn Llundain, ond roedd ei gydwybod yn anesmwyth iawn. Ceisiodd gyngor gan Gwynfor Evans: 'Mae cyd-genedlaetholwyr eisoes yn dechrau galw bradwr arnaf oherwydd fy mod ar bwyllgor yr Arwisgiad, gyda llu o wroniaid o Jim Griffiths a Chynan i lawr at Glanmor Williams ac Ednyfed bach, heb sôn am bendefigion Lloegr a chadfridogion a swyddogion llys.'[64] (Ednyfed Hudson Davies, aelod seneddol Llafur dros Gonwy oedd 'Ednyfed bach', ac yn fab i'w gyfaill E. Curig Davies, cyn-ysgrifennydd Undeb yr Annibynwyr Cymraeg.) Er i arweinydd Plaid Cymru weld gwerth ym mhresenoldeb Pennar ar y pwyllgor, gwyddai Pennar ei hun y byddai rhwysg, militariaeth a Seisnigrwydd y trefniadau yn ormod iddo allu eu stumogi. 'Yn bendant dw i ddim am unrhyw ran yn yr Arwisgiad', meddai.[65] Nid oedd ond un gwir ddewis iddo, sef ymddiswyddo. 'I am emphatically not a suitable person to represent the Free Church Council of Wales in the Investiture of the Prince of Wales and the committees that are preparing for it,'[66] meddai wrth ei gyd-swyddogion ar Gyngor yr Eglwysi Rhyddion wrth roi'r gorau i'r llywyddiaeth, a chydag ochenaid o ryddhad, roedd ef bellach yn ddyn rhydd.

'Prif amcan Arwisgiad mab Brenhines Lloegr yng Nghaernarfon', meddai Pennar Davies ymhen y rhawg,

yw ceisio gorseddu Prydeindod yn hytrach na Chymreictod yn ymwybyddiaeth y Cymry. Dyfais ydyw i wanhau'r ymdeimlad cenedlaethol a gynyddodd mor ddirfawr yng Nghymru yn ystod y ganrif hon. Siôn Ben Tarw gyda'i was bach Dic Siôn Dafydd sydd wedi gwthio'r Arwisgiad arnom ni. Rhaid i bob Cymro o'r iawn ryw ymwrthod â'r ymgais hon i gaethiwo a llygru meddyliau ein pobl.[67]

Prin y byddai'r neges honno yn un dderbyniol o enau llywydd Cyngor Eglwysi Cymru ym mlwyddyn y dathlu mawr.

8 ⚬ʒ Rhwng y Tlws a'r Mabinogi, 1970–1979

A r droad y degawd newydd roedd Pennar yn agosáu at fod yn 60 oed. Dechreuad araf a gafodd fel artist ac ysgolhaig. Roedd ei ieuenctid wedi'i lyncu gan ei waith ymchwil ar lenyddiaeth Saesneg Oes Elisabeth, ond gyda'r newid cyfeiriad a ddaeth iddo ar ddechrau'r Ail Ryfel Byd gorfu iddo gychwyn drachefn ym meysydd crefydd a diwinyddiaeth. Roedd yn ganol oed cyn gwneud cyfraniad cydnabyddedig yn y disgyblaethau hyn. Gyda'i fynych gyfrifoldebau ym myd crefydd, addysg, gwleidyddiaeth a llên, roedd yn syndod erbyn 1970 nad oedd ei egnïoedd yn pallu. Ond y gwir yw, pan oedd eraill at nesáu at oed ymddeol, roedd ei weithgareddau ef yn cynyddu ac yn dwysáu. 'I admire what you have done with your life', meddai Clem Linnenberg, a oedd eisoes wedi ymddeol, 'and what you have achieved with it.'[1]

Ymddangosodd cyfrol nesaf Pennar o farddoniaeth, *Y Tlws yn y Lotws*, yn 1971 ac ymhlith y cerddi sydd ynddi mae 'Y glas a'r gwyn' yn deillio o'i fryddest radio gynharach 'Gwyn ap Nudd', mae 'Behemoth a'r Lefiathan' yn gerdd hir sy'n rhoi cyfle iddo draethu am fwystfileiddiwch y bywyd technolegol modern, ac mae llond dwrn o ganeuon, 'Dioscuri', 'Pan oeddwn fachgen', 'Celain Veinwen' a 'Pant pen y mynydd', yn mynd â'i ddarllenwyr yn ôl i Aberpennar ei fachgendod ac yn seiliedig ar brofiadau a gafodd yno. Traethu profiadau personol a wna 'Ger y dduallt', 'Ymdaro', 'Mewn Hospiz yn München' a 'Serch', ond o gyfnod diweddarach yn ei fywyd. Dyfynnodd Bobi Jones y gân fyrlymus 'Y lloer' yn ei chrynswth yn ei werthfawrogiad o gynnyrch y bardd[2] er mwyn dangos eto pa mor nodedig oedd ei waith. Cân drawiadol yw 'Mi a fûm gydag Ulysses' a'i chyfuniad o gyfeiriadau Clasurol eang, dychymyg hedegog a chrefft ddisgybledig, felly hefyd y cerddi trychfilaidd rhyfedd 'Un o filwyr y brenin (*Termes Nemorosus*)' a 'Chwilen y dom (*Geotrupes Stercorarius*)'. Yn y ddwy gerdd agoriadol 'I Gymro ifanc' a 'Bod yn lotws' mae'n gwneud defnydd helaeth o ddelweddaeth Hindŵaeth a chrefydd Tibet ac yn eu cymhwyso at ei argyhoeddiadau ei hun. Nid syncretiaeth mo hyn: 'Wrth groesawu sumboliaeth y tlws a'r lotws honnaf arbenigrwydd y newydd da Crist-nogol',[3] meddai, ac mae hynny'n amlwg iawn o'r cerddi. Mae'r lotws yn symbol o'r crëwr Brahma tra bo'r tlws yn ei ganol yn arwyddo'r nod y tu hwnt i bris y cyrchir ato drwy fyfyrdod a gweddi. Nid yw'n annhebyg i'r trysor sydd wedi'i guddio mewn maes, neu'r perl gwerthfawr y sonia Iesu amdanynt yn ei ddamhegion (Mathew 13:44–6); dyma gyfoeth y Deyrnas y mae'n rhaid rhoi'r cwbl er mwyn dod o hyd iddo er nad yw'n golygu dim oll yng ngolwg y byd. Er gwaethaf anghrediniaeth, mater-oliaeth a bwystfileiddiwch yr oes, mae'r tlws eto'n bod ac o fewn cyrraedd i'r sawl sy'n rhoi ei fryd ar ddod o hyd iddo.

> Ymwrolwn, ymgyrchwn
> i dderbyn y tlws
> a chnawdiad y gair yn ein treftad a'n bro.
> Drylliwn, chwilfriwiwn
> yr aliwn allorau.
> Gyrrwn o dir sanctaidd Cystennin a Pheblig
> y mamon anghyfiawn,
> y moloch anghyfiaith.
> Mynnwn Gymru'n Gymru, yn gymydog ac yn grist.
> Dysgwn fyw yn ein henfro
> yn ddigaeth ac [yn] ddigoll,
> yn ein rhial gynefin a'n hoff gynefinoedd.
> Harneisiwn yr heuliau,
> yr awelon a'r dyfroedd
> i uno llwythau dibriffordd ein cronell goll
> yn ein hedd a'n rhyddid,
> yn ein serch a'n sêl.[4]

Rhethreg yw hyn, ond rhethreg effeithiol serch hynny, sy'n cyfuno'r ymchwil eneidiol, ysbrydol a gafwyd yn y penillion cynharaf â'r rhaglen waith a fu'n rhan o'i weledigaeth erioed. 'Mentraf ddweud', meddai'r beirniad Siân Megan, 'mai maniffesto i'w waith cyfan yw'r gerdd gyntaf yn y gyfrol hon o farddoniaeth',[5] tra bo Gilbert Ruddock, a oedd ymhlith y mwyaf treiddgar o'i feirniaid, yn dweud: 'Mae'n ddiamau mai yn *Y Tlws yn y Lotws* y ceir ffrwyth aeddfetaf ei awen a'r prawf amlycaf mewn un gyfrol o'i safle fel bardd a meddyliwr o'r pwys mwyaf mewn llenyddiaeth Gymraeg heddiw.'[6]

Eto, oherwydd pwysau'r amgylchiadau, prin oedd yr amser y gallai Pennar ffordio'i roi i lên greadigol. Cyhoeddodd amryw o straeon byrion yn ystod y 1960au hwyr a'r 1970au,[7] ambell enghraifft o feirniadaeth lenyddol,[8] ac aeth yn gyfrifol am golofn o sylwadau lliwgar ar faterion cyfoes yn y cylchgrawn llenyddol *Y Genhinen*. Rhwng 1975 a 1976 ef oedd y dyddiadurwr difyr 'Caledfwlch'. Newidiodd ei ryw a throi'n 'Prydwen' yn 1977 a throi 'n ôl yn 'Hengroen' hyd at rifyn y gwanwyn 1979.[9] Llenyddol, gan mwyaf, oedd byrdwn y sylwadau anhysbys hyn, ond roedd y rhan fwyaf o'i egni meddyliol a chorfforol yn cael ei lyncu gan ymrwymiadau eraill.

Crefydd a chenedlaetholdeb oedd dwy o'r hen themâu a gafodd ymdriniaeth newydd ganddo yn ystod y cyfnod hwn. Er i'w gysylltiad â Lloegr ac â'r Annibynwyr Saesneg freuo i raddau helaeth erbyn hyn, cawsai wahoddiad i gyfrannu i *Festschrift* i Nathaniel Micklem a ddathlodd ei ben blwydd yn 80 oed ym Mai 1968. Cyhoeddwyd y gyfrol deyrnged *Christian Confidence* ddwy flynedd yn ddiweddarach, ac roedd ysgrif Pennar ymhlith y pethau praffaf ynddi. Roedd yn amlwg fod yr hen optimistiaeth ynghylch dyfodiad y Deyrnas wedi pylu yn wyneb y secwlariaeth ymosodol a ddaeth i'r golwg yn y 1960au, ac er i Pennar barhau i ddyheu am y dyfodiad hwnnw mewn hanes, mae ei eschatoleg erbyn hyn yn fwy swil. Yn ei ysgrif 'God's universe', mae'n ailadrodd ei ffydd yng Nghrist fel Arglwydd y Deyrnas er bod yr amwysedd sy'n rhan o wead y gobaith Cristionogol bellach wedi dod fwyfwy i'r amlwg. 'The hope lies not in the powers of mankind but in the promise of God', meddai, 'not in a city built by the resources of a self-sufficient humanity but in a city which is given to the saints by the Most High, not in a gradual advance towards perfection but in a victory won over sin.' Rhwng y presennol a'r fuddugoliaeth olaf roedd rhaid i'r Cristionogion cynharaf ddisgwyl teyrnasiad Anghrist a gorthrymder, ac mewn byd a feddwodd ar dechnoleg angau ni allai Cristionogion traean olaf yr ugeinfed ganrif ddisgwyl dim byd llai: 'The promise of a time of tribulation seems not ill-founded.'[10] Ceir mwy o realrwydd yn yr ysgrif hon nag mewn dim a luniodd o'r blaen a chaiff y nodyn hwnnw ei daro'n fwy mynych o hyn allan.

Roedd Micklem yn werthfawrogol nid yn unig o'r gyfrol ond o gyfraniad neilltuol Pennar iddi. Roedd y gyfrol ei hun yn brawf bod cryn chwyldro wedi digwydd yn y meddwl diwinyddol ymhlith Ymneilltuwyr Prydain mewn deugain mlynedd. 'I took over teaching theology at Mansfield deserting the NT because years ago theology was not being seriously studied at all and there was no-one to call to the chair. How different things are now!'[11] 'On holiday (as if I need a holiday!),' meddai Micklem yn 1974, 'I have been re-reading to my great comfort and at greater leisure your contribution to *Christian Confidence*. It is a mighty utterance and makes me wish that I and my fellow pilgrims could manage Welsh that we might read what else you have written in prose and poetry.' Roedd gohebiaeth y patriarch yn dangos nad oedd ei feddwl wedi pylu dim, a bod ei ffydd yn sofraniaeth y Gair ac yng ngoruch-afiaeth Crist yr un mor loyw ag erioed. Er gwaethaf eangderau amser a gofod 'I believe that Jesus is the saviour of all mankind,' meddai. 'I hope we may be given not only to worship but also to serve till the great redemption is complete.'[12]

Erbyn hynny roedd ugeiniau os nad cannoedd o aelodau Cymdeithas yr Iaith yn eu cael eu hunain o flaen eu gwell o ganlyniad i'w rhan yn yr ymgyrchoedd tor-cyfraith a oedd yn ffynnu ar y pryd o blaid statws i'r Gymraeg. Gyda brwydr yr iaith ar ei hanterth, tynnodd sêl Pennar o blaid yr achos rywfaint o edmygedd ac nid ychydig o feirniadaeth. Cafodd swp o lythyrau yn ei longyfarch am drefnu gweithred symbolaidd yng Nghaerfyrddin yn Ebrill 1971, pan orchuddiodd criw o weinidogion arwydd ffordd uniaith Saesneg gydag un Cymraeg. Meddai Islwyn Ffowc Elis:

> Yr oedd y weithred yn un anodd a dewr i brifathro coleg, ond yn ogystal â hynny mae gen i ryw syniad beth a gostiai peth fel hyn – a'ch holl weithgarwch arall yn y 'chwyldro', chwedl ein cyfeillion ifainc – i chi fel artist o lenor Cymraeg. Mi wn, oddi wrth lythyrau a dderbyniais oddi wrthych o dro i dro, gymaint yw'r dreth arnoch o orfod ymlafnio â gwaith pob dydd, ac ar ben hynny ymuno yn yr ymgyrch hon a'r frwydr arall, a chithau'n un o'r eneidiau dethol y byddwn i – yn naïf yn ôl safonau beirniadol heddiw, efallai – yn eu galw'n 'artistiaid pur'.[13]

Ymhen wythnosau roedd Pennar yng nghanol y brotest dorfol fwyaf cynhyrfus a gafwyd ym mrwydr yr iaith pan ymgynullodd tua 2,000 o bobl y tu allan i Frawdlys Morgannwg yn Abertawe i gefnogi wyth o arweinwyr Cymdeithas yr Iaith a gyhuddwyd o gynllwyn i ddifetha arwyddion ffyrdd Saesneg. Cipiwyd ugeiniau o bobl ifainc i'r llysoedd yn ystod 'achos yr wyth', ac roedd yr awyrgylch y tu allan i'r Guildhall ar brynhawn Sadwrn 8 Mai, pan anerchwyd y dorf gan Emyr Llywelyn, yn drydanol. Cyflwynwyd swp o arwyddion ffordd Saesneg i'r awdurdod-au, a chyn diwedd y dydd roedd ugeiniau wedi'u harestio, ac yn eu plith gynrychiolwyr y to hŷn, a Meredydd Evans a Pennar yn amlwg yn eu plith. Ymysg y rheini a oedd yn bresennol roedd Gilbert Ruddock, y bardd a'r beirniad o Gaerdydd:

Cyn mynd ymhellach, rhaid i mi fynegi fy malchder a'm hedmygedd ohonoch yn Abertawe ddydd Sadwrn diwethaf. Yn sicr, digwyddiad hanesyddol oedd hwn, a chwithau yn y canol yn rhoi arweiniad ac esiampl i bawb. Anodd yw mynegi'r teimladau dwys sy'n codi ar achlysur felly, ac ni allaf ond dweud 'Diolch' i chwi o waelod calon. A'ch sicrhau fy mod i, fel miloedd o Gymry eraill, yn eich edmygu chwi a'ch cefnogi gant y cant. Chwi sy'n iawn.[14]

Nid pawb a fynnai ddweud diolch, ysywaeth. Roedd llawer wedi'u cythruddo'n arw gan y gweithgarwch hwn, nid lleiaf rai o Annibynwyr Saesneg de Cymru. Mewn cyfarfod eglwys capeli Crundale a Wolfsdale, ger Hwlffordd, cytunwyd yn unfrydol i dorri pob cysylltiad â'r Coleg Coffa.

It was unanimously resolved to convey to you the great distress which all the members feel at your recent public actions in support of pseudo-political activities connected with the Welsh Language Society . . . To support violence, subversion, malicious damage and similar anti-social activities, to whatever object these activities be directed, is not in line with the Christian ethic, and brings the Church, your college, and yourself into disrepute.[15]

Ofer oedd ymgais Pennar i amddiffyn ei safiad, a llwyddodd y cyhoeddusrwydd a roddwyd i rali Abertawe i waethygu'r sefyllfa. Roedd ysgrifennydd eglwys Crundale, ac yntau yn un o Annibynwyr amlwg Sir Benfro, yn ddiamwys ei farn. 'What I saw, and what millions of others saw, was a display of unbridled lawbreaking, hooliganism, violence and vandalism, and I have no doubt that others were sickened as I was at the sight.'[16] Blynyddoedd o begynu milain fyddai'r rhain, a'r straen ar Pennar – ac ar Rosemarie a'r teulu – yn ddigon anodd. Er na werth-fawrogai Geoffrey Nuttall bopeth y byddai Pennar yn ei wneud o blaid ymgyrchoedd yr iaith, clywsai am anawsterau ei gyfaill o du yr eglwysi Saesneg, ac fe'i sicrhaodd o'i gefnogaeth: 'I hear (rather obscure) reports of disagreement between S. Wales or Glam (English) Union and Coleg Coffa,' meddai. 'The φιλονέικια in Wales is too complex for me to understand, but if anyone deserved admiration and loyalty from the Welsh it is surely you, who have given yourself so entirely and unselfishly to Wales' best interests.'[17] Nid pob Annibynnwr, ac nid pob Cristion, a gytunai fod ymgyrchu'n weithredol o blaid yr iaith er budd a lles y genedl Gymreig. Ond roedd cysur mawr i Pennar yn llythyrau Nuttall ac yn anogaeth Gilbert Ruddock a'r Cymry iau: fel y dywedwyd wrtho, 'Chwi sy'n iawn'.[18]

Yng nghanol y gweithgareddau hyn, doedd dim syndod fod meddwl Pennar yn troi fwyfwy at faterion a oedd yn ymwneud â chenedligrwydd a thor-cyfraith, a phriodoldeb sicrhau sylfaen ddiwinyddol ddigonol i'w argyhoeddiadau dadleuol yn y materion hyn. Eisoes cyhoeddwyd apologia ganddo ef a rhai Annibynwyr blaenllaw eraill o blaid gwerth Cristionogol yr iaith Gymraeg. Ffrwyth y rhagluniaeth ddwyfol oedd y genedl a'r iaith, meddent, ac roedd hanes y ffydd ynghlwm wrth y ddwy.

> Heb y Gymraeg ni all bywyd y Cymry fod yn llawn. Y mae iddi werth mawr i'r ysbryd, i'r galon ac i'r meddwl. Cyfoethoga fywyd y person unigol a'r gymdeithas a berthyn iddi. Ni all neb sy'n dymuno'r bywyd helaethaf i'w gyd-ddynion yng Nghymru fethu â gwneud ei eithaf i roi'r trysor hwn, y mwyaf a feddwn fel cenedl, yn eu meddiant oll.[19]

Ond roedd sawr mwy milwriaethus ar ei ddatganiadau diweddarach. Meddai yn dilyn gwylnos yn Abertawe adeg achosion llys 1971:

> There was a feeling that at last the people of Wales are awakening to the fact that they have moral power to claim the right to use their own language for all the purposes of modern life . . . The conviction emerged that the tradition of Christian faith in Wales, going back over the centuries, was now identifying itself with the struggles of the language which was the chief medium of Christian communication in Wales throughout the ages.[20]

Yn ei ysgrif 'Y Genedl yn y Testament Newydd' (1972), aeth ati i gymhwyso ysgolheictod beiblaidd at y sefyllfa gyfoes a cheisio darganfod glaslun i'r frwydr genedlaethol ar dudalennau'r efengylau cyfolwg. Prin fod yr ymgais yn llwyddiant. Cenedlatholwr di-drais o Iddew oedd Iesu iddo, a ddyheai am ymwared Israel o du Duw ac o du'r dyfodol. Ceir yn yr ysgrif hon rai o syniadau unigryw y Pennar hŷn, megis 'Ni hawliai Iesu, y mae'n ddiogel gennyf, unrhyw swydd neu deitl o urddas gwleidyddol neu eschatolegol iddo'i hun,'[21] a ddeuai i'r amlwg yn ei gyfrol *Y Brenin Alltud* (1974). Mae'r pwyslais, fel erioed, ar ddyfodiad Teyrnas Dduw a natur gymunedol Mab y Dyn, sef yr ymadrodd yn y Testament

Newydd a roes gyfrifoldeb mawr ar ysgwyddau dilynwyr Iesu i brysuro'r Dydd Diwethaf trwy eu hymdrechion a'u hufudd-dod eu hunain. Mewn ysgrif arall, fodd bynnag, 'Towards a theology of language', a gyhoeddwyd tua diwedd y cyfnod, gwnaeth gyfraniad gwerthfawr tuag at ddealltwriaeth ddiwinyddol o ystyr cenedligrwydd. 'To some of us', meddai, 'it is overwhelmingly evident that we have been entrusted with a national life in Christ and that the centuries of our existence as a Christian nation are a compelling warrant for our continuing right to live and to serve.'[22] Roedd yn ysgrif lai unigolyddol ei barn na'r un flaenorol ac yn fwy dibynadwy o ran ei hysgolheictod, a dangosai dreiddgarwch a doethineb ar faterion a oedd o hyd yn ddadleuol iawn.

Roedd bwrlwm newydd y cyfnod, a'i naws fwy secwlaraidd, i'w deimlo fwyaf yn ei anerchiad herfeiddiol o gadair Undeb yr Annibynwyr Cymraeg yn 1973. Nid oedd diwydrwydd Pennar o blaid yr iaith wedi rhwystro'i gyd-grefyddwyr rhag ei ethol yn llywydd ei enwad. Yn ei draethiad 'Y Pethau Nid Ydynt' o bulpud capel Bethlehem, Rhosllannerchrugog, ym Mehefin 1973, gofidiai yn fawr fod cynifer o'r Cymry brwdfrydig newydd bellach y tu allan i'r capeli ac y tu allan i afael Cristionogaeth yn gyfan gwbl, a gwyddai mai ar Gristionogion llugoer y sefydliad Anghydffurfiol yr oedd llawer o'r bai am hynny. Gofidiai yn fwy, felly, fod cymaint o broffeswyr wedi cefnu ar 'antur fawr y byd a ddaw'[23] a 'her y gobaith eschatolegol' (t.5) ac am 'y weledigaeth am fuddugoliaeth Mab y Dyn gan dderbyn y byd presennol, y byd fel y mae, y *status quo*' (t.12). Galwad broffwydol sydd ganddo ar i'w gyd-grefyddwyr feithrin o'r newydd ymdeimlad â gobaith y Testament Newydd a'r disgwyliad radicalaidd am lwyddiant y Deyrnas. 'Nid yn y gorffennol mae cyflawnder gogoniant Teyrnas Dduw', meddai, ond yn y dyfodol (t.5). 'Credaf fod y disgwyliad a geir yn y Testament Newydd yn cynnwys y gwirionedd i'r Cristionogion cynnar ac i ninnau yn yr ugeinfed ganrif' (t.12). Yr angen o hyd oedd 'gafael yn eiddgar yn y gobaith apocalyptig sydd yn rhan annatod o'n dinasyddiaeth dragwyddol' (t.7) a gweithredu ar ei sail. Nid na fyddai hyn yn beth enbydus iawn, 'Nid oes neb ohonom a ŵyr beth a ddaw' (t.14), meddai. Byddai'r byd yn elyniaethus fel ag erioed, ac roedd pob argoel bod y caledi yn mynd i ddwysáu: 'Nid datblygiad esmwyth a chymharol ddidramgwydd a gynigir inni, ond ingoedd aberth ac argyfwng' (t.12), ac 'yn y cyfamser bydd yn rhaid inni fod yn barod i wynebu erledigaeth a chystudd' (t.13). Ond dyna fraint plant y Deyrnas erioed hyd yn oed gydag Anghrist yn teyrnasu. 'Ein gwaith ni', meddai, 'trwy ras Duw ydy paratoi'r byd i weld gwireddu'r weledigaeth nefol, y nefoedd newydd a'r ddaear newydd' (t.17).

Roedd Pennar yn 62 oed pan draddododd yr anerchiad hwn, yn ŵr parchus a chyfrifol ac yn hysbys ym myd crefydd a dysg trwy Loegr a Chymru. Cafodd gryn hwyl ar y traethu, a rhoddwyd derbyniad gwresog i'w neges. Meddai W. Rhys Nicholas: 'A gaf fi eto ddiolch i chi am yr anerchiad a'n gwefreiddiodd gymaint yn y Rhos! Erbyn hyn, cawsom gyfle i'w ddarllen ac i ymdeimlo o'r newydd â'r rhin sydd ynddo ac â'i her hefyd. Roedd yn fraint cael bod gyda'r rhai a'i clywodd.'[24] O ystyried radicaliaeth ei gynnwys a difrifoldeb moesol y pregethwr, mae'n anodd meddwl i ddim byd mwy terfysglyd gael ei draddodi o unrhyw bulpud ym Mhrydain ar y pryd. Ni sylweddolwyd eto gymaint o ddifrif yr oedd y pregethwr ynghylch mater ei bregeth a'r weledigaeth fawr a oedd ynghlwm â hi.

Roedd troi oddi wrth y weledigaeth lachar ac apocalyptaidd hon at faterion llwydaidd uno'r eglwysi fel troi o ganol bwrlwm bywyd i fyd y fynwent. Eto, roedd problemau ecwmeniaeth yn dal i gorddi, ac roedd R. Tudur Jones yn awyddus i Pennar ddod allan yn erbyn y symudiad i uno'r Annibynwyr Saesneg ag Eglwys Bresbyteraidd Lloegr, symudiad a fyddai'n creu yn 1972 yr Eglwys Ddiwygiedig Unedig. 'Yr wyf wedi . . . mynegi'r farn y dylai'r Annibynwyr Cymraeg ddod i'r maes yn gryf yn awr', meddai. Roedd prifathro Bala-Bangor yn ddig oherwydd 'anoddefgarwch cefnogwyr y Cynllun Uno tuag at y sawl sy'n ei wrthwynebu', ac yn tybio y byddai Pennar, fel Annibynnwr traddodiadol a oedd hefyd yn ŵr annibynnol ei farn, yn cefnogi 'Association' y Cynulleidfaolwyr yn hytrach na hyrwyddwyr yr uniad newydd. 'Deallaf fod Geoffrey Nuttall o'r diwedd wedi mynegi cydymdeimlad â'r Association – ond ble mae'r dyn wedi bod yr holl amser yma? Sut bynnag, bydd yn ddiddorol clywed eich adwaith chwi.'[25] Er siom i Tudur Jones, nid oedd gan brifathro'r Coleg Coffa fawr awydd i gefnogi na gwrthwynebu'r cynlluniau hyn. Iddo ef roedd uno'r enwadau yn gwestiwn eilradd ac, nid hwyrach, yn un diflas iawn. Roedd cwestiynau eraill llawer mwy tyngedfennol yn y fantol, nid ynglŷn â threfn eglwysig ond ynghylch holl hanfod y ffydd. Degawd y secwlar fu'r 1960au, gyda dysgawdwyr fel yr Esgob John Robinson yn poblogeiddio sloganau megis 'y byd wedi dod i'w oed', a disgyblion Rudolf Bultmann yn sôn am ddadfythu cynnwys goruwchnaturiol y Testament Newydd er mwyn ei wneud yn fwy perthnasol i'r byd modern.[26] Nid oedd y symudiadau hyn heb adael eu hôl ar Pennar, yn enwedig trwy ddylanwad syniadaeth radicalaidd ei gyfaill, y diweddar (erbyn hynny) J. R. Jones. Erbyn dechrau'r 1970au roedd wedi cyfundrefnu'i feddwl ac yn barod i gyhoeddi'i farn i'r byd.

Ar wahân i eschatoleg, daeth dwy thema grefyddol i amlygrwydd

mawr ym meddwl Pennar erbyn canol y degawd, sef natur yr ysbryd-
olrwydd Cristionogol a hanfod Person Crist. Nid pynciau newydd
oeddent iddo wrth reswm, ond roedd amgylchiadau'r cyfnod a chwrs
datblygiad ei feddwl ei hun wedi peri iddo eu hystyried mewn goleuni
newydd. Yn ei adolygiad teledu ar grefydd Cymru'r 1960au a ddarlled-
wyd yn Chwefror 1970, awgrymodd fel yr oedd yn rhaid i weddi ddod yn
realiti profiadol ym mywydau cynulleidfaoedd yr eglwysi cyn y deuai
unrhyw raen ar yr achos drachefn. 'Mae'r troi yn ôl yn golygu ad-
newyddu'r berthynas fywiol â'r Herwr hwn. Mae'n golygu gweddi . . .
Mae gweddïo yn golygu byw – byw yn llawer iawn mwy angerddol nag
yr ydym yn arfer byw.'[27] Ond gwyddai fel y troes gweddi yn hynod
broblematig mewn byd a oedd â'i ragdybiaethau bellach yn drwyadl
secwlaraidd ac mewn eglwys lle roedd hyd yn oed ei diwinyddion yn
dweud bod 'Duw wedi marw' ac nid oedd fawr o obaith am ei atgyfodi
drachefn. Er gwaethaf radicaliaeth Pennar a'i gydymdeimlad â saf-
bwyntiau ei gyfaill, yr athronydd J. R. Jones, ynghylch 'yr argyfwng
gwacter ystyr', gallai fod yn ddigon miniog ei feirniadaeth ar rai o
ddiwinyddion secwlaraidd y cyfnod. 'Yn y ffasiwn secwlaraidd a
ddechreuodd gydio yn y chwedegau yr oedd mwy o duedd i sôn am
secwlareiddio'r Gristnogaeth nag am Gristioneiddio'r byd', meddai [28] 'I
lawer o'r radicaliaid honedig heddiw y mae [radicaliaeth] yn golygu
rhyw fath o gydymffurfio â'r oes fodern.'[29] Trawodd yr un nodyn yn
union yn ei ddarlith goffa i Gwilym Bowyer, *Duw Ysbryd Glân*, ym
Mehefin yr un flwyddyn.[30] Mae'n bwysig craffu ar y sylwadau hyn er
mwyn deall union natur safbwynt Pennar. Beth bynnag am yr hyn a
fynnai ei ddweud am 'yr absen dwyfol' ac am y paradocs o Dduw yn ei
bresenoli'i hun mewn absenoldeb, ni fynnai ddadgynhwyso'r ffydd
mewn ymgais i fod yn dderbyniol yng ngolwg y byd.

Cafodd y motifau radicalaidd hyn eu mynegi ar eu mwyaf croyw yn y
pwysicaf o'i gyfrolau diwinyddol Y *Brenin Alltud* (1974). Ar wahân i'r
ysgrifau ar Waldo Williams a T. Gwynn Jones, sy'n tafoli eu gwaith
mewn termau diwinyddol gymaint fyth ag yn ôl canonau beirniadaeth
lenyddol, trafod gweddi, ysbrydolrwydd ac yn arbennig, *profiad*
adnabod Duw, a hefyd Gristoleg, sef natur Person Crist, a wneir.
Ymdriniaeth fanwl a lled faith â chyfriniaeth yw'r ysgrif 'Yr Absen
Ddwyfol' ac yn arbennig yr ymdeimlad o golli gafael ar Dduw neu 'nos
ddu yr enaid'. Mae'r drafodaeth yn un ddysgedig iawn, yn cynnwys
deunydd ysgrythurol fel Eseia 45, Salm 139 a Llyfr Job heb sôn am eiriau
Iesu ar y groes, 'Fy Nuw, fy Nuw, paham y'm gadewaist?', ac yna
drafodaeth ar syniadaeth rhes hir o feddylwyr o gyfnod y Tadau

Eglwysig Cynnar hyd at ddiwinyddion cyfoes. Crybwyllir, ymysg llawer
o rai eraill, Clement o Alexandria a Pseudo-Dionysius o'r cyfnod
cynnar; Ioan Scotus Erigena, Huw ac Ioan Sant Victor, Bonaventura,
Meistr Eckhart, Ruysbroeck, Tauler, Nicolas o Cusa a Catrin o Siena o'r
cyfnod canol; yna Protestaniaid amrywiol fel Luther, Jacob Böhme,
Morgan Llwyd, William Law, Thomas Traherne a Williams Pantycelyn;
Catholigion megis Teresa o Avila, Ioan y Groes, Dom Awstin Baker,
Blaise Pascal, Mme Guyon; ac, yn olaf, meddylwyr modern fel
Kierkegaard, Nietzsche, Simone Weil, Paul Van Buren, Thomas Altizer a
J. R. Jones.

  Wedi galw'r fath amrywiaeth gymysgliw o dystion ynghyd, myn
Pennar mai'r ymdeimlad o undod â Duw sydd wrth wraidd y profiad
cyfriniol a bod y profiad hwn yn agored i bawb a fynn ymorol amdano.
'Yr un yn y bôn yw profiadau'r cyfrinwyr a phob credadun addolgar
arall', meddai.[31] 'Nid yw'r perlesmeiriau i gyd ond yn estyniadau ar
brofiad cyffredin pawb a fu'n myfyrio o ddifrif uwchben y gwahaniaeth
rhwng llwydni a breuder a salwineb ei gyflwr ei hun a gogoniant y
Purdeb dilychwin' (t.148). Ond nid peth hawdd mo ymchwil o'r fath,
mae'n golygu edifeirwch, ymwacâd ac ymddisgyblaeth lem: 'Euog-
rwydd, cywilydd, hunan-esgymundod, casáu dy drachwant a'th genfigen
a'th falchder dy hun, gwybod mai muriau carchar dy bechod sydd
rhyngot ti a'th Dduw – dyma Borth Cyfyng y mae'n rhaid i ti a mi fynd
trwyddo, a chyfres o byrth ydyw, yn ôl fy mhrofiad i' (t.149). Mae am y
mwyaf o ymdrech yma, ymdrech sy'n nodweddu *via purgativa* y
traddodiad Catholig yn fwy o lawer nag ymollyngdod gorfoleddus y
traddodiad efengylaidd (sylwer mai Böhme, Platoniaid Caer-grawnt,
William Law a Traherne yw ei hoff Brotestaniaid yn hytrach na'r
Piwritaniaid a'r efengyleiddwyr), a hyn, debygwn i, sydd fwyaf cyfrifol
am brudd-der a gofid ysbrydol y traethiad, beth bynnag am ei astrusi.[32]
Dod o hyd i'r Duw a fynn gyfannu popeth yw amcan ysbrydol Pennar,
Duw'r creu a'r cadw sy'n waelod i bob dim ac yn ddiben popeth oll, a'r
allwedd i'r dirgelwch hwnnw yw Crist: 'Wrth feddwl yn arbennig am
fywyd dyn', meddai, gan ddwyn ar gof ei bererindod ei hun, 'deuthum i
deimlo fod ei holl ystyr wedi ei chrynhoi yn nrama ddigyffelyb antur
Iesu o Nasareth' (tt.175–6).

  A dyma sy'n clymu ei ddyhead am brofiad helaethach o Dduw a'i
ymchwil am Grist ynghyd, oherwydd nid yw'n gwbl glir, yn ôl deall-
twriaeth Pennar o'r Testament Newydd, beth yn union *oedd* antur
ddigyffelyb Iesu o Nasareth. Yn wahanol i'r darlun o Grist a dynnwyd
flynyddoedd ynghynt yn *Geiriau'r Iesu* a oedd yn seiliedig gan mwyaf ar

ddilysrwydd hanesyddol yr efengylau cyfolwg, ac yn wahanol i'r darlun o Grist a geir yn epistolau Paul ac Efengyl Ioan, mae Iesu y gyfrol hon yn 'Frenin Diarwybod' (tt.11–41). 'Yn yr Ymgnawdoliad', meddai, 'mae'r Ymgnawdoledig yn aberthu nid ei briodoleddau ond ei hunan, ei hunaniaeth ddwyfol' (t.13). Mae'n dilyn o hyn fod llawer cyfeiriad o eiddo Iesu lle mynegir yr hunaniaeth ddwyfol yn hanesyddol annilys ac yn mynegi barn nid Iesu ei hun ond barn yr eglwys fore (gw. Mathew 11:27, Luc 10:22, Mathew 7:21–2, Luc 13:22–30). Y mae Pennar o'r herwydd yn hollol argyhoeddedig na honnodd Iesu erioed ddim byd amdano'i hun: 'Amlygir ei Dduwdod nid mewn ymhoniadau rhyfedd am awdurdod unigryw ei Berson ond yn ei ostyngeiddrwydd hollol ddihunangais' (t.14). Roedd Iesu, felly, yn Waredwr mud: 'Nid ar honiadau tybiedig Iesu amdano'i hun y mae ei arbenigrwydd a'i awdurdod yn dibynnu, ond ar ei efengyl a'i weinidogaeth a'i aberth' (t.16). Rhan o'i ogoniant oedd 'iddo ymwrthod â'r holl deitlau mawreddog y mae ffydd ei ddilynwyr a dwysbarch ei addolwyr wedi mynnu rhoi iddo' (t.17). Roedd y Gwaredwr mud yn Waredwr noeth yn ogystal.

Gŵyr Pennar yn iawn yr hyn y mae'n ei wneud, a gŵyr y gallai hyn anesmwytho llawer iawn o Gristionogion traddodiadol. 'Fe welir fy mod yn barod', meddai, 'i fesur a phwyso tystiolaeth yr Efengylau i chwilio am eiriau dilys Iesu o Nasareth' (t.18). Ond yn ôl ei argyhoeddiad ei hun nid oedd dim dewis ganddo ond parhau â'r dasg: 'Y dasg fawr a chymhleth sydd o flaen efrydwyr yr efengylau heddiw yw gwahaniaethu'n fanwl rhwng y deunydd sydd yn ffurfianwaith yr Eglwys wedi'r Pentecost a'r deunydd sydd yn tarddu, yn ddigamsyniol . . . allan o waith Iesu ei hun' (t.19). A'r llinyn mesur, yn ôl Pennar, yw'r honiadau dwyfol. Pan na honna Iesu ddim iddo'i hunan, fel yn ei ateb i'r gŵr ifanc goludog yn Marc 10:17–18, dyna brawf o ddilysrwydd yr ymadrodd ysgrythurol; pan honna Iesu rywbeth o'r fath, dyna brawf o'i annilysrwydd. Ymhlith y teitlau na fynnodd Iesu eu defnyddio amdano'i hun yr oedd 'Mab Duw', 'Arglwydd' a 'Mab y Dyn'. Fel yr ysgolheigion Wilhelm Wrede a Rudolf Bultmann, ni chred fod Iesu'n ei weld ei hun fel Meseia: 'Ni fynnai ymhonni'n Feseia o gwbl, nac yn gyhoeddus nac ymhlith ei ddisgyblion nac yn ei ymwybod ei hun' (t.24). Teitl milwrol ydoedd, ac un y mynnai eraill, Pedr yn arbennig, ei briodoli iddo. Er iddo gyhoeddi teyrnas feseianaidd, nid ef oedd y Meseia. Peth torfol, diwethafol oedd y Meseia, cymdeithas ac nid unigolyn: 'Ni hawliai mai Efe oedd y Meseia. Pobl Dduw oedd y gwir Feseia iddo ef . . . yr Israel Eneiniog yn arwain y cenhedloedd i gyweithas y ddynoliaeth newydd' (t.37). Ni fynnai ei alw ei hun yn 'Arglwydd' ychwaith, nac yn 'was': 'Yr

oedd yn bwysicach ganddo fod pobl yn ymroddi i fywyd y deyrnas na'u
bod yn dangos y parch mwyaf cymhedrol ato ef' (t.28). Yn sail i'r
haeriad hwn ceir Luc 6:46. 'Fe roddai Iesu ei hun i fod yn "was i bawb",
heb honni dim hyd yn oed yn ei fyfyrdod mewnol mai efe oedd y Gwas.
Ei unig gymhelliad oedd gwneuthur gwaith y Tydi a adwaenai'n Dad'
(t.29). I Pennar cyfystyron oedd 'Meseia' a 'Mab y Dyn', ac felly ni
hawliai'r Iesu y naill deitl na'r llall, ac er bod grymusterau'r oes a ddaw
ar waith yn ei weinidogaeth, 'Ni welaf ddim tystiolaeth gredadwy fod
Iesu wedi hawlio safle eschatolegol iddo ei hun hyd yn oed fel proffwyd
. . . Ni fynnai Iesu unrhyw urddas na safle arbennig yng nghynllun
eschatolegol Duw' (tt.36–7). Mae Pennar yn crynhoi cenhadaeth Iesu'r
brenin diarwybod fel hyn:

> Cenhadaeth Iesu oedd galw'r Iddewon i'r Efengyl a thrwy hynny greu'r
> Israel newydd a fyddai'n gnewyllyn Teyrnas Dduw a'i saint. Yr oedd
> nerth y Deyrnas yn bresennol eisoes yn holl rymusterau'r Ysbryd. Y nod
> oedd y ddynoliaeth newydd yn y Duw sydd yn Ysbryd Glân. Daeth
> arwyddluniaeth y seithfed bennod o Lyfr Daniel â'r hen ymadrodd 'Mab
> y Dyn' yn gyfrwng cymeradwy i draethu gobaith Iesu. (t.32)

Ond nid Iesu oedd 'Mab y Dyn', ond yn hytrach y gymdeithas
feseianaidd, pobl yr Arglwydd, Israel newydd Duw oedd hwnnw ac nid
ef ei hun. Am yr Iesu hwn nad oedd, yn ôl ei honiad ei hun, nac yn Fab
Duw nac yn Fab y Dyn, nac yn Arglwydd nac yn was, nac yn Feseia nac
yn broffwyd y Diwedd, 'Wele'r Brenin na hawlia ddim: y Brenin
Diarwybod' (t.38). Thesis canolog Pennar Davies yn *Y Brenin Alltud*
yw hyn: 'Di-sail yw pob diwinyddiaeth a bwysa ar honiadau Iesu
amdano'i hun, canys ni hawliai ddim byd. Fe'i dibrisiodd ei hun mewn
ystyr fwy eithafol nag y mentrodd diwinyddiaeth gydnabod'. Pwy, felly,
yw'r Iesu hwn? 'Y cydfarwolyn noethlymun hwn – efe yw Gwaredwr y
byd' (t.38).

Prin fod rhaid dweud bod safbwynt Pennar yn un pur unigryw yn
hanes yr athrawiaeth Gristionogol yng Nghymru a, hyd y gwn i, ym
mhob man arall hefyd. Mae'n eithriadol oddrychol, gan grwydro ymhell
bell dros y ffin i dir mympwyedd. Cyfeddyf ef ei hun hyn: 'Gallant
oll [sef ei feirniaid] gytuno mai mympwyol hollol yw fy nelwedd o'm
Hiesu' (t.175). Ond eto mae'r peth yn eithriadol bwysig iddo am
mai dyma'r union gysylltiad rhwng ei ddyhead am brofiad helaethach
o Dduw a'i ddealltwriaeth bersonol o 'ddrama ddigyffelyb antur Iesu
o Nasareth'. 'Rhaid i mi dystio fy mod i, *yn y profiad hwn o'r*

Atgyfodedig', meddai, 'yn methu'n lân â chlywed ei lais yn hawlio dim iddo ei hunan, dim teitl, dim anrhydedd, dim safle arbennig, dim gorsedd mewn tragwyddoldeb' (t.14), dim byd. Ei brofiad ysbrydol ei hun sy'n penderfynu beth sy'n ddilys a beth sy'n annilys ynglŷn ag Iesu'r Testament Newydd. Mae'n camu y tu ôl i'r datguddiad apostolaidd o Grist er mwyn darganfod Iesu sy'n ffrwyth ei dybiaeth ei hun. A pha fath Iesu yw hwnnw? Iesu'r cyfaill bid siŵr, yr Iesu glân a dibechod yn ddiau, Iesu sy'n symbol o bresenoldeb Duw ymhlith plant dynion, ond nid yr Iesu sy'n sefyll yng nghysgod uffern a marwolaeth gan gymryd y farn sanctaidd arno'i hun er mwyn gwaredu'i bobl o ddistryw. Ac fel y dywedodd Karl Barth am Gristoleg debyg Schleiermacher, 'Ai *Crist* yw'r Crist hwn, y Crist sy'n ddatguddiad o *Dduw*?'[33] Er gwaethaf natur drawiadol y portread, nid dyma Grist y dystiolaeth apostolaidd na'r Crist a fu'n sylfaen ffydd yr eglwys ar hyd y canrifoedd.

Ond eto ni wiw gwadu difrifoldeb ei ymchwil na realaeth ei brofiad ysbrydol y chwaith:

Mae pob dyn sy'n anfodlon arno ei hun yn profi cyfnodau o ddiffrwythdra a chywilydd a all ymylu ar anobaith ac ni bu prinder cyfnodau o'r fath yn fy mhrofiad i. Ond . . . gwn beth yw cael catharsis dirboenus-hyfrydlon trwy feddwl am yr Iesu hanesyddol a dychmygu ei agosrwydd fel cyfoeswr a chydymaith a chyfaill i mi. Daliaf i gredu yng ngwerth dihafal y math yma o gymuno . . . Fy mhrofiad pendant a di-sigl i yw na all neb na dim gymryd lle yr Iesu hwnnw fel yr oedd yn ei gnawd ac yn ei oes ac yn ei wlad: efe i ni yw'r ffaith *gyfoes* greiddiol y mae'n rhaid i'r ddynol ryw ei hwynebu a'i rhyfeddu. (t.175)

Megis *Cudd Fy Meiau*, undod â Christ trwy gyfrwng y dychymyg a geir yma; ni phetrusaf cyn ei alw'n undod cyfriniol a gysylltodd yr awdur â'r hyn a alwodd yn 'Ddirwedd y mae popeth hebddo yn peidio â bod' (t.176). Ac fel y mae'r Tad, yn ôl haeriad athrawiaeth y Drindod yn rhannu'n gyflawn yn sylwedd y Mab, mae undod cyfriniol â Christ yn golygu 'dod yn gyfranogion o'r natur ddwyfol' (2 Pedr 1:4). 'Aeth yn amhosibl imi bellach gael profiad bywiol, heriol, ymdrawiadol, dirfodol o "Dduw" heb ei adnabod yn Iesu'r saer a'r gennad a'r ymgyrchwr llon a'r drylliog anorchfygol ei dosturi', meddai (t.152). Fwy nag unwaith yn *Y Brenin Alltud*, mewn paragraffau ar dudalennau 152–3 a 176–7 er enghraifft sy'n rhy hir i'w dyfynnu, ceir ymgais Pennar i ddisgrifio ei brofiad o'r undeb cyfriniol hwn, a Pherson Crist sy'n allweddol ynddynt oll. Ef yw'r 'Gŵr na allaf fyw hebddo' (t.176):

Daw Iesu ataf ymhob angerdd bywydol, ei anadliad a'i gyffyrddiad a'i
dynerwch cadarn; ond yn y profiadau dwysaf ohono gwn fy mod yn syllu
trwy ei lygaid ar ddirgelwch y Creu a'r Cadw, y Draul a'r Drefn, y Darfod
a'r Dirfod, orohïan y Briodas rhwng y Cyfan a'r Diddim y cenhedlir
ynddi y bydoedd oll a'r holl eneidiau sydd. (t.177)

'I am always moved by your personal, lyrical outbursts and confessions,
whether about "Iesu'r cyd-ddyn", "Iesu'r saer" and "fy nelwedd o'm
Hiesu"', meddai Geoffrey Nuttall yn yr ail o ddau lythyr hynod yn dad-
ansoddi *Y Brenin Alltud*.[34] Cafodd gyfle eisoes i adolygu'r gyfrol, yn
Gymraeg, yn *Diwinyddiaeth*, cylchgrawn Urdd Graddedigion Prifysgol
Cymru. 'Y mae traethawd Pennar Davies ar "Yr Absen Dwyfol" yn
wirioneddol ddisglair', meddai, 'ond y mae efallai yn fwy o hanes anallu
dyn i amgyffred Duw nag ydyw o amlygiad ac esboniad o'r absen dwyfol
a ddisgwyliem.'[35] Roedd hon yn feirniadaeth graff iawn ac yn un a
adroddodd eilwaith ddwy flynedd wedyn.

The final long treatise on 'Yr Absen Dwyfol' leaves me still, as when I first
read it, rather dissatisfied because it seems to me, while full of learning
and insight, to be on a different subject, i.e. man's psychological sense of
desolation, not the theological and ethical exposition of God's hiding
himself or withdrawing himself.[36]

Ond eto, cymaint oedd yr argraff a adawodd y gyfrol ar yr hanesydd
Seisnig nes iddo fynd ati, yn ddigymell, i gyfieithu rhannau ohoni a'i
chynnig yn ysgrif i un o brif gylchgronau diwinyddol Lloegr. Ym-
ddangosodd 'The meaning of Messiahship', dan enw Pennar Davies, yn
The Expository Times yn Rhagfyr 1975: 'I think it could interest and
help a lot of people',[37] meddai'r cyfieithydd, a gwir oedd y gair. Ymhlith
y llythyrau a dderbyniodd Pennar yn sgil yr erthygl hon oedd un gan y
Parchedig J. A. Winn, gweinidog Methodistaidd cylchdaith Yongala, De
Awstralia. 'Much of your article reinforced my thinking and I was
grateful for that and the way in which it added to my understanding of
the issues involved.'[38] Nid yr adran yn dadansoddi 'nos dywyll yr enaid'
a gydiodd yn nychymyg Geoffrey Nuttall ond y rhannau Cristolegol:
'I have just finished my slow re-reading of *Y Brenin Alltud*', meddai
eto. 'I don't think I have valued anything in it as much as "Y Brenin
Diarwybod".'[39]

Eto nid pawb a gyfareddwyd, a beirniadaeth, nid gwerthfawrogiad, a
gafodd Pennar gan rai. 'Alltudio'r Brenin' oedd teitl slic adolygydd

Y *Cylchgrawn Efengylaidd*. 'Naaman y Syriad o lyfr yw hwn', meddai, 'mae'n wahanglwyf.'[40] Yn wahanol iawn i Nuttall, mae'n amlwg i'r adolygydd hwn dybio mai crediniwr go frith oedd yr awdur, os oedd yn grediniwr o gwbl, a phrin fod lle iddo oddi mewn i gorlan y ffydd. Ni chrybwyllodd yr ysbryd defosiynol a oedd yn cynysgaeddu'r gyfrol, na'r canoli addolgar ar Berson Iesu o Nasareth. Nid dyma'r tro cyntaf i efengyleiddiaeth Cymru fod yn ddall i gymhellion didwyll a chrefyddol y rhyddfrydiaeth ddiwinyddol a mynnu barnu yn lle gwerthfawrogi. Y gwir yw bod *Y Brenin Alltud* yn waith o grediniaeth ddofn ac o ddefosiwn diffuant. Beth bynnag am ei fympwyedd, ei relatifiaeth a'i oddrychedd syniadol, roedd yn gyfraniad hynod wreiddiol i lenyddiaeth grefyddol Cymru'r ugeinfed ganrif ac yn arwydd o ddifrifoldeb ysbrydol ei awdur yn ogystal.[41]

Fel Dietrich Bonhoeffer yn darlithio ar Gristoleg ym Mhrifysgol Berlin pan ddaeth Adolf Hitler i rym yn 1933, a Karl Barth yn Bonn yn paratoi gwersi i'w fyfyrwyr ar *Y Ddogmateg Eglwysig*, roedd diwinydda Pennar yn digwydd yng nghyd-destun symudiadau gwleidyddol digon cyffrous. Addawodd llywodraeth James Callaghan (a ddaeth i rym yn 1974) refferendwm ar gyfer datganoli. Er gwaethaf sêl John Morris, ysgrifennydd gwladol Cymru, ac ambell unigolyn arall yn rhengoedd Llafur o blaid polisi eu llywodraeth eu hunain, llugoer oedd y gefnogaeth a dweud y lleiaf. Roedd presenoldeb aelodau Plaid Cymru yn San Steffan, o dan arweiniad Gwynfor Evans (a ddychwelodd yno yn 1974), wedi sicrhau llais i genedlaetholdeb Cymreig ar lwyfan politicaidd Llundain, ond roedd yr hyder a nodweddodd fuddugoliaeth Caerfyrddin yn 1966 a'r asbri a fu'n rhan o ymgyrchoedd cynnar Cymdeithas yr Iaith, wedi diflannu'n rhannol fel yr âi'r blynyddoedd yn eu blaen.

Os oedd realrwydd wedi oeri'r hinsawdd wleidyddol, roedd pegynu chwyrn yn digwydd oddi mewn i'r cylchoedd crefyddol yn ogystal. Roedd R. Tudur Jones, fel Pennar yntau, yn rhychwantu'r ddau fyd. Mynegwyd y rhwystredigaethau a deimlwyd gan Gristionogion cenedlaetholgar yn yr ohebiaeth rhyngddynt. Roedd Pennar wedi adolygu cyfrol Tudur Jones, *The Desire of Nations* (1973), yn ddigon cadarnhaol ym mhapur Abertawe, y *South Wales Evening Post*,[42] ond go bruddaidd oedd ymateb yr awdur:

> Diolch ichwi hefyd am fynd i drafferth i adolygu *Desire of Nations*. Gwnaethoch gymwynas yn dinoethi ei aml wendidau. Mae pawb yr wyf yn rhoi pwys ar eu barn yn tueddu i gytuno â chwi fod ei ddiffygion yn

amlycach na'i rinweddau, ac yn wyneb barn mor gytûn, nid oes gennyf ond derbyn y dyfarniad yn llawen! Nid oes fawr fynd ar y gyfrol. Nid yw'n gymaint o fethiant â *Ffydd yn y Ffau*, mae'n wir, ond mae'n bur agos. Fy nhuedd erbyn hyn yw meddwl mai dipyn o *faux pas* oedd cyhoeddi'r ddwy. Rwy'n ceisio dysgu'r wers briodol oddi wrth hynny.[43]

Ni adawodd Tudur Jones i'r gwahaniaethau diwinyddol a oedd rhyngddynt fyth amharu ar eu cyfeillgarwch, yn wir arhosodd Pennar a Rosemarie ar aelwyd prifathro Bala-Bangor ym Mawrth 1975 pan oedd Pennar yn traddodi darlithoedd coffa Michael D. Jones yno. Ond os oedd eu cydberthynas hwy yn iach, nid felly yr oedd pethau rhwng eraill a hwy. Crybwyllwyd beirniadaeth finiog *Y Cylchgrawn Efengylaidd* ar waith Pennar eisoes. Ond roedd rhyddfrydwyr yn gallu bod yr un mor gas. 'Fe'm hysgydwyd yn ddifrifol gan ymosodiad Iorwerth Jones yn *Y Tyst* gan mor annheg a maleisus ydoedd,' meddai Tudur yn 1976. Golygydd *Y Tyst* oedd Iorwerth Jones, ac yn rhyddfrydwr diwinyddol milwriaethus iawn. Ef oedd yr un, ddegawdau ynghynt, a gyfeiriodd at Tudur fel 'bachgen braf' a chanddo 'gyfuniad o dreiddgarwch a rhadlonrwyd'.[44] Erbyn 1976 roedd ei farn amdano wedi dirywio a'i edmygedd ohono wedi pallu. Ymosodasai yn ffyrnig ar Tudur Jones ychydig ddyddiau ynghynt ar gyfrif ei geidwadaeth athrawiaethol ac yn fwyaf arbennig ar ei syniadau am y Beibl. Y cefndir oedd sylwadau Gwilym R. Jones ynghylch cysoni salmau dial yr Hen Destament â'r syniad o gariad Duw a amlygwyd yng Nghrist. 'Y Prifathro', meddai Iorwerth Jones, 'sydd am ysgubo'r broblem [am natur Duw yn yr Hen Destament] o dan fat ei ddogma ffwndamentalaidd . . . Y mae'n nodweddiadol o ddiwinyddiaeth ffwndamentalaidd y Prifathro ei fod yn ymwrthod â ffrwyth ysgolheictod beiblaidd er mwyn cynnal ei ddogma.'[45] Clwyfwyd prifathro Bala-Bangor yn ddwfn iawn gan fileindra yr ymosodiad hwn. 'Mae'n amlwg fy mod yn wrthrych casineb personol iddo', meddai, 'er na wn yn y byd mawr pam gan nad wyf yn teimlo dim o hynny tuag ato ef. Ceisiais lunio ymateb iddo, ond ofnaf yn fy nghalon y bydd hynny'n esgus i ragor o ddifenwi . . . Mae'n hawdd gweld pam mae Iorwerth yn codi ofn ar bobl. Ond fe â'r storm heibio fel pob un arall!'[46]

Y Beibl oedd ffocws yr anghytundeb rhwng y rhyddfrydwyr a'r efengyleiddwyr ar y pryd, ac roedd barn Pennar ar y pwnc yn hysbys eisoes. Roedd yn arddel beirniadaeth feiblaidd, a sylfaen holl resymu'r *Brenin Alltud* oedd ei ddefnydd gorfentrus a chafalîr o egwyddorion *Redaktiongeschichte* neu feirniadaeth redacteg sef, fel yr oedd awduron yr efengylau yn saernïo'u defnyddiau yn ôl eu rhagdybiau diwinyddol eu hunain.[47] Roedd deiliad y pwyslais efengylaidd, ar y llaw arall, yn arddel syniad mor geidwadol am yr Ysgrythur nes troi, braidd, yn ddocetiaeth. Mynnai'r farn hon, ar sail *a priori*, fod testun y Beibl yn ddi-wall ac felly yn llythrennol gywir ym mhob dim, gan gynnwys manylion hanes a gwyddoniaeth.[48] Yr amcan, wrth gwrs, oedd gwarchod natur yr Ysgrythur fel datguddiad dibynadwy oddi wrth Dduw. Pa mor gymeradwy bynnag oedd yr amcan, roedd y ddamcaniaeth a ddefnyddiwyd i hyrwyddo'r amcan yn sigledig y tu hwnt. Er gwaethaf haeriadau ysgubol golygydd *Y Tyst*, nid ffwndamentalydd oedd Tudur Jones, ond roedd ffwndamentaliaeth yn ffactor diymwad yn y pegynu a andwyodd Gristionogaeth Cymru ar y pryd. Meddai Pennar:

> Rhaid dweud hefyd mai trist a diffrwyth yw'r mudiad a gais ffoi rhag haeriadau'r oes trwy drin y Beibl fel petai'n rhyw wyddoniadur dwyfol. Mae'r llythrenolwyr yn ddiwinyddol anllythrennog, ond y maent wedi llwyddo i ymgynghreirio â rhywrai sydd ymhell o fod yn anllythrennog ond sy'n ymdrechu i gynnal rhyw draddodiadaeth ddiwinyddol a aeth yn gwbl amherthnasol i wir angen dyn, am ei fod, wrth fawrygu Duw fel Brenin a Barnwr, yn methu'n lân â dirnad y Groes yn ei galon.[49]

Oddi mewn i rengoedd yr Annibynwyr, Tudur Jones yn anad neb a gynrychiolai adfywiad Calfinaidd y 1970au a oedd, ym marn Pennar, 'yn gwbl amherthnasol i wir angen dyn'. Os oedd ef 'ymhell o fod yn anllythrennog', roedd eraill a oedd yn llai craff nag ef, wedi mynd i bwyso'n drwm ar ei allu a'i ysgolheictod er mwyn cyfiawnhau eu hathrawiaethau hwy. Roedd y peth yn rhwym o greu tensiwn. 'Siom drist i mi yw hanes diwinyddiaeth yn fy hen goleg i [Bala-Bangor] er fy nydd i yno', meddai'r hynafgwr o Annibynnwr W. T. Gruffydd yn 1976. 'Yn fy marn fach i trychineb oedd goruchafiaeth y Galfiniaeth Newydd yno.'[50] Y trychineb yn y 1970au oedd nid 'y Galfiniaeth Newydd' ond y cyfuniad o orgeidwadaeth feiblaidd a'r meddwl sectyddol ar y naill law, ac adwaith dall rhai o'r rhyddfrydwyr diwinyddol mwyaf anoddefgar ar y llall.

Os aeth cenedlaetholdeb a diwinyddiaeth â bryd Pennar yn ystod y blynyddoedd hyn, fe gafodd gyfle hefyd i ymhél â hanes, a hanes eglwysig hefyd. Golygodd y gyfrol *Athrawon ac Annibynwyr* (1971) a oedd yn gyfraniad buddiol at ein gwybodaeth am ddatblygiad y meddwl Cristionogol yng Nghymru o ddiwedd Oes Victoria hyd at ganol yr ugeinfed ganrif, a chwblhaodd lafur cariad yn 1976, sef cofiant i un o'r anwylaf o'i gyfeillion, Gwynfor Evans. Plaid Cymru a'i gwahoddodd i ymgymryd â'r dasg yn Chwefror 1975 ac arwydd o gyflymder ei lafur oedd i'r gyfrol fod yn y siopau erbyn Mehefin 1976. Cofiant poblogaidd ydoedd, er nad oedd yr elfen ddadansoddol yn absennol. 'I keenly admire Pennar's continued achievements', meddai Clem Linnenberg, 'including the prospective biography of Gwynfor Evans. I fully comprehend your dilemma about the venture – to please and yet to be honest.'[51] Cafodd y cofiant dderbyniad gwresog. Erys fel yr unig astudiaeth drwyadl o gyfraniad un o bennaf cymwynaswyr Cymru'r ugeinfed ganrif. Meddai Trebor Lloyd Evans: 'Bydd y llyfr hwn mi gredaf fel "beibl" i genedlaetholwyr am lawer cyfnod i ddod.'[52] Plesiwyd y gwrthrych yn fawr. 'Rhyfeddol fu maint ac ansawdd eich llafur trwy'r blynyddoedd, ac nid llai ei amrywiaeth', meddai Gwynfor Evans. 'Ac er cymaint eich llafur fel athro a phregethwr, llenor ac ysgolhaig, cawsoch o hyd i amser rywsut i wneud y pethau bychain ac i feithrin cyfeillgarwch.'[53]

Roedd yn parhau i feithrin cyfeillgarwch â Clem Linnenberg yn Washington DC a Geoffrey Nuttall yn Llundain. Nododd yr Americanwr gyda thristwch farwolaeth eu hen gyfaill Gus Baer, y mynach Benedictaidd a fu'n gyd-fyfyriwr i'r ddau ohonynt ym Mhrifysgol Iâl gymaint o flynyddoedd ynghynt. 'His death is a great shock. I liked him very much,'[54] meddai. 'He was indeed cultured and a gentleman.'[55] Ond beth bynnag am y golled, roedd bywyd yn mynd yn ei flaen, ac ymrwymiad Linnenberg gymaint i werthoedd rhyddfrydol yn America ag ydoedd sêl Pennar o blaid yr achos Cymreig. Bu sgandal Watergate yn loes calon iddo, a chwymp Richard Nixon yn destun rhyddhad: 'We were deeply relieved that legal, orderly procedures brought to an end the reign of the man who made the White House a synonym for organized crime', meddai yn 1974.[56] Dwy flynedd yn ddiweddarach, gyda'r etholiad arlywyddol ar y gweill, roedd Clem a Marianne yn gweithio'n ddyfal i sicrhau llwyddiant i'r Democrat Jimmy Carter, cyn-lywodraethwr Georgia, fel darpar arlywydd eu gwlad. Rhoes hyn gyfle iddo drafod yn hamddenol agwedd Americanwyr at y berthynas rhwng crefydd a gwleidyddiaeth yn y bywyd cyhoeddus.

I am grimly amused at the widespread perturbation in America about the fact that Jimmy Carter is religious. It is still true that very few Americans will admit that they are agnostics or atheists. Indeed, I think that the overwhelming majority of Americans do believe, in a fuzzy way or otherwise, in God. What troubles them about Carter's status as a believer is that he is sincere about it, and also *regularly attends church* and teaches *a Sunday School class*. He is an authentic Christian, not just *pro forma* a

Christian. It does not embarrass him to answer a question from the audience at a political gathering by saying 'Yes, I am twice-born'![57]

I Linnenberg roedd y gonestrwydd hwn mor iachusol yn dilyn ffug-grefyddoldeb pob arlywydd er dyddiau Eisenhower. 'The massive hypocrisy of President Eisenhower was perfectly acceptable to the American people. He rarely went to church, but when he did, the television cameras were on the steps when he entered and when he left.'[58] Yr hyn a oedd yn ddeniadol ynghylch Carter oedd nid yn unig ei hygrededd moesol tryloyw, a oedd mor wahanol i Richard Nixon, ond ei bolisïau goleuedig, yn enwedig tuag at y difreintiedig a'r tlawd.

Fel Geoffrey Nuttall, byddai Clem Linnenberg yn holi'n gonsarnol am y teulu yn wastad, ac yn mynegi'i ddiddordeb ym mywydau Rosemarie a'r plant trwy yrru rhoddion ariannol atynt ddwywaith y flwyddyn, adeg y Nadolig a chyn gwyliau'r haf. Yn wir, oni bai am ei haelioni ef, ni allai Pennar fforddio gwyliau blynyddol o gwbl. Roedd ei gyflog o'r Coleg Coffa yn druenus o isel o hyd, yn wir roedd y pedwar aelod o staff y coleg yn derbyn cyn lleied â £8600 y flwyddyn rhyngddynt. Braint a phleser Clem oedd cynorthwyo'i gyfeillion fel hyn. 'Pennar, for me too, our 4-decades-old friendship is a source of unending reward in a tempest of change.'[59] Roedd yr un cyfeillgarwch yn ffynnu rhyngddo a'r hanesydd o Lundain. Ymwelodd Nuttall ag Abertawe yn hydref 1975 ac aros gyda Pennar a Rosemarie. 'Many, many thanks for all your affectionate entertainment of me. I feel greatly refreshed. I particularly enjoyed that walk and talk *à deux* in Singleton Park and the delicious Sunday lunch *en famille*.'[60] Ad-dalodd y ddyled trwy letya Pennar a Rosemarie ar achlysur ffurfiol yn y Coleg Newydd flwyddyn yn ddiweddarach. Traddododd Pennar 'The Drew Lecture on Immortality' i gynulleidfa o Annibynwyr Lloegr a Chymry Llundain yng Nghapel Coffa George Whitefield, Tottenham Court Road, ar 29 Hydref 1976. Roedd ymateb ei gyfaill i'r ddarlith yn nodweddiadol blaen:

> Your lecture was rather Celtic in its lack of architechtonic – I hope your University Lecture in January will have a firmer and closer structure – but how full it was of shafts of insight as well as your incomparable combination of wide reading and confident faith.[61]

Roedd Pennar yn ôl yn Llundain ymhen ychydig yn gwrando ar Nuttall yn traddodi darlith goffa R. T. Jenkins gerbron cyfarfod o Anrhydeddus Gymdeithas y Cymmrodorion ac yn traddodi darlith ei hun, sef fersiwn

Saesneg o *Duw Ysbryd Glân*, darlith goffa Gwilym Bowyer, i fyfyrwyr a staff cyfadran diwinyddiaeth Prifysgol Llundain. Roedd diddordeb Nuttall ym meddwl, gwaith a chynnyrch Pennar yn ddi-ball ac yn ddiffuant. Gyrrodd Pennar ato gopi o'i ddarlith goffa J. R. Jones, *Diwinyddiaeth J. R. Jones*, a draddododd ym Mhrifysgol Cymru Abertawe yn Chwefror 1978:[62]

> I read as far as p.9 on the underground returning from a meeting on Tuesday evening, re-read this with a dictionary in the train going to Jordan's and back yesterday, and finished it in the 'bus from Marylebone, in bed last night and in the underground going to D[r] W[illiams] L[ibrary] and back today . . . Throughout I have had that sad but powerful face in *Y Brenin Alltud* in my mind's eye. What a curious mixture J. R. was![63]

Er gwaethaf ymwneud Pennar â diwinyddiaeth ac â syniadaeth yn ystod y cyfnod hwn, ei brif ddiddordeb o hyd oedd llenydda creadigol. Cafodd ysgoloriaeth Cyngor Celfyddydau Cymru yn 1976 a'i galluogai i dreulio blwyddyn sabothol o'i ddyletswyddau colegol er mwyn llunio nofel. Dair blynedd yn ddiweddarach roedd y gwaith wedi'i gwblhau a'i drydedd nofel bellach yn barod. Un mlynedd ar hugain ar ôl *Anadl o'r Uchelder* ac mewn byd a newidiasai'n ddirfawr, ymddangosodd *Mabinogi Mwys*. Cafwyd awgrym yn y nofel gyntaf y byddai eraill yn dilyn – 'Mi garwn ysgrifennu hanes Arthur Morgan, ond rhaid yw dechrau trwy roi darlun o yrfa ryfedd Elias John' oedd brawddeg agoriadol y nofel gynharaf – ond nid tan 1979, blwyddyn y refferendwm gyntaf ar ddatganoli, y dechreuodd yr awdur gyflawni ei ddymuniad. Cefndir, genedigaeth a llencyndod Arthur a gafwyd yn y nofel hon, ac yna yn 1991, a Pennar erbyn hynny yn 80 oed, y cwblhawyd y stori gyda'r portread o weddill gyrfa Arthur yn y nofel olaf, *Gwas y Gwaredwr*. Erbyn 1991 roedd Pennar wedi byw gyda'r cymeriadau am dros ddeugain mlynedd a hwythau wedi dod yn rhan o wead ei ddychymyg a'i fyd.

Mae'r nofel *Mabinogi Mwys* yn llawer mwy confensiynol na'i rhagflaenwyr. Gydag ugain mlynedd wedi pasio er 1958 a'r rheini'n cynnwys terfyn yr Ymerodraeth Brydeinig, ysictod y Rhyfel Oer, y 'swinging sixties', goresgyniad Prâg yn 1968 a diflastod Vietnam – ac yng Nghymru 'Tynged yr Iaith', Cymdeithas yr Iaith, enillion Plaid Cymru yn San Steffan ac yn y blaen, toddasai dyfalu dyfodolaethol ffantastig yr *Anadl* i mewn i hanes diriaethol, digon llwydaidd diwedd y 1970au. Nid oes dim sôn bellach am Anglosacsonia nac Andrew de

Porson na Nahum D. Flewelling na gwersyll-garcharau yr ymerodraeth Eingl-Americanaidd holl-bwerus er bod argyfwng Cymru a brwydr yr iaith yn bethau digon byw. Mae Eifion Morgan yn athro ysgrythur yn nhref Ystradaeddan a Meinwen, ei wraig, â gobeithion mawr ar gyfer ei mab: 'Ni fynnai gynllunio bywyd Arthur . . . Ac eto yr oedd rhyw ddyhead yn ei mynwes y byddai'n ymroddi i ymwared ei bobl rhag llygredd a gormes ac i wared y byd rhag distryw.'[64] Dengys Eifion ei ddelfrydiaeth, sy'n cynnwys dogn go helaeth o heddychiaeth Gristionogol a chenedlaetholdeb Cymreig, trwy fynnu i'w fab gael ei eni nid yn y dref Seisnigaidd ond yng nghefn gwlad Môn sydd eto'n rhan o'r Fro Gymraeg. Mae cymeriadu'r *Mabinogi* yn fwy celfydd a chynnil na'r *Anadl* (a *Meibion Darogan*), mae'r ddelfrydiaeth sy'n rhan hanfodol o'r ddrama yn llai llachar a'r nodyn realistig llawer yn amlycach, ond eto mae'r arwriaeth a'r ffydd, y teyrngarwch a'r gobaith a amlygir ym mywydau'r cymeriadau o'r herwydd yn fwy credadwy. Nid nad yw Pennar wedi colli'r ddawn i bortreadu cymeriadau tra lliwgar o hyd, fel y dengys y darlun cofiadwy o Sychan Lefi, y gweinidog cant oed, a'r portread campus o'r bardd-bregethwr patriarchaidd Crannog Simmonds (sy'n od o debyg i realiti hanesyddol yr Archdderwydd Elfed!) a'r darlun o'r manipwleiddiwr duwiol Paul John (nad yw'n annhebyg i'r hyn a wyddom am y cymeriad rhyfedd hwnnw Rees Howells, sylfaenydd Coleg Beiblaidd Derwen Fawr nad oedd ymhell iawn o safle'r Coleg Coffa yn Abertawe lle roedd Pennar ei hun yn brifathro).[65]

Prif bwnc y nofel unwaith yn rhagor yw meseianaeth neu'r syniad o'r mab darogan, ac er bod y gwaith yn defnyddio'r cynddelwau llenyddol clasurol-gyntefig gan gynnwys hanesion y geni a phlentyndod Crist o'r Testament Newydd, mae'r defnydd a wneir ohonynt yn gelfydd dros ben. Deuwn i adnabod Eifion a Meinwen yn holl gymhlethdod eu dynoldeb brau, eu hofnau a'u pryderon, eu disgwyliadau a'u breuddwydion, ac o'u hadnabod ymserchu ynddynt a'u parchu'n fawr. Mae'r awdur sy'n llefaru trwyddynt yn llai breuddwydiol-ddramatig na chynt, ac yn fwy sobr o lawer. 'Rydym ni'n byw mewn oes y mae bron yn amhosibl rhagweld y dyfodol', meddai Crannog. 'Pan own i'n fachgen roedd y dyfodol yn sicr ac yn ddeniadol iawn. Ond does gen i nawr ddim syniad pa fath o fyd y bydd eich crwt . . . yn gorfod ei wynebu wedi cyrraedd oedran gŵr' (t.77). Mae eschatoleg apocalyptig y gweithiau cynharaf bellach wedi'i dofi'n sylweddol. Ond mae'r gobaith am fyd gwell yn parhau serch y cwbl, a'r un ffydd sy'n sbarduno'r cymeriadau ac yn cynnig iddynt gysur. Caiff Arthur ei dawel-gysegru ar gyfer rhyw dasg fawr waredigol, ac mae'r hen ddisgwyliad am ddeffroad ysbrydol, er yn gynnil bellach, eto'n bod. 'Mae amgylchiadau yn offerynau yn llaw'r Goruchaf', meddai Paul John. 'Gall dynion fod yn weision i'r Goruwchwyliwr mawr. Rydw i'n gwbwl argyhoeddedig fod Duw wedi sefydlu Dinas Noddfa i fod yn fagwrfa arweinwyr deffroad mawr blynyddoedd olaf yr ugeinfed ganrif' (t.93). Ac mae Arthur yn tyfu i fod yn ŵr ifanc cyfrifol a chall (llawer callach na phetai ef wedi ymddangos ar dudalennau *Anadl o'r Uchelder* neu *Meibion Darogan*), a magu argyhoeddiadau a fyddai'n gwbl briodol i lanc o Gristion o deulu da. Daw Arthur yn fwy na symbol o'r dyhead am Gymru Gristionogol, waraidd a rhydd, daw yn gymeriad sensitif a chredadwy yn ei rinwedd ei hun, ac mae'r amwysedd crefftus sy'n cloi'r nofel yn arwyddo'n deg 'gymhlethdod anferthol yr holl wae a oedd yn y byd' (t.161). Dyma'r ddwysaf, ac o bosibl y fwyaf gorffenedig, o'i nofelau.

Beth bynnag am y boddhad a gafodd o lunio'r nofel ac ymwneud â materion eraill, degawd blinderus fu'r 1970au i Pennar a'i deulu. Roedd y dirywiad ysbrydol bellach yn carlamu a thrafferthion cynnal coleg diwinyddol yn troi'n gynyddol hunllefus. Roedd llif yr ymgeiswyr gweinidogaethol yn prysur sychu ac yn waeth na hynny roedd eu calibr deallusol yn prinhau. Gyda statws y weinidogaeth wedi diflannu, nid oedd Ymneilltuaeth yn denu'r goreuon o blith y bobl ifainc i wasan-aethu'r eglwysi. Ar ysgwyddau Pennar yr oedd prif gyfrifoldebau gweinyddol ac academaidd y sefydliad yn syrthio, ac ymdeimlai yn aml ag enbydrwydd y baich. Dwysaodd yr argyfwng yn 1975 gydag ymddiswyddiad yr Athro Maurice Loader a fynnai ddychwelyd i ofal eglwysig. Meddai wrth Pennar: 'Gwyddoch ers amser fod fy nghalon ym mywyd yr eglwys leol a'i gweinidogaeth fugeiliol.'[66] Gadawodd hyn fwlch rhwth yn narpariaeth academaidd y Coleg Coffa. Y gwir yw nad oedd prin neb mwyach yn rhengoedd y weinidogaeth Annibynnol a allai gymryd ei le, a chanddo'r cymwysterau priodol i ddysgu Groeg a'r Testament Newydd. Byddai Pennar ei hun yn 67 oed, sef oedran ym-ddeol arferol athrawon colegau, yn 1978, a phrin fod gan yr Annibynwyr hanesydd eglwysig cymwys i gymryd ei le yntau ychwaith. Roedd y rhagolygon yn edrych yn llwm eithriadol. Ond gwaeth na hynny oedd y sefyllfa ariannol. Y Coleg Coffa oedd cartref Pennar a Rosemarie, ac ar ôl ymddeol ni wyddent beth ddeuai ohonynt. 'Ni bu dim arian wrth gefn gennym ni erioed', meddai wrth swyddogion y coleg,

a buom yn magu pump o blant. Er bod y Coleg wedi gwneud ei orau dros ei athrawon, ni fu fy nghyflog yn ddigon i wneud mwy na chynnal y teulu o ddydd i ddydd heb fod dim gennym ni dros ben. Nid wyf yn achwyn:

cefais foddhad a hyfrydwch yn fy ngwaith. Gwrthodais swydd yng Ngholeg y Brifysgol, Aberystwyth, i fynd i'r gwaith hwn, a gwrthodais wedyn y posibilrwydd o swydd yng Ngholeg Mansfield, Rhydychen. Ond ni bu'n edifar gennyf erioed. Rwy'n ddiolchgar am gael cyfle i wneud y math yma o wasanaeth yng Nghymru. Ond carwn deimlo y bydd cartref gennym wedi ymddeol.[67]

Er i bwyllgor y Coleg Coffa ymateb yn gadarnhaol i'w gais trwy brynu tŷ iddo ef a Rosemarie yn Sgeti, Abertawe, maes o law, roedd hi'n drist fod un o weision ffyddlonaf Ymneilltuaeth Cymru wedi gorfod mynd ar ei ofyn fel hyn.

Erbyn 1977 roedd Meirion (a oedd yntau yn fardd cydnabyddedig ac yn weithgar gyda Chymdeithas yr Iaith) yn briod â Carmel Gahan, yn dad i fab bach, Gwri, ac ar staff Coleg Prifysgol Dewi Sant, Llanbedr Pont Steffan. Roedd Rhiannon yn athrawes ym Maldwyn a'r ddau ohonynt, felly, heb fod yn ddibynnol ar nawdd eu rhieni. Ond arall oedd y sefyllfa gyda Geraint, a oedd yn byw gartref, Hywel, a oedd ar ei flwyddyn gyntaf yn y Brifysgol yn Llanbedr, ac Owain a oedd yn yr ysgol o hyd. Y cysur, fodd bynnag, oedd i liaws o gyn-fyfyrwyr fynegi'u dyled i'w prifathro. 'My four years in Coleg Coffa take pride of place in my memory', meddai Alun Morgan o'i ofalaeth eglwysig yn Saskatchewan, Canada, 'I shall never forget the experience of it.'[68] Er mai mab i un o'i gyfeillion pennaf oedd Guto Prys ap Gwynfor, ymdeimlad o barch ac nid hyfdra oedd yn ei werthfawrogiad ef:

> Fe garwn ddiolch o waelod calon am eich caredigrwydd a'ch cyfeillgarwch ynghyd â'ch arweiniad amyneddgar a roesoch i mi tra'n fyfyriwr yn y Coleg Coffa; bu'r tair blynedd diwethaf ymhlith y rhai dedwyddaf a mwyaf tyngedfennol yn fy hanes. Wedi'm profiadau addysgol yn yr ysgol a'r Brifysgol yn Aberystwyth, ni chredais ei fod yn bosibl mwynhau cwrs academaidd, ond bu'r profiad yn y Coleg Coffa yn ysgydwad dymunol i mi.[69]

'Dear Dr Pennar', meddai Elaine Szakal, 'words can never express my thanks to you for all that you and the college have meant in my life, but I thank God every night in my prayers for those four wonderful years.'[70]

A Pennar yn dal i bryderu am y dyfodol, daeth ymwared o fath yn Hydref 1977 gyda'r penderfyniad i adleoli'r Coleg Coffa yn Aberystwyth fel rhan o gyfadran ddiwinyddol newydd Aberystwyth a Llanbedr. Trwy rannu'r baich dysgu â Choleg y Presbyteriaid, gallai eraill ofalu am y pynciau beiblaidd a Pennar a Dewi Eirug Davies, a benodwyd i'r staff yn 1970 yn olynu'r Athro D. J. Davies, ofalu am ddysgu Hanes yr Eglwys ac Athrawiaeth Gristionogol. Nid oedd yn drefniant delfrydol ond dyna'r gorau y gellid gobeithio amdano o dan yr amgylchiadau. Er bod Pennar i fod i ymddeol yn 1979, cytunodd i barhau am flwyddyn arall er mwyn sicrhau parhad i'r sefydliad yn ei leoliad newydd. Symudodd, ynghyd â Rosemarie a Geraint i mewn i'r tŷ a brynwyd iddynt yn Grosvenor Place, Sgeti, yn Rhagfyr 1979. Penodwyd Pennar yn ddeon cyntaf cyfadran newydd Aberystwyth a Llanbedr, a byddai'n treulio'r ddwy flynedd nesaf yn teithio i Aberystwyth i ddarlithio, a'r flwyddyn olaf yn ddi-dâl. Nid tan 1981 y byddai'n ymddeol yn derfynol; ni allai fforddio gwneud yn gynt am mai'r pryd hwnnw yn unig y byddai'n medru tynnu pensiwn henoed y wladwriaeth. Dylai gŵr o'i brofiad a'i faintioli ef fod wedi gallu edrych ymlaen at ymddeoliad cysurus a'r hamdden o'r diwedd i wneud yr hyn a fynnai, gyda rhywfaint o fodd wrth gefn. Ysywaeth, roedd pennod anghysurus newydd ar fin agor yn ei hanes, a mwy o galedi i ddod.

9 ∽ Gwas y Gwaredwr, 1980–1996

'My dear Pennar, have you become a terrorist? I read in *The Times* that you are about to be arrested? Who could have thought, a couple of years ago when we met at Bockdören on the archipelago of the Ostrobothinian coast, that a few years hence . . .'[1] Roedd Pennar wedi cael cwmni'r llenor Ralf Norman (a ysgrifennodd y llythyr hwn) mewn cynhadledd yn y Ffindir lle bu'n cynrychioli'r Academi Gymreig yn 1977. Ers hynny roedd y sefyllfa wleidyddol yng Nghymru wedi newid yn ddirfawr. Siom enbyd i hyrwyddwyr buddiannau'r genedl oedd y bleidlais drom yn erbyn y mesur datganoli yn dilyn refferendwm 1 Mawrth 1979. Gyda chwymp llywodraeth James Callaghan ddeufis yn ddiweddarach, daeth y Torïaid i rym o dan eu harweinydd Margaret Thatcher. Os llugoer oedd cefnogaeth Llafur i'r iaith Gymraeg – roedd Llafurwyr amlwg fel George Thomas a Neil Kinnock yn agored eu gwrthwynebiad iddi hi – prin y gellid disgwyl dim gwell gan y Ceidwadwyr. Un o'r pethau cyntaf a wnaethant oedd torri addewid eu maniffesto i neilltuo'r bedwaredd sianel deledu yng Nghymru yn sianel Gymraeg. Roedd cyfnod o wrthryfel agored ar fin torri allan.

Mae lle i gredu bod meddwl Pennar yn symud i gyfeiriad gweithredu anghyfansoddiadol mor gynnar â dechrau 1979. Mewn erthygl yn *Y Faner* a gyhoeddwyd ar 2 Chwefror, soniodd am y gwahaniaeth rhwng trais yn erbyn pobl a thrais yn erbyn eiddo a'r angen i sicrhau dyfodol i'r gwareiddiad Cymraeg.

Hyd nes y cawn gyfundrefn deledu a fydd yn gwneud cyfiawnder â'r iaith Gymraeg yng Nghymru, rhaid dweud mai pwrpas treisgar sydd i bob mast teledu a osodwyd yn ein gwlad i arllwys boddfa o Saesneg arni. Prin y mae'r math yna o eiddo yn fwy cysegredig na'r siambrau nwy a godwyd gan Natsïaid i lofruddio Iddewon.[2]

Tynnodd yr erthygl gryn sylw, nid lleiaf gan Saunders Lewis. Roedd yr erthygl, meddai, 'yn gyfraniad goleuedig i feddwl politicaidd a moesol Cymru heddiw, ac mae'r paragraff olaf yn arbennig bwysig'.[3] Ond mwy difrifol oedd ymateb Meredydd Evans. Roedd Evans yn aelod o adran efrydiau allanol Prifysgol Cymru, Caerdydd, yn athronydd wrth ei broffes ac yn gyn-gynhyrchydd gyda'r BBC. Egwyddor bwysig iddo oedd yr egwyddor ddi-drais, ac fel heddychwr nid oedd yn cytuno â difrodi eiddo. Ond roedd argyfwng y Gymraeg wedi peri iddo ailystyried ei farn:

> Mae'n ymddangos bod holl fodolaeth y Bedwaredd Sianel i Gymru yn y fantol os aiff y Torïaid i'r afael â llywodraeth gwlad . . . Pe digwydd hynny, yna, y mae erbyn hyn yn glir imi y dylem ni, fel oedolion, *weithredu* yn effeithiol anghyfansoddiadol a bod hynny'n golygu difrodi eiddo, yr eiddo teledu hwn sy, fel y nodir gennych chi ar ddiwedd eich ysgrif, yn symbol o drais yn erbyn ein cenedl ni.[4]

Rhwng y gwanwyn a'r hydref mae'n amlwg fod Meredydd Evans, Pennar a rhai eraill wedi meddwl yn ddwys am y sefyllfa, ac ar noson 11 Hydref aeth y ddau ohonynt, ynghyd â'r beirniad llenyddol Ned Thomas, at drosglwyddydd teledu Pencarreg, Llanybydder, torri i mewn i'r adeilad a diffodd y peiriannau. Ymyrrwyd â darlledu am tuag awr cyn i'r heddlu ddod a'u harestio. Gwysiwyd hwy i ymddangos gerbron ynadon Llanymddyfri ar gyhuddiad o fwrgleriaeth a difrod troseddol, a thynnodd yr achlysur sylw eang yng Nghymru a thu hwnt. Ymhlith y cyntaf i gysylltu oedd Geoffrey Nuttall, ac roedd ei ymateb ef ymhell o fod yn ffafriol. 'I've not heard a word from you', meddai ar 17 Tachwedd,

> but have read many words *about* you and your doings, which have distressed your friends in these parts, Welsh as well as English. I have tried to put as understanding a face on it as possible, but your behaviour (as reported) is hard to accept as approvable in a Christian, minister, and pacifist, and I would *like* to excuse it as an expression of temporary diversion through the pressures and anxieties you have been under as of late.[5]

Os siomwyd y Sais gan weithredu'r Cymro, fe'i siglwyd yn waeth gan y driniaeth giaidd a gafodd Pennar gan ei gydnabod yn Lloegr. Ysgrifennodd ato wythnos yn ddiweddarach i fynegi ei bryder amdano 'during this recent period of your being publicly vilified'. Er na allai gytuno ag ef, gwnaeth ei orau i amddiffyn ei gyfaill yng ngŵydd ei gyhuddwyr

Seisnig: 'So, you see, I have been with you in a not wholly successful effort at "sym-pathy" in this.'[6] Roedd hi'n anodd i hyd yn oed y mwyaf goleuedig o'r Saeson ddirnad beth oedd yn y fantol i rywun fel Pennar, a deimlai i'r byw ynghylch tynged y Gymraeg yn niffyg gwasanaeth darlledu cyflawn.

Ond roedd Saunders Lewis yn deall i'r dim. Yn dilyn ymddangosiad y tri gerbron ynadon Llanymddyfri ar 1 Chwefror 1980 pan drosglwyddwyd eu hachos i frawdlys Caerfyrddin, mynegodd yr hynafgwr ei orfoledd. 'Dyma'r peth pwysicaf sy wedi digwydd yng Nghymru ers deugain mlynedd', meddai. 'Os na sylweddola'r Cymry Cymraeg hynny, os gadael yr holl frwydr i'r efrydwyr a wnant eto, yna byddai'n well gennyf i fynd i Iwerddon i farw.' Roedd Penyberth yn fyw yn ei gof, ac mae'n amlwg iddo ystyried gweithred Pencarreg yn yr un goleuni â llosgi'r ysgol fomio yn Llŷn gymaint o flynyddoedd ynghynt. 'Nid yr iaith yn unig sydd mewn perygl argyfyngus ond holl fywyd bwthyn a ffarm a thre farchnad Gymreig. Y mae'n gwareiddiad ni'n darfod.'[7] Yr achlysur hwn a barodd iddo lunio cerdd gref o gyfarch i'r tri:

> . . . Ni chredais y gwelwn yr awr –
> Taflwyd carreg at gawr;
> Pendefigion ein Planed,
> Pennar, Meredydd a Ned.[8]

Diddorol hefyd yw sylwi ar baragraff clo ei lythyr:

> Fy mendith arnoch a'm gweddi trosoch. Fel rheol yr wyf i'n rhy swil i ddefnyddio'r termau duwiol hyn, oblegid nid duwiol ydw i o gwbl, ond un enbyd amheus wrth natur ond sy'n ceisio glynu wrth argyhoeddiad nad yw'r bydysawd yn ddamwain ddiystyr.[9]

Os oedd y Saeson a llawer o'r Cymry yn anghymeradwyo gweithred y tri – roedd *Y Faner* o dan olygyddiaeth Jennie Eirian yn llwyr anghytuno â'r delfryd o sianel Gymraeg ac yn ddirmygus o'i hyrwyddwyr – roedd cael bendith tad y mudiad cenedlaethol yn golygu llawer i Pennar ac i Merêd: 'Mae meddwl bod ein safiad yn adnewyddu gobaith yn ei fynwes yn ddigon o dâl ynddo'i hun.'[10] Ond talu fu raid, ac yn ddrud hefyd.

Yn ei anerchiad gerbron rheithgor brawdlys Caerfyrddin ar 28 Gorffennaf, gosododd Pennar ei resymau dros weithredu fel ag y gwnaeth: 'Rhyw reidrwydd moesol a'n cymhellodd i gyflawni'r weithred sydd wedi ein dwyn ni i'r lle hwn i sefyll ein prawf ger eich bron.'[11]

Soniodd amdano'i hun, ei brofiadau fel dysgwr Cymraeg a'i ddelfrydau o blaid parhad y genedl a'i gwareiddiad. Esboniodd mai Cristion a heddychwr ydoedd, a'i barch at gyfraith gwlad yn real iawn, ond yn yr achos hwn teimlodd nad oedd ganddo ddewis ond herio'r ddeddf:

> Mae holl waith fy mywyd wedi ei seilio ar y gred fod Duw, awdurdod y Creu a'r Cadw, y Daioni a'r Dioddefaint a'r Gwynt dilyffethair sy'n chwythu ymhob gwirionedd ac ymhob glendid is y rhod. I mi does dim ystyr i fywyd ar wahân i'r argyhoeddiad mai rhan o anturiaeth y Duw Byw yw'r hollfyd yr ydym yn cael byw ynddo fe, mai Efe biau'r Nerth a'r Doethineb a'r Cariad sydd yn ei greu ac yn ei gynnal.[12]

Dilyn cymhellion awdurdod uwch a wnaeth, a gofynnai am gael ei farnu ar sail y ddeddf honno. Ond roedd y diwinydd hefyd yn llenor, ac roedd i lenyddiaeth ei lle yng ngweithred Pencarreg. 'Rwyf wedi cyrraedd oedran ymddeol', meddai,

> [ac] un o'r cysuron ydyw fy ngobaith y caf fwy o amser i lunio cerddi ac ambell nofel ac ysgrif. Rwyf yn un o laweroedd sydd yn ymdrechu i greu llenyddiaeth trwy gyfrwng yr iaith Gymraeg. Mae'r iaith honno bellach mewn perygl enbyd. I lenydda mae'n rhaid wrth gynulleidfa. Ofer cyhoeddi heb fod yna gyhoedd. Mae cyhoeddi llenyddiaeth Gymraeg yn cael ei ddinistrio. Mae'r genedl yn cael ei lladd.[13]

'Y mae'ch anerchiad chi yn gampwaith llenyddol', meddai Saunders Lewis, 'ac yn ddatganiad o bwys mawr i genedlaetholwyr Cymru.'[14] P'un ai bod hynny'n wir ai peidio, cafwyd y tri yn euog gan reithgor Caerfyrddin, a'u gorchymyn i dalu dirwy o £2,000 ynghyd â chostau. Roedd y diffinyddion wedi cael digon o amser i baratoi ar gyfer y ddedfryd, ac nid oedd y gosb yn annisgwyl. Roedd Geoffrey Nuttall yn hanner dig gyda'i gyfaill ac yn hanner pryderus amdano yr un pryd. 'What I *envisage* is that you will refuse [to pay]', meddai, 'will then go to prison, and, after a day or two, will gratefully if reluctantly accept release, when the campaign, and/or personal friends, have paid the fines for you. I shall *not* be among those who may . . . come to your rescue.'[15] Ar ôl hynny o chwip ar ei arddwrn, addawodd y Sais y byddai'n sicr o ymweld ag ef yn y carchar ac nad oedd ei hoffter ohono na'i barch tuag ato wedi pallu er gwaetha'r cwbl. Fel y digwyddodd, ni fu raid i Pennar fynd i'r carchar am fod cronfa wedi'i sefydlu eisoes er mwyn talu'r dirwyon rhag blaen. Roedd y brotest wedi'i chyflawni a'r pwynt wedi'i wneud, ond roedd yr holl fusnes yn ddirgelwch i Nuttall ac fe'i bwriwyd i gyfyng gyngor mawr:

> I feel very torn between disapproval, and difficulty in comprehension, of your behaviour and its effect on the family and the young, regard for you in your following a painful course you believe to be right, and affection and concern for you, and Rosemarie, and your, and her, health physically and nervously.[16]

Serch hynny nid andwywyd ar berthynas a oedd, os rhywbeth, yn bwysicach i Nuttall nag i Pennar. Does dim amheuaeth nad oedd yr hanesydd Seisnig yn ystyried ei gyfeillgarwch â'r llenor o Gymro ymhlith y pethau mwyaf gwerthfawr a feddai.

Rhwng yr achos cychwynnol yn Llanymddyfri ac achos yr Uchel Lys yng Nghaerfyrddin, digwyddodd rhywbeth a fu o bwys mawr yn hanes y Gymraeg yn ail hanner yr ugeinfed ganrif, sef cyhoeddiad Gwynfor Evans y byddai'n ymprydio hyd angau oni cheid sianel deledu Gymraeg. Roedd miloedd wedi addunedu eisoes na fyddent yn talu am eu trwydded, ac roedd pob argoel fod cyfnod o anufudd-dod sifil ffyrnig ar fin dechrau. Patrwm Evans oedd Gandhi, a ymprydiodd chwe gwaith nid er mwyn dwyn pwysau unigolyn ar lywodraeth Prydain, ond er mwyn deffro pobl yr India i fynnu eu hawliau hwy. Y Cymry eu hunain oedd nod Evans yntau, ac yna lywodraeth y dydd. 'Os oes ansicrwydd yn aros', meddai, 'ei brif achos yw effaith y weithred ar y teulu.'[17] Bwriadai gychwyn ar yr ympryd ar 6 Hydref 1980 ond ar 11 Medi, yn dilyn haf poeth o ymgyrchu brwd gan Gwynfor Evans a diplomyddiaeth dawel gan arweinwyr megis archesgob Cymru, Cledwyn Hughes a Syr Goronwy Daniel, ildiodd y llywodraeth. Darlledodd Sianel Pedwar Cymru ei rhaglenni cyntaf ar 1 Tachwedd 1982. Yr hyn nad oedd yn hysbys oedd bod cysylltiad uniongyrchol rhwng gweithred Pencarreg a'r dechreuad hwnnw. 'Cyn cyhoeddi ei benderfyniad chwyldroadol, galwodd Gwynfor Evans yma a dweud wrthyf ei fwriad,' meddai Saunders Lewis. 'Yn fy marn i eich gweithred chwi eich tri a fu'r symbyliad iddo benderfynu ar ympryd hyd at farw oni newidiai'r llywodraeth ei thor-addewid.'[18]

Er bod y sianel bellach yn ddiogel, nid oedd gofid Pennar na'i deulu ar ben oherwydd ym mis Medi dedfrydwyd Hywel Pennar i naw mis o garchar am ei ran yn yr ymgyrchu a fu'n dwysáu ar hyd y misoedd blaenorol. Yng nghanol y banllefau yn sgil buddugoliaeth y sianel, aeth aberth y rhai a oedd yn parhau dan glo yn angof braidd. Nadolig llwm a gafodd Pennar a Rosemarie, o wybod bod eu mab yn gaeth. Ymhlith eu cysuron oedd bod llawer yn cofio amdanynt, fel y tystia'r llu o lythyrau a gawsant yn ystod y cyfnod hwn. Wrth gydymdeimlo â hwy, meddai R. Tudur Jones:

> Bu tri o'n plant ni mewn carchar ar wahanol adegau a gwyddom yn dda mai profiad tra annifyr ydyw er i rieni fod mewn cydymdeimlad perffaith a'u cymhellion a theimlo'n falch o'u hymroddiad a'u dewrder. Gobeithio'n fawr na fydd Hywel yn cael y cyfnod hwn yn un hunllefol. Mae ein dyled iddo'n fawr, fel i chwithau, am sefyll yn y bwlch.[19]

Gyda rhyddhau Hywel maes o law, gallai Pennar ymroi o'r diwedd i'w gariad cyntaf, sef llenydda. Fel ei fab, roedd yntau hefyd yn ddyn rhydd.

Ymddeolodd yn derfynol ym Mehefin 1981 ond roedd rhywfaint o bryder o hyd am y tŷ a oedd yn gartref iddo yn Sgeti. 'I am distressed, fy mrawd Pennar, to read of your and Rosemarie's trials over your house', meddai Geoffrey Nuttall, 'and did not expect this at all. It seems very wrong that the College Council should have allowed you to go into such a house.'[20] Ond roedd cysuron, serch hynny. Ymhlith eu gwesteion cyntaf i'r cartref newydd roedd Clem a Marianne Linnenberg a arhosodd gyda hwy am beth o'r haf. 'Our friendship throughout the years has been a rare source of friendship to me,' meddai Pennar wrth Clem. 'Time has carried so much away – but something worthwhile has remained.'[21] Parasai'r cyfeillgarwch hwnnw 45 blynedd eisoes, o'r dyddiau pan gyrhaeddodd y ddau ohonynt Brifysgol Iâl yn ymchwilwyr ifainc yn 1936. Testun bodlonrwydd arall oedd y gyfrol deyrnged a gyflwynwyd i Pennar i nodi'i ymddeoliad. Roedd yr ysgrifau – gan J. Gwyn Griffiths yn sôn am ei athroniaeth wleidyddol, Dewi Eirug Davies, y golygydd, yn amlinellu'i syniadaeth grefyddol, a Gilbert Ruddock a John Rowlands yn tafoli cyfoeth ei lên greadigol, ynghyd â'r cyflwyniad diffuant gan Gwynfor Evans – yn deilwng o'u gwrthrych.[22] Trawiadol hefyd oedd cyfarchiad Saunders Lewis, a oedd yntau erbyn hyn mewn gwth o oedran.

> Y tro cyntaf y gwelais i chwi oedd yn etholiad seneddol y Brifysgol yn ystod rhyfel Lloegr a'r Almaen, yr ail ryfel. Ychydig a gefais o'ch cwmni erioed a bu hynny'n golled imi. Ond mi ddarllenais lawer o'ch gwaith a'i gael yn gyffrous o ddiddorol a bywiog.[23]

Bu Saunders Lewis ymhlith y mwyaf cyson o'i edmygwyr llenyddol, a phan ddywedai eraill mai astrus ac anodd oedd ei waith, tynnodd

Pennar ysbrydiaeth barhaol o sylwadau gwerthfawr yr hynafgwr ym Mhenarth.

Er i gnwd o ddeunyddiau ddod o'i law yn ystod y 1980au, nid oeddent (gydag ychydig eithriadau) mor bwysig nac arwyddocaol â'i gynnyrch gynt. Bu'n darlithio i gymdeithas hanes yr Eglwys Unedig Ddiwygiedig ym Mryste yng ngwanwyn 1982 ar emynwyr Cymru'r ddeunawfed ganrif: 'May I ask you to frame a little which does not sound too abstruse, peripheral or off-putting to the ignorant monoglot Englishman,' oedd ple Geoffrey Nuttall, 'otherwise I fear your audience will be very small.'[24] Cafodd draddodi'r ddarlith lenyddol yn Eisteddfod Genedlaethol Abertawe yn yr haf. 'Cymru yn llenyddiaeth Cymru' oedd ei destun, a throi cwys gyfarwydd a wnaeth. Gan ddechrau gyda'r Cynfeirdd a gorffen gyda Waldo a David Jones, ailfynegodd y weledigaeth a gyflwynodd gyntaf yn *The Welsh Pattern* yn 1945, sef bod y cydymdreiddiad rhwng yr awen a'r ffydd Gristionogol wedi'i fynegi'i hun mewn cariad arbennig tuag at genedl a gwlad. 'Y mae dau frad enwog yn hanes poblogaidd y Cymry – Brad y Cyllyll Hirion a Brad y Llyfrau Gleision – ond mae brad arall sydd yn fwy, ac yn fwy hirhoedlog na'r rhain, sef Brad y Swyddi Breision.'[25] Swyddi meinion iawn a gafodd Pennar ar hyd ei oes. £3,500 oedd swm ei gyflog am flwyddyn olaf ei wasanaeth yn y Coleg Coffa. Yna yn 1983 teithiodd i Goleg Prifysgol Gogledd Cymru, Bangor, i draethu ar gyfraniad y pregethwr a'r diwinydd o Annibynnwr, R. Ifor Parry.[26]

Ac yntau bellach yn fwy rhydd i deithio, fe'i gwahoddwyd ef a Rosemarie i dreulio tair wythnos yn Oberhofen, y Swistir, yn westeion i Geoffrey Nuttall ac yn gymdeithion iddo ar ei wyliau blynyddol. Bu'r syniad o gael cwmni Pennar am gyfnod estynedig yn awyr glir yr Alpau yn freuddwyd gan Nuttall ers blynyddoedd, ac ym mis Awst 1983 cafodd ei ddymuniad:

> Well! Our great venture is *over*, but also *achieved*, and what great satisfaction it gave us! Though I have had, and still have, so many friends, none combines as you do, eager faith, rootedness in scripture and a belief in the ministry with a knowledge of so many languages and their literature, aesthetic sensibility and insatiable general interest in things. Ah well![27]

Er gwaethaf y rhyddid newydd a ddaeth iddo, nid oedd blynyddoedd ei ymddeoliad yn gwbl esmwyth. Roedd arian o hyd yn dynn, a thrafferthion teuluol yn rhai real iawn. Roedd Geraint, ei fab, a oedd yn byw gartref, wedi dioddef erioed oddi wrth anhwylder nerfol, a thueddu i waethygu a wnaeth yn ystod y 1980au. Collodd Rosemarie ei mam yn 1984, a bu farw chwaer Pennar, Doris May, yn 1986. 'It seemed that a close tie existed between you and Doll', meddai Clem Linnenberg wrth gydymdeimlo ag ef.[28] Buasai 'Dol' yn dal i fyw yn Heol Duffryn, Aberpennar, a chyda'i marwolaeth, torrwyd y ddolen olaf â'i hen gynefin. Ac roedd Pennar a Rosemarie ymhell o fod yn holliach, gyda'r ddau ohonynt yn treulio cyfnodau mewn ysbytai yn ystod y blynyddoedd hyn.

Ar wahân i lunio amryw ysgrifau ac adolygiadau, ymddangosodd cyfrol Saesneg fer anysbrydoledig, braidd, gan Pennar yn y gyfres 'Writers of Wales' ar Tegla Davies yn 1983,[29] ond y gwaith a roes fwyaf o foddhad iddo oedd *Yr Awen Almaeneg*, sef cyfieithiadau o waith beirdd yr Almaen, Awstria a'r Swistir o ddyddiau Luther ymlaen ynghyd â rhagymadrodd ysgolheigaidd.[30] Roedd yr Almaen yn wlad gyfarwydd iddo a'i llên yn agos iawn at ei galon, nid yn unig oherwydd ei gariad at Rosemarie ond oherwydd ei hen, hen gyfeillgarwch â'r Almaenes arall honno, Käthe Bosse Griffiths. *Llais y Durtur* oedd y gyfrol nesaf i weld golau dydd, sef casgliad o'i straeon byrion. Roedd o leiaf eu hanner yn dyddio o'r 1960au a dechrau'r 1970au ac yn arddangos yr hen nwyf yn ei grym. Roedd y stori dyner 'Gazeles' yn bortread o serch morwyn ifanc tuag at Iesu'r saer. Gallai'n rhwydd fod wedi troi'n ferfaidd neu'n feddal, ond oherwydd medrusrwydd artistig Pennar a'i ddisgyblaeth athrawiaethol, cadwodd y stori ei hygrededd a throi'n llwyddiant ysgubol. Roedd llinyn hunangofiannol yn clymu'r stori boenus ddoniol 'Prifardd cysefin', 'Prynhawn yn nhŷ Bopa Beca' a 'Pencampwr', a oedd yn seiliedig ar ymffrost tad Pennar ei fod yn perthyn i'r paffiwr enwog, Freddy Welsh. Pennar ei hun, neu o leiaf y llanc William Thomas Davies, oedd y 'prifardd cysefin', yntau'n ymwybodol iawn o'i athrylith ei hun a'r un mor ymwybodol o'i amhoblogrwydd eithafol ymhlith ei gyfoedion a'i fethiant llwyr i ddenu'r merched. 'Poenus o beth yn aml oedd bod dyn gymaint yn uwch na'i gyfoeswyr a'i gymdeithion: yn uwch nid yn unig o ran deallusrwydd ond o ran chwaeth a dychymyg ac egni creadigol.'[31] Nid yn aml y caiff dirboen adolesens ei bortreadu mewn ffordd mor finiog ddigrif â hyn. Cofiadwy hefyd yw 'Gwely angau', yr alegori wyddonias 'Tabendra', a'r stori fer fer 'Y llwy serch', gyda phob stori a thro godidog yn ei chwt. Roedd y llyfr hwn yn barhad teilwng i'w gasgliad cynharaf: 'Fe gymer ei le [meddai Gwynfor Evans] gyda *Caregl Nwyf* ymhlith cyfrolau clasurol y stori fer Gymraeg.'[32] Yr *oedd* hi'n gyfrol arbennig, er na thynnodd agos gymaint o sylw ag yr oedd yn ei haeddu. Rywsut, tueddai'r cyhoedd i gymryd Pennar yn ganiataol a pheidio â rhyfeddu at ysblander ei ddawn.

Os oedd ei hen gyfeillgarwch â Gwynfor Evans yn ffynnu fel erioed, dyrys a chymhleth oedd perthynas Pennar â'i gyd-brifathro Annibynnol R. Tudur Jones. Hwynt hwy oedd ysgolheigion pennaf Annibynwyr Cymru, ac ar sawl cyfrif, ffigurau amlycaf eu henwad. Er gwaethaf y parch a oedd gan y naill at y llall, ystyrient Gristionogaeth a'r traddodiad Annibynnol mewn goleuni gwahanol iawn i'w gilydd.[33] 'Lle mae Prifathro Bala-Bangor yn "glasurydd"', meddai Pennar, 'tueddaf i . . . i fod yn dipyn o "ramantydd" a gweld Cynulleidfaoliaeth nid mewn trefn a thraddodiad ond yn rhyddid yr Ysbryd.'[34] Roedd yr ohebiaeth hirfaith a fu rhyngddynt bob amser yn gwrtais ac yn aml yn gynnes, ond eto roedd rhyw atalfa ar eu cydberthynas a ddeilliai yn rhannol o hollt ddiwinyddol a ymledodd fel yr âi'r blynyddoedd yn eu blaen. Cododd posibilrwydd uno'r ddau goleg Annibynnol mor gynnar â'r 1960au. 'Cefais sgwrs hir â Gwilym Bowyer', meddai Tudur yn 1963, 'a ddywedodd y byddai'n rhaid i'w olynydd ystyried o ddifrif y priodoldeb o uno Bala-Bangor â'r Coleg Coffa.'[35] Pan etifeddodd Tudur y brifathrawiaeth wedi marwolaeth Bowyer yn 1965, '[Y]r oedd nifer o bobl y mae gennyf barch mawr i'w barn yn credu mai dyma'r amser cymwys i gau Bala-Bangor,' meddai. Nid oedd ganddo ddewis ond ystyried o ddifrif y posibilrwydd o godi gwreiddiau a symud ei sefydliad i dde Cymru. Ond,

[wedi] myfyrio'n hir, deuthum i'r penderfyniad y dylwn gario ymlaen ar hyn o bryd. Hyd yn oed, pe deuai'n angenrheidiol i drafod uno'r ddau goleg, teimlwn y dylwn sicrhau fod Bala-Bangor ar gael fel coleg byw i ymuno â'r Coleg Coffa . . . Ni wn am faint o amser y pery Bala-Bangor eto, ond fe geisiaf fod yn deilwng ohono tra bydd ar ei draed.[36]

Wedi marwolaeth ddisyfyd yr Athro W. B. Griffiths ychydig yn ddiweddarach, ysgrifennodd Tudur drachefn:

Onid yw cynnal y colegau diwinyddol 'ma'n boendod? Y mae mor anodd gwybod beth sydd ddoethaf i'w wneud . . . Ni allai unrhyw gwestiwn godi ynglŷn â'r brifathrawiaeth petai'r ddau'n uno gan mai chwi, wrth gwrs, a ddylai fod yn bennaeth. Ni fuaswn am foment yn ystyried unrhyw bosibilrwydd arall. Mae'n bur bosibl y'n gorfodir gan yr amgylchiadau i gael trafodaethau gyda'n gilydd gan nad yw'n debygol y deil yr eglwysi i gyfrannu'n hir iawn eto at ddau goleg.

Penderfynodd Tudur Jones barhau am ysbaid eto, ac os 'na fydd ymgeiswyr erbyn hynny, gallwn gyflwyno ein hadnoddau i'r Coleg Coffa'.

Pe digwyddai hynny, 'fe welwn yn eglur na fyddai angen dau ohonom i drafod Hanes yr Eglwys ac y byddai uno'r ddau goleg o ganlyniad yn fy rhyddhau i waith arall'.[37] Er rhyddhad iddo, newidiodd y sefyllfa ymhen rhai blynyddoedd, yn rhannol oherwydd ymchwydd bychan ond calonogol yn rhif yr ymgeiswyr. 'Yr wyf yn credu y dylem edrych eto ar bosibiliadau uno ein dau goleg ni', meddai yn 1973, ond bellach ni fynnai symud o Wynedd:

> Rhaid imi gyfaddef mai'r anhawster personol mwyaf a deimlaf yw symud o Fangor . . . Mae'r gwaith yr ydym yn ei wneud yn y coleg yn blodeuo. Nid oes brinder ceisiadau am le yma. Ac mae ceisiadau yn dechrau dod oddi wrth bobl ifainc o ansawdd academaidd uchel.[38]

Ddeng mlynedd yn ddiweddarach, a'r Coleg Coffa bellach yn Aberystwyth, teimlodd ei ddeiliaid dan warchae gwirioneddol o du Bangor. Y si erbyn hynny oedd mai bwriad Bala-Bangor oedd traflyncu'r Coleg Coffa a chreu un coleg Annibynnol Cymraeg a hwnnw'n un ceidwadol ei ddiwinyddiaeth. Er bod Pennar wedi hen ymddeol erbyn hynny, mae'n rhaid ei fod wedi'i effeithio gan yr ofn hwn ac iddo rannu ei bryder â Clem Linnenberg: 'I am keenly sorry that the crypto-fundamentalist theologian who heads the college at Bangor might conceivably achieve his ambition of absorbing the Swansea college and destroying its open-minded tradition', meddai'r Americanwr.[39] Nid crypto-ffwndamentalydd oedd Tudur Jones ac nid oes dystiolaeth iddo gynllwynio naill ai i lyncu'r Coleg Coffa na distrywio'i draddodiad rhyddfrydig. Petai unrhyw uno yn digwydd, ar delerau'r eglwysi y deuai, gyda chwarae teg yn cael ei roi i bob pwyslais diwinyddol. Dengys yr ohebiaeth yn glir fod rhai o gefnogwyr iau'r Coleg Coffa yn ffieiddio Calfiniaeth Tudur Jones ac yn arswydo rhag ei ddylanwad, ac iddynt ddwyn perswâd ar Pennar i gydymddwyn â hwy. Eironig, felly, oedd gwerthfawrogiad newydd Pennar o ddiwinyddiaeth Karl Barth – un y byddai wedi'i ystyried ynghynt yn 'crypto-ffwndamentalydd' – a'i gyfraniad gloyw i gyfrol deyrnged R. Tudur Jones yn 1986.

Am y tro cyntaf erioed, rhoddodd Pennar sylw manwl i waith mawr Karl Barth, *Die Kirchliche Dogmatik* (1932–75), gan gyfieithu detholiad ohono ar gyfer y gyfres 'Be' Ddywedodd'. Byth oddi ar y 1940au, mynnai gyfystyru gwaith Barth ag eiddo'r 'neo-uniongredwyr' fel Emil Brunner a Reinhold Niebuhr, a'i ddiystyru am iddo fod, yn ei dyb, yn wrth-ddyniaethol, ac iddo fychanu dyndod Crist ar draul ei dduwdod. Ond bellach lliniarodd ei farn. Byddai gan Gristoleg Barth ym mhedwaredd gyfrol Y *Ddogmateg* lawer i'w ddysgu iddo, a gallasai ffordd Barth o gyfuno dyndod Iesu a'i dduwdod heb fradychu pwyslais clasurol Cyngor Chalcedon fod wedi arbed Y *Brenin Alltud* rhag peth o'i fympwyedd. Ond ysywaeth, roedd hi'n rhy hwyr. Eto, o'r bedwaredd gyfrol y daeth swmp cyfieithiadau Pennar, a chyfaddefodd: 'Mae ei ddysgeidiaeth am "ddynoliaeth Duw" yn oblygedig yn y Duw-ddyn sy'n ganolog yn y Drindod.'⁴⁰ Tipyn o enigma oedd trindodaeth Pennar erioed. Mynnai arddel yr athrawiaeth ar hyd y blynyddoedd, ond roedd ei ryddfrydiaeth Gristolegol yn ei gwneud yn anodd iddo ddarganfod lle rhesymegol i'r drindod oddi mewn i'w gyfundrefn. Nid oedd am-heuaeth, serch hynny, am bwysigrwydd yr athrawiaeth i'w ffydd. 'Roedd Pennar yn drindodwr i'r carn,' meddai Guto Prys ap Gwynfor. 'Pan gyrhaeddais y Coleg Coffa yn 1974 yr oeddwn fwy neu lai yn undodwr, ac wedi bod yn anffyddiwr cyn hynny. Dylanwad Pennar a'm gwnaeth yn drindodwr, gyda'i bwyslais cyson ar ryfeddod y datguddiad dwyfol, Duw'n ei ddatguddio'i hun mewn modd dealladwy i ddynion ar ffurf dyn.'⁴¹ Un o gryfderau cyfundrefn Barth yw iddi hi roi lle teilwng i lwyr ddyndod Iesu ac i gnawd yr ymgnawdoledig heb ollwng gafael ar ei dduwdod. Darganfyddiad diddorol i Pennar oedd hyn, ond bellach ni allai wneud fawr ag ef.

Beth bynnag am y tensiynau rhyngddynt, bu Tudur Jones ac yntau'n fawr eu consýrn ar hyd y blynyddoedd am natur a ffyniant y weinidog-aeth Gristionogol. Roedd ei ysgrif ar y pwnc yn y gyfrol deyrnged yn gyfuniad o oleuni ysgolheictod a gwres argyhoeddiad ysbrydol. Ni phallasai'r hen awydd ar i Gristionogion Cymru ymdrechu i hyrwyddo dyfodiad y Deyrnas:

> Oni ddylem weddïo, mewn oes o baratoi dinistr niwclear, am adfywiad o hen obaith y Cristionogion cynnar am ddiwedd y byd (1 Cor. 15:24) a dyfodiad Teyrnas y Cariad Dwyfol yn ei holl gyflawnder? Nid diwedd niwclear a ragwelai Paul ond Crist yn 'dileu pob tywysogaeth a phob awdurdod a gallu' ac 'yn traddodi'r Deyrnas i Dduw'r Tad'.⁴²

Flwyddyn a mwy yn ddiweddarach, mewn traethiad rhagorol ar Ymneilltuaeth a'r traddodiad Methodistaidd, trawodd Pennar nodyn uchel dros ben. Ar ôl dangos mor gadarn oedd ei afael ar fanylion hanesyddol Annibynia ddoe, soniodd am sut y bu i'r Methodistiaid droi gobaith y Testament Newydd am ddyfodiad Dydd yr Arglwydd ar y ddaear yn ddyhead arallfydol am y nef. Os anghymwynas oedd hyn o safbwynt goblygiadau cymdeithasol yr efengyl, cymwynas fawr y

Methodistiaid cynnar oedd rhoi i'w deiliaid brofiad ysgubol o'r Arglwydd ei hun. Onid dyma oedd yr angen o hyd?

Gwyddom oll am Gristnogion ffyddlon ac ymroddedig sydd yn profi rhywbeth tebyg i arswyd wrth geisio dychmygu beth fydd cyflwr ein heglwysi erbyn ei diwedd [sc. y ganrif]. Gwelsom Gristnogion yn beio ei gilydd – yr uniongred yn beio'r rhyddfrydig, y modernydd yn beio'r llythrenolwr, yr ecwmenydd yn beio'r enwadwr, y radical yn beio'r cyfaddawdwyr, y sêt fawr yn beio'r pulpud, a'r pulpud yn beio anfynychwyr y seti gweigion. Y prif reswm am yr argyfwng anferthol yn ein hoes ni ydyw fod dynion, yn cynnwys llawer hyd yn oed o'n capelwyr cyson, wedi mynd i addoli nid Duw ond gwyddoniaeth, technoleg, adloniant torfol, y wladwriaeth, holl dywysogaethau ac awdurdodau Mamon . . . Pa mor erchyll y mae'n rhaid i ing y ddynolryw fod cyn peri i'r bobloedd droi at ddyfroedd y Newyddion Da?

Ac yna troes y dadansoddi hanesyddol yn fyfyrdod eneidiol. Cyfeirio a wnaeth at Berson yr Arglwydd Iesu Grist:

Y mae llawer ohonom wedi colli dagrau o hiraeth a gorfoledd wrth fyfyrio am ei harddwch a'i dynerwch a'i ffyddlondeb hyd angau a'i fuddugoliaeth yn yr angau a'i deyrnasiad hyd byth. [43]

Pan ymwelodd cenhadwr Wesleaidd a'i wraig, a'r rheini'n Gymry Cymraeg, â'r cartref henoed yr oedd Geoffrey Nuttall yn byw ynddo, troes y sgwrs at Pennar: '"He's a very learned man" they said, "and very saintly too" *I* said.'[44] Sancteiddrwydd Pennar, ei dduwioldeb a'i ireiddfra ysbryd a gafodd y flaenoriaeth ym meddwl Nuttall. 'Whatever they may think,' meddai'r ysgolhaig o Sais, 'I do regard you as saintly.'[45] Fel yr awgryma'r cyfeiriad uchod, cwbl gywir oedd hynny o farn.

Erbyn hyn roedd y sefydliad yn dod i sylweddoli aruthredd cyfraniad Pennar i fywyd crefyddol a diwylliannol Cymru, ac yn dechrau ei gydnabod. Dyrchafwyd ef yn gymrawd anrhydeddus gan ei hen goleg yng Nghaerdydd yn 1986, ac yn 1987 bu'n destun portread ffilm ddiddorol gan S4C tra dyfarnodd Prifysgol Cymru iddo radd DD er anrhydedd. Fe'i llongyfarchwyd yn gynnes gan Bobi Jones:

Nid ar frys y gwerthfawrogir unrhyw farddoniaeth go iawn. Ond gwelwyd yn ddiweddar, yn gyfrol deyrnged ac mewn ambell ysgrif, a chyfrol Alan Llwyd, fod Cymru'n *dechrau* canfod ansawdd aruchel eich gwaith

. . . Nid anghofiaf byth eich cefnogaeth i mi lawer tro, ac edrychaf ymlaen yn eiddgar at y gyfrol nesaf o'ch cerddi sy'n sicr o fod yn ychwanegiad mawr at lên ein gwlad.[46]

Fymryn yn siomedig oedd y gyfrol honno, ysywaeth. Os cyfrol gŵr ifanc a'r byd yn ymagor o'i flaen oedd *Cinio'r Cythraul* (1946), casgliad henwr oedd *Llef* (1987), ei gyfrol olaf o gerddi. Er bod ynddi ganeuon da, eto roedd y tempo wedi arafu, roedd diffyg egni i'w synhwyro fan hyn a fan draw, a'r dychymyg barddol wedi pylu beth:

> . . . yr ydym yn hŷn, y seiniau'n bylach braidd,
> y lliwiau'n welwach, y cyffroadau'n arafach – neu
> atgof efallai'n gorliwio'r gorfoleddau a fu.
>
> 'Ennyd'[47]

Atgofus, yn wir, oedd llawer o'i chynnwys. Dwyn ar gof ei brofiadau'n blentyn seithmlwydd a wnaeth yn 'Heddwch 1918', a'r parti a gynhaliwyd yn Aberpennar i ddathlu diwedd y Rhyfel Mawr, ac ail-greu'r llesmair a gafodd yn llanc yn rhodianna'r mynyddoedd a phrofi'i hun yn un â'r bydysawd a wnaeth yn y gân 'Wrth hel llus'. Os symud ymlaen yn orfoleddus asbrïol at ddyfodol gwell a wnaeth Davies Aberpennar ddeugain mlynedd ynghynt, bwrw golwg yn ôl, yn ddolefus, braidd, a wna'r bardd yn y caneuon hyn. Y lleiaf effeithiol yw'r cerddi crefyddol, 'Y Collfarnedig', sy'n seiliedig ar ddelw o'r grog o'r Oesoedd Canol sydd ynghadw yng nghadeirlan Bangor, a chân arall ar y croeshoelio, 'Y Syched'. Cyffredin, braidd, oedd ei ymdriniaeth â'r themâu, ac mor wahanol i gerddi nwyfus grefyddol ei ieuenctid a oedd yn moli'r cnawd wrth ddathlu'r ymgnawdoliad. Tawel ddiffuant oedd y gyfrol heb fod yn gyfraniad sylweddol at gorff ei waith.

Blynyddoedd y machlud oedd diwedd y 1980au ymlaen. 'At our age one looks back with mixed feelings', meddai wrth Clem Linnenberg, 'wondering whether we always took the right turnings.'[48] Gallai pethau fod wedi bod mor wahanol iddo: gyrfa lwyddiannus a chadair brifysgol, clod rhyngwladol ar sail ysgolheictod a dysg, cysuron haeddiannol ar gyfer ei deulu, a hamdden i ddilyn ei ddiddordebau'i hun. Dewisodd yn hytrach godi croes ac ymroi i'r eithaf er lles Cymru, achos Crist a'r Gymraeg. Roedd hi'n fwriad ganddo lunio hunangofiant yn ystod y cyfnod hwn, a cheir ymhlith ei bapurau nodiadau helaeth yn dwyn ar gof ei flynyddoedd cynnar. Cafwyd blaenffrwyth y gyfrol arfaethedig yn yr ysgrif hyfryd 'Cychwyn' a gyhoeddwyd yn 1988, a'r traethiad difyr

'A disservice to Welsh scholarship' (sef sylw Griffith John Williams pan fynnodd Pennar, yn fyfyriwr ifanc yng Nghaerdydd, ddewis Lladin a Saesneg yn hytrach na Chymraeg yn bwnc ei radd) a ymddangosodd yn 1992.[49] Ond erbyn hynny roedd ei egnïon yn pallu. Blaenoriaeth ei flynyddoedd olaf oedd cwblhau'r gyfres nofelau am y Gymru gyfoes a gychwynnwyd gydag *Anadl o'r Uchelder* dros 30 o flynyddoedd ynghynt. Ymddangosodd *Gwas y Gwaredwr,* ei nofel olaf, yn 1991.

Bywyd, cenhadaeth a marwolaeth Arthur Morgan oedd ei thestun, a rhyw fath o *imitatio Christi* cyfoes ydoedd gyda'r Arthur Crist-debyg yn ymgorfforiad o'r holl rinweddau a welwyd yn eu cyflawnder ym mherson y Gwaredwr ei hun. 'Nid awgrymir o gwbl mai rhyw ail Iesu yw Arthur,' meddir. 'Un sy'n dilyn Iesu o Nasareth ydyw, ac yn dilyn yn addolgar. Ei anrhydedd uchaf yw cael bod yn was i'r Gwaredwr hwnnw a bod, yn angerdd ei wasanaeth, yn gyfrannog o'i aberth a'i obaith.'[50] Byth oddi ar ei weithiau diwinyddol cynharaf, bu Pennar yn amharod i or-wahanu Iesu oddi wrth ei ddilynwyr; amwys oedd y ffin rhwng Crist a'r sawl a oedd, trwy ffydd, ufudd-dod, a'r undeb cyfriniol, yn ddisgyblion iddo. Ni fynnai ddehongli Crist yn y termau hynny a ddeilliai o Efengyl Ioan ('Yn y dechreuad yr oedd y Gair, a'r Gair oedd gyda Duw, a Duw oedd y Gair . . .') ac a grisialwyd yn y credoau Cristolegol cynnar; llawer gwell ganddo sôn am Iesu fel dyn a oedd wedi'i gyflawn feddiannu gan yr Ysbryd Glân a thrwy hynny yn ddwyfol ac yn wrthrych addoliad ei ddilynwyr. O gofio hynny fe awgrymir gan y nofel, a'i awgrymu'n bendant iawn, fod Arthur yn ymgorfforiad cyfoes o'r Ysbryd dwyfol a gafwyd yn Iesu o Nasareth ac a geir ym mhawb a fynn godi ei groes beunydd er mwyn ei ddilyn. Yn ddiamau, er gwaethaf honiad Pennar, rhyw fath o ail Iesu yw Arthur Morgan, y mab darogan a ystyrir gan ei ddilynwyr yn feseia.

Os yw diwinyddiaeth ei nofel yn anarferol, felly hefyd ei chynnwys ac, i raddau, ei gwead. Marcel Breton sy'n adrodd yr hanes ac yn bwrw golwg yn ôl i ryw gyfnod anhysbys ar gydiad diwedd yr ugeinfed ganrif a dechrau'r mileniwm newydd. Gan fod a wnelo'r hanes â gweinidogaeth gyhoeddus Arthur, mae Anglosacsonia wedi ailymddangos a holl ofnadwyaeth y Rhyfel Oer a'r Llen Strontiwm ac yn y blaen. Yr hyn a arbedodd ffantasi *Anadl o'r Uchelder* rhag troi yn ffars yn 1958 oedd difrifoldeb y cymeriadu (er gwaethaf y digrifwch arwynebol) a'r cyswllt dychmygol byw rhwng y Gymru a fu ar y pryd yn gyfoes a'r hyn a allai ddigwydd mewn byd a oedd yn byw dan fygythiad rhyfel niwclear a gormes totalitaraidd. Ond erbyn 1991 roedd y byd hwnnw wedi darfod. Syrthiodd totalitariaeth y Llen Strontiwm gyda chwymp Wal Berlin yn

1989 gan adael rhwydd hynt i gyfalafiaeth ryngwladol orchfygu, a'r gofidiau bellach oedd nid rhyfel niwclear ond llygredd ecolegol, goblygiadau'r chwyldro technolegol a'r ystyriaethau a oedd ynghlwm ag ideoleg ôl-foderniaeth. Ac yn bwysicach, o bosibl, o ran cenhadaeth Arthur Morgan a byd-olwg Pennar Davies, roedd Ymneilltuaeth yn anhraethol wannach nag y bu yn y 1950au ac i bob golwg yn darfod. Mewn geiriau eraill roedd y byd newydd wedi tanseilio credinedd y nofel hyd yn oed o ran dychymyg.

Fe ellid dadlau, wrth gwrs, fod y weledigaeth ysbrydol sy'n cynnal Pennar yn un dragwyddol ac oherwydd hynny yn annibynnol ar newidiadau tymhorol mewn amser a lle. Dyma'r 'weledigaeth a fuasai'n ysbrydiaeth i laweroedd o blant dynion trwy'r oesoedd, gweledigaeth dinas Duw, y Jerwsalem newydd, yn disgyn o'r nef oddi wrth Dduw Ei Hunan' (tt.64–5). Yn sicr dyma'r weledigaeth a ysbrydolodd Arthur a'i gyfeillion-ddilynwyr yn y nofel hon. Ond er mwyn bod yn effeithiol fel thema, roedd gofyn iddi greu digon o densiwn creadigol a gwrthdaro realistig i gynnal y stori ar ei hyd. Yn anffodus nid dyna a gafwyd yma. Sonnir am 'y drefn ormesol a chaethiwus y mae ei chofio hyd yn oed heddiw yn debyg i hunllef arswydus' (t.133) heb i ni deimlo bod dim byd yng ngwead y nofel sy'n ddigon dychrynllyd i godi arswyd ar neb. Yn sicr doedd dim byd yng nghenadwri ddidramgwydd Arthur hyd yn oed yn ei gwedd gymdeithasol – 'carwch eich gilydd' – a fyddai wedi tanseilio'r *status quo* gwladwriaethol ac arwain at ei lofruddiaeth. Prin fod y meseia llednais hwn yn ddigon o fygythiad i gael ei groeshoelio gan neb. Andwywyd rhinweddau'r nofel – mae'r disgrifiad o fywyd teuluol Eidalaidd Marcel Breton yn y bennod agoriadol, er enghraifft, yn ddigon gafaelgar – gan y mynych ymsonau o natur athrawiaethol sy'n britho'r tudalennau tra bo'r portreadau o ing y cymeriadau unigol heb fod agos mor gelfydd ag yn *Mabinogi Mwys* nac *Anadl o'r Uchelder* hyd yn oed. Mae apocalyptiaeth lachar y gweithiau cynnar yn ildio yn y pen draw i ddatblygiad hanesyddol digon confensiynol gyda'r da, yng ngwedd dilynwyr Arthur, yn gorchfygu'r drwg.[51] A chyda hynny daeth gyrfa lenyddol Pennar Davies i ben.

Erbyn y 1990au daethpwyd i sylweddoli mai'r rheswm am arafwch cynyddol Pennar oedd ei fod yn dioddef oddi wrth glefyd Alzheimer. Er ei fod yn ddi-boen o ran y corff, roedd hi'n boenus i Rosemarie, y plant a'i fynych gyfeillion weld ei gyneddfau deallusol yn pallu a'i gof cyfoethog yn pylu. 'Sylweddolai'n iawn beth oedd yn digwydd iddo', meddai R. Tudur Jones. 'Yn y cyfnod hwn cyfaddefai mai Rosemarie oedd ei gof bellach.'[52] Roedd y plant, a oedd mor bwysig iddo ac mor annwyl yn ei olwg, wedi gwneud eu bywydau'u hunain erbyn hyn. Roedd Meirion a'i deulu yn byw yng nghyffiniau Llanbedr Pont Steffan, priodasai Rhiannon yn 1991 gan barhau i fyw yn y Trallwng, ac roedd Hywel ac Owain hwythau'n briod hefyd. Geraint yn unig oedd yn byw gartref. Ni fu'r plant heb eu pryderon eu hunain yn ystod y cyfnod hwn, ond gofid iddynt oll oedd gweld eu tad yn dirywio ac ymdeimlent i'r byw â'r cyfrifoldeb mawr a rôi hynny ar eu mam. Dathlodd Pennar ei ben blwydd yn 85 ym mis Tachwedd 1996 ond cafodd godwm gas yn fuan wedyn a bu rhaid mynd ag ef i'r ysbyty. Cafodd fyw i weld y Nadolig ond bu farw ar 29 Rhagfyr. Felly y terfynodd bywyd un o eneidiau mwyaf dethol-greadigol Cymru'r ugeinfed ganrif.

Ffigur unigryw yn hanes diweddar Cymru oedd Pennar Davies. Oherwydd hynodrwydd ei alluoedd ac amlochredd ei ddoniau, nid peth hawdd yw tafoli'i gyfraniad i fywyd ei genhedlaeth a'i wlad. Cyfeiriwyd ato fwy nag unwaith fel enigma. 'Y llenor enigmatig' ydoedd i John Rowlands, yn gymysgedd o gyfaredd, disgleirdeb ac odrwydd am yn ail.[53] Ei bersonoliaeth a greodd yr enigma i Meic Stephens: 'There was something enigmatic in Pennar Davies's personality which some found disconcerting',[54] cyfeiriad, mae'n debyg, at y gymysgfa a oedd ynddo o gwrteisi, hynawsedd, deallusrwydd llym, sancteiddrwydd ac argyhoeddiad di-syfl. 'Cymhlethdod o wrthgyferbyniadau' ydoedd i Geoffrey Nuttall: yn genedlaetholwr y filltir sgwâr a oedd yr un pryd yn ddinesydd byd, y gŵr addfwyn a oedd hefyd yn adamantaidd ei argyhoeddiadau, y cyfaill agos a oedd yn syml ac yn gymhleth, a'r hanesydd-ffeithiau-sychion a ehedai mor ddiymdrech i fyd ffantasi a dychymyg.

> His personality was like no one else's. I could call it enigmatic but I prefer to say *complexio oppositorum*. I could never get him to agree that he was enigmatic . . . Discussion left me sure there was a strong unity in him, embracing the puzzling opposites, if only I could find it; but I never did.[55]

Roedd hyd yn oed ei weinidog, y Parchedig F. M. Jones, a oedd yn ei adnabod yn drylwyr, yn awgrymu'r un peth: 'Ffenestr bwthyn mewn plasty helaeth ei bensaernïaeth a'i oludoedd ydi'r dyddiadur *Cudd Fy Meiau*, a hwyrach mai yno y deuwn agosaf at adnabod y Dr Pennar. Ond byddwn yn parhau i ddyfalu. A bydd yntau'n parhau i wenu.'[56] Roedd y sawl a oedd yn ei adnabod orau – Rosemarie a'r plant, J. Gwyn a Käthe Bosse Griffiths, Gwynfor Evans, Clem Linnenberg, Geoffrey Nuttall – yn ei garu'n fawr ac yn ei ystyried yn enaid gyda'r hynotaf iddynt ddod ar ei draws erioed. Ni olygai hyn ei fod yn berffaith, fel y cyfaddefai ef ei hun ac fel mae'r astudiaeth hon wedi ei ddangos fwy nag unwaith, ond tystiolaeth unfryd cynifer o bobl oedd mai gŵr cwbl anghyffredin oedd Pennar o ran ei gymeriad a'i bersonoliaeth ac yn un nad oedd yn anghydnaws ei alw'n sant.

Fe'i rhybuddiwyd yn gynnar yn ei yrfa (gan Nathaniel Micklem) i ochel rhag afradu ffortiwn fesul chwecheiniogau. Roedd yn rhybudd proffwydol oherwydd, o ran ysgolheictod, dyna, i raddau, a wnaeth. Er ei fawredd, ei anwyldeb a dyfnder ei ysbrydolrwydd, ni chyflawnodd yr hyn y gallai fod wedi'i wneud petai ganddo ffocws mwy pendant i'w weithgareddau, diwinyddiaeth gadarnach a gweledigaeth grefyddol lai unigolyddol. Er gwaethaf ei alluoedd eithriadol a'i ddoniau llachar, ni ddatblygodd fel diwinydd na hanesydd mawr. Ni ffrwynodd ei fynych ddiddordebau ac roedd yn rhy barod i wneud prosiectau mân a hwyrach di-fudd yn hytrach na chanoli ar un maes neu gynhyrchu un gwaith neu gyfres o weithiau swmpus o bwysigrwydd arhosol. Roedd hyn, i'm tyb i, yn golled fawr.

Eto, ym myd llenyddiaeth greadigol, bydd ei gyfraniad yn parhau. Mae *Cudd Fy Meiau* yn glasur ac, o'i fath, ymhlith llyfrau gwychaf ei chanrif. Erys *Anadl o'r Uchelder* yn ei gwerth, o bosibl *Meibion Darogan* ac yn sicr y gyfrol *Caregl Nwyf* a'r straeon 'Gwely angau', 'Gazeles', 'Prifardd cysefin' a 'Tabendra' o *Llais y Durtur*. Nid oedd y rhain, ar y pryd, yn llyfrau 'hawdd' nac yn weithiau 'poblogaidd', er iddynt ddenu darllenwyr eiddgar ac ysbarduno trafodaeth weddol gyffredinol. Ond fel yr âi'r degawdau yn eu blaen, prinhaodd y gwerth-fawrogiad o weithiau a oedd yn hawlio ymdrech deall a dychymyg o ran eu darllenwyr. Ni thynnodd ei ryddiaith ddiweddarach gymaint o sylw, nid yn unig (ac efallai nid yn bennaf) am fod ei egnïon creadigol yn lleihau, ond am fod yr oes wedi newid. 'Erbyn i'r llyfrau diweddarach fel *Mabinogi Mwys* (1979) a *Llais y Durtur* (1985) weld golau dydd', meddai R. Gerallt Jones, 'yr oedd ansawdd y gymdeithas, a safle llen-yddiaeth yn y gymdeithas, wedi newid yn ddybryd a phobl yn llai parod i weld pwysigrwydd llyfrau o'r fath i fyd ar ras.'[57] Roedd yr un peth yn wir am ei farddoniaeth. Lluniodd gerddi sydd gyda'r godidocaf a gaed yn llên yr ugeinfed ganrif, ac mae'r cyfrolau *Cinio'r Cythraul*, *Naw Wfft*, ac yn arbennig *Yr Efrydd o Lyn Cynon* a'r *Tlws yn y Lotws* yn rhagorol. Mae digon o ruddin mewn caneuon fel 'Golud', 'Cathl i'r Almonwydden', 'Dioscuri', 'Mi a fûm gydag Ulysses' a llond dwrn o rai eraill i beri boddhad am byth. Eto ychydig o drafodaeth a fu arnynt yn y blynyddoedd diwethaf, a hynny'n argoel o'r tlodi diwylliannol sydd wedi taro'r cylchoedd darllen Cymraeg.

Wrth ddirwyn y gwaith hwn i ben, beth y gellir ei nodi am ddawn dweud Pennar Davies? Y mwyaf diflino o'i ladmeryddion oedd J. Gwyn Griffiths, a chafodd ei ddilyn gan Saunders Lewis, Gilbert Ruddock, John Rowlands a Bobi Jones, ac yn fwy diweddar gan Alan Llwyd ac M. Wynn Thomas. Fel y dywedodd R. Gerallt Jones, mewn cyfnod llai gwrth-ddeallusol, byddai Pennar wedi cael ei ystyried yn gawr, ac wrth ddathlu'i gyfraniad dywedodd 'y bydd ei waith, gobeithio, yn goroesi arwynebolrwydd ein cyfnod ni'.[58] Hyderwn fod cenhedlaeth newydd o ddarllenwyr iau yn barod i afael yn ei weithiau a chael eu cyfareddu ganddynt o'r newydd. O ran crefydd, ef oedd biau'r dychymyg mwyaf llachar a feddai Ymneilltuaeth Gymraeg, a hyd yn oed yn nydd eu trai, rhaid bod rhyw rinwedd yn parhau oddi mewn i'r capeli iddynt fedru creu a chynnal un o'i fath ef. 'Bydd yn gas gennyf fy mod yn dweud hyn', meddai Gwynfor Evans amdano, 'ond mae'n rhaid ei ddweud: os bu gŵr Duw erioed, ef yw hwnnw.'[59] Byddai hynny'n ddigon o glod ynddo'i hun, ond yr hyn a gafwyd yn Pennar Davies oedd gŵr Duw a oedd hefyd yn llenor mawr. Gwyn fyd y bobl a freintir â chyfuniad o'r fath.

Nodiadau

Byrfoddau

CD   *Cân Ddiolch*, hunangofiant mewn teipysgrif.
CG 1 Clawr Glas (1) Sef dau lyfr ymarferion glas ac un clawr coch
CG 2 Clawr Glas (2) yr oedd Pennar wedi ysgrifennu nodiadau ynddynt.
CC   Clawr Coch
LlGC Llyfrgell Genedlaethol Cymru

Pennod 1

1 Pennar Davies, 'Cychwyn', *Taliesin* 63 (1988), 32–3.
2 Papurau Pennar Davies, llsg. 'Darganfod Cymru', t.2.
3 Ibid., t.3.
4 Ibid.
5 Ibid., t.4.
6 Papurau Pennar Davies, cyflwyniad bywgraffyddol di-ddyddiad.
7 Pennar Davies, llsg. 'Darganfod Cymru', t.1.
8 Pennar Davies, 'Cychwyn', 31.
9 Pennar Davies, *Meibion Darogan* (Llandybïe, 1968), t.33.
10 Papurau Pennar Davies, cyflwyniad bywgraffyddol di-ddyddiad.
11 Cofnodion Capel Providence, Aberpennar, llsg. D/D E. Cong. 9/1/2, Swyddfa Archif Sir Forgannwg, Caerdydd.
12 Gw. ei lythyr at Gwyn Griffiths o Rydychen, 2 Chwefror 1942, J. Gwyn Griffiths, 'Pennar Davies', *Taliesin* 97 (1997), 16–17.
13 Pennar Davies, 'Y daith o Aberpennar dlawd', 'Y Gwrandawr', *Barn* 77 (1969), vi.
14 Papurau Pennar Davies, llawysgrif rydd.
15 Gwelir hyn yn amlwg o'r llyfr nodiadau manwl a gadwodd, Papurau Pennar Davies, 'Nodiadau Cymraeg, 1930'.
16 Cf. Pennar Davies, 'A disservice to Welsh scholarship', yn Oliver Davies a Fiona Bowie (goln), *Discovering Welshness* (Llandysul, 1992), tt.40–3.
17 J. Gwyn Griffiths at yr awdur, 5 Mai 1999.

18 *The Congregational Yearbook* (London, 1936), t.653.
19 Am helynt Tom Nefyn gw. D. Densil Morgan, *The Span of the Cross: Christian Religion and Society in Wales, 1914–2000* (Cardiff, 1999), tt.122–8. Am yr efengyl gymdeithasol gw. Robert Pope, *Seeking God's Kingdom: The Nonconformist Social Gospel in Wales, 1906–1939* (Cardiff, 1999).
20 Papurau Pennar Davies, llsg. 'The new Wales', t.15.
21 Ibid., t.23.
22 Davies Aberpennar, *Cinio'r Cythraul* (Dinbych, 1946), t.14.
23 Papurau Pennar Davies, 'School practice notebook, 1933–4', 29 Hydref 1933.
24 Papurau Pennar Davies, llythyr dyddiedig 26 Medi 1934.
25 Papurau Pennar Davies, Edith Davies at W. T. Davies, 16 Hydref 1934.
26 Papurau Pennar Davies, Edith Davies at W. T. Davies, 4 Chwefror 1935.
27 Papurau Pennar Davies, llythyr at Geoffrey F. Nuttall, 16 Chwefror 1985. Daw'r holl ddyfyniadau nesaf o'r llythyr hwn.
28 Pennar Davies, *Gwynfor Evans* (Abertawe, 1976), t.9. Archesgob Cymru yn 1976 oedd y Tra Pharchedig Gwilym O. Williams a Gwynfor, wrth gwrs, oedd llywydd Plaid Cymru.
29 Llyfrgell Bodley Welsh MS d 1/17, cofnodion Cymdeithas Dafydd ap Gwilym 1934, t.76.
30 Ibid, tt.79–151 a MS d1/18, tt.1–41; gw. ysgrif Gwilym O. Williams, 'Y Dafydd: 1930–5' yn D. Ellis Evans ac R. Brinley Jones, *Cofio'r Dafydd: Cymdeithas Dafydd ap Gwilym 1886–1986* (Abertawe, 1987), tt.141–9.
31 Papurau Pennar Davies, W. T. Davies at Evan Davis, 7 Ionawr 1937.
32 Papurau Pennar Davies, llythyr gan H. F. B. Brett-Smith, 14 Ebrill 1938.
33 W. T. Davies, *A Bibliography of John Bale* (Oxford, 1939).

Pennod 2

1 Papurau Pennar Davies, sgript radio 1943, 'An American university through the eyes of a Welshman'.
2 Papurau Pennar Davies, llsg. 'Summer travel 1937', t.1. Cynhwysir cyfeiriadau'r tudalenau yn y testun o hyn ymlaen.
3 Anne Morrow Lindbergh yn ei chyflwyniad i nofel olaf Haniel Long, *Spring Returns* (New York, 1958), tt.i–viii (viii).
4 Papurau Pennar Davies, W. T. Davies at Joseph ac Edith Davies, 25 Gorffennaf 1937.
5 Papurau Pennar Davies, Edith Davies at W. T. Davies, 4 Mawrth 1937.
6 Papurau Pennar Davies, llsg. 'The Break-Away', t.18.

[7]   Papurau Pennar Davies, Edith Davies at W. T. Davies, 8 Mawrth 1937.

[8]   Papurau Pennar Davies, Edith Davies at W. T. Davies, 16 Mawrth 1937.

[9]   Papurau Pennar Davies, Bunty Beaton at W. T. Davies, 6 Medi 1936.

[10]   Papurau Pennar Davies, May Davies at W. T. Davies, 22 Chwefror 1937.

[11]   Papurau Pennar Davies, dyddiadur America, t.106.

[12]   Pennar Davies, *Naw Wfft* (Dinbych, 1957), tt.20–1.

[13]   Davies Aberpennar, *Cinio'r Cythraul* (Dinbych, 1946), tt.15–16.

[14]   J. Gwyn Griffiths, 'Pennar Davies: more than a *poeta doctus*', yn Sam Adams a Gwilym Rees Hughes (goln), *Triskel Two: Essays on Welsh and Anglo-Welsh Literature* (Llandybïe, 1973), tt.111–27 (118); cf. J. Gwyn Griffiths, *I Ganol y Frwydr: Efrydiau Llenyddol* (Llandybïe, 1970), t.222.

[15]   Pennar Davies, *Cudd Fy Meiau* (Abertawe, ail arg. 1998), t.72.

[16]   Davies Aberpennar, *Cinio'r Cythraul*, t.18.

[17]   Pennar Davies, *Cudd Fy Meiau*, t.158.

[18]   Gilbert Ruddock yn Dewi Eirug Davies (gol.), *Cyfrol Deyrnged Pennar Davies* (Abertawe, 1981), t.54.

[19]   Papurau Pennar Davies, W. T. Davies at Evan Davies, 7 Ionawr 1937.

[20]   Papurau Pennar Davies, dyddiadur America 1938, t.1. Cynhwysir cyfeiriadau'r tudalennau yn y testun o hyn ymlaen.

[21]   Papurau Pennar Davies, Alexander Witherspoon at W. T. Davies, 13 Rhagfyr 1943.

[22]   Papurau Pennar Davies, llsg. 'Restoration Drama'.

[23]   Papurau Pennar Davies, llsg. 'Rhieingerdd'; ymddangosodd fel 'Lloergan' yn *Cinio'r Cythraul* , t.18, gyda'r cwpled clo wedi'i newid.

[24]   Pennar Davies, *Naw Wfft*, t.20.

[25]   Ibid., t.22.

[26]   Papurau Pennar Davies, llsg. 'Heartsickness'.

[27]   Glyn Jones, sgript radio 'Welsh writing, 1938–48', dyfynnwyd gan John Harris, 'The war of the tongues: early Anglo-Welsh responses to Welsh literary culture' yn Geraint H. Jenkins a Mari A. Williams (goln) *Let's Do Our Best for the Ancient Tongue: The Welsh Language in the Twentieth Century* (Cardiff, 2000), tt.439–61 (443).

[28]   John Harris, 'The war of the tongues', tt.447–8.

[29]   Gw. Meic Stephens, 'Yr Academi Gymreig and Cymdeithas Cymru Newydd', *Poetry Wales* 4 (1968), tt.7–12; cf. llythyr Pennar at Meic Stephens yn *Poetry Wales* 7 (1971), tt.14–15 sy'n dwyn y cwbl i gof.

[30]   Papurau Pennar Davies, llsg. ddi-deitl; nid tan ddiwedd 1939 y priododd Rhys â Lynette Roberts.

[31]   Papurau Pennar Davies, Keidrych Rhys at W. T. Davies, 28 Mehefin 1939.

[32]   Ibid.

[33]   Papurau Pennar Davies, Keidrych Rhys at W. T. Davies, cerdyn post di-ddyddiad.

[34] Gw. Paul Ferris (gol.) *The Collected Letters of Dylan Thomas* (London, 1988), tt.387–9.

[35] LlGC, llsg. 20784D, Vernon Watkins at W. T. Davies, Gorffennaf 1939.

[36] Papurau Pennar Davies, David Evans at W. T. Davies, Gorffennaf 1939.

[37] Papurau Pennar Davies, Keidrych Rhys at W. T. Davies, 29 Gorffennaf 1939.

[38] Ibid.

[39] Ibid.

[40] Ibid.

[41] Papurau Pennar Davies, J. Gwyn Griffiths at W. T. Davies, 8 Awst 1939.

[42] Papurau Pennar Davies, Gwynfor Evans at W. T. Davies, 25 Awst 1939.

[43] Papurau Pennar Davies, Idris Williams at W. T. Davies, 28 Awst 1939. Am weddill yr ymatebion gw. LlGC, llsg. 20784D.

Pennod 3

[1] Pennar Davies, 'Crefydd yng Nghymru', Frank Price Jones et al., *Y Chwedegau* (Avalon Books, 1970), tt.33–46 (43).

[2] Dewi Eirug Davies (gol.), *Cyfrol Deyrnged Pennar Davies* (Abertawe, 1981), tt.9–10.

[3] Pennar Davies, *Naw Wfft* (Dinbych, 1957), t.17 (22 Gorffennaf 1931 yw'r dyddiad sydd arni).

[4] Pennar Davies, *Y Brenin Alltud* (Llandybïe, 1974), tt.174–5.

[5] Papurau Pennar Davies, W. T. Davies at Clem Linnenberg, 28 Medi 1938.

[6] Papurau Pennar Davies, llsg. 'American literature', t.2.

[7] Papurau Pennar Davies, Davies Aberpennar at Alun Llywelyn-Williams, 13 Awst 1940.

[8] Pennar Davies, *Naw Wfft*, t.14.

[9] Papurau Pennar Davies, llawysgrif ddi-deitl.

[10] W. T. Pennar Davies, 'Y daith o Aberpennar dlawd', 'Y Gwrandawr', *Barn* 77 (1969), vi.

[11] Papurau Pennar Davies, llawysgrif ddi-deitl.

[12] Pennar Davies, 'Y daith o Aberpennar dlawd', vi.

[13] 'Dylanwad Cylch Cadwgan adeg y Rhyfel', 'Y Gwrandawr', *Barn* 80 (1969), i–iii (iii).

[14] 'Aduniad Cylch Cadwgan', 'Y Gwrandawr', *Barn* 101 (1971), iv–v (iv).

[15] Papurau Pennar Davies, dyddiadur America, t.14.

[16] Ibid., t.43.

17   Papurau Pennar Davies, Clem Linnenberg at W. T. Davies, 26 Ebrill 1940.
18   'Pennar Davies', yn Meic Stephens (gol.), *Artists in Wales* (Llandybïe, 1971), tt.120–9 (125).
19   Papurau Pennar Davies, May Davies at W. T. Davies, Gorffennaf 1940.
20   Papurau Pennar Davies, Alun Llywelyn-Williams at W. T. Davies, 1 Awst 1940.
21   Ibid.
22   Papurau Pennar Davies, Gwynfor Evans at W. T. Davies, 23 Medi 1940.
23   Ibid.
24   Rhydwen Williams, *Adar y Gwanwyn* (Llandybïe, 1972), t.29. Cynhwysir y cyfeiriadau yn y testun o hyn ymlaen.
25   Papurau Pennar Davies, Pennar Davies at R. Tudur Jones, Rhagfyr 1960.
26   Gw. Nathaniel Micklem, *The Box and the Puppets* (London, 1957), tt.71–86; Elaine Kaye, *C. J. Cadoux: Theologian, Scholar and Pacifist* (Edinburgh, 1988), tt.141–213 ac idem, *Mansfield College Oxford: Its Origin, History and Significance* (Oxford, 1996), tt.189–230.
27   Am ddadansoddiad o'i gynnwys gw. Kaye, *Cadoux*, tt.191–8.
28   W. T. Pennar Davies, 'Cecil John Cadoux', *Mansfield College Magazine* 11 (1942–9), 154–7 (156).
29   Wedi'u dyfynnu gan Kaye, *Mansfield College*, t.216.
30   Micklem, *The Box and the Puppets*, t.121.
31   Papurau Pennar Davies, W. T. Davies at Edith a Joseph Davies, Medi 1940.
32   Rhagymadrodd i Pennar Davies, *Cudd Fy Meiau* (Abertawe, ail arg. 1998), t.9.
33   Papurau Pennar Davies, Keidrych Rhys at Pennar Davies, 11 Medi 1939.
34   'Gwilym Rees Hughes yn holi Pennar Davies', *Barn* 127 (1973), 288–9 (289).
35   Papurau Pennar Davies, Keidrych Rhys at Pennar Davies, 4 Tachwedd 1939.
36   Gw. Nia Mai Williams, 'Cynnyrch aelodau Cylch Cadwgan mewn detholiad o gylchgronau rhwng 1935 a 1945', J. E. Caerwyn Williams (gol.), *Ysgrifau Beirniadol* 25 (Dinbych, 1999), tt.105–11.
37   Davies Aberpennar, adolygiad ar Thomas Jones (gol.) *Awen Aberystwyth* (Llandysul, 1939), *Heddiw* 5 (1939), 278–82.
38   Davies Aberpennar, 'Dyddiadur Cymro', *Heddiw* 5 (1940), 443–7.
39   Davies Aberpennar, 'Dyddiadur Cymro', *Heddiw* 5 (1940), 517–22.
40   Davies Aberpennar, 'Dyddiadur Cymro', *Heddiw* 5 (1940), 542–6 (545).
41   Ibid., 546.
42   Gw. J. Gwyn Griffiths, *I Ganol y Frwydr: Efrydiau Llenyddol* (Llandybïe, 1970), tt.213–22.
43   'Aduniad Cylch Cadwgan', *Barn* 101 (1971), iii.
44   Papurau Pennar Davies, llawysgrif ddi-deitl.

45   Cofnodion Cymdeithas ap Gwilym, Llyfrgell Bodley, Welsh MS d 1/19*, tt.19–20; cf. Papurau Pennar Davies, llsg. 'Cyfreithiau Hywel Dda a breintiau merched'.

46   Ibid., t.64; cf. Gareth Alban Davies, 'Y Dafydd yn y pedwardegau', yn D. Ellis Evans ac R. Brinley Jones (goln), *Cofio'r Dafydd: Cymdeithas Dafydd ap Gwilym 1886–1986* (Abertawe, 1987), tt.151–61.

47   Papurau Pennar Davies, Clem Linnenberg at W. T. Davies, 17 a 21 Mehefin 1941.

48   Kaye, *Mansfield College*, t.207. Am gysylltiadau Cymreig yr Eglwys Gyffesiadol gw. D. Densil Morgan, *Cedyrn Canrif: Ysgrifau ar Grefydd a Chymdeithas yng Nghymru'r Ugeinfed Ganrif* (Caerdydd, 2001), tt.132–57.

49   Cyhoeddwyd ei draethawd fel *The Theology of Martin Luther* (London, 1947).

50   Darlunnir hanes cynulleidfa Rhydychen adeg y rhyfel yn fywiog iawn gan Friedeborg L. Müller, *The History of the German Lutheran Congregations in England, 1900–50* (Frankfurt, 1987), tt.107–10.

51   Papurau Pennar Davies, May Davies at W. T. Davies, 30 Mehefin 1942.

52   Amdano ef a'i ddylanwad ar Pennar, gw. D. Densil Morgan, 'Franz Hildebrant', *Cristion*, 108 (2001), 11–12, 17.

53   Williams, *Adar y Gwanwyn*, t.154.

54   Papurau Pennar Davies, 'Yr Eglwys yn Laodicea', Datguddiad 3:15.

55   Williams, *Adar y Gwanwyn*, t.29.

56   Papurau Pennar Davies, Albert Watts at W. T. Pennar Davies, 15 Rhagfyr 1942.

57   Papurau Pennar Davies, J. Gwyn Griffiths at Pennar Davies, 29 Mawrth 1944.

58   Papurau Pennar Davies, J. Gwyn Griffiths at Pennar Davies, di-ddyddiad.

59   Papurau Pennar Davies, Gwynfor Evans at W. T. Davies, 15 Mai 1940.

60   Papurau Pennar Davies, Gwynfor Evans at Pennar Davies, 15 Ionawr 1943.

61   Papurau Pennar Davies, Gwynfor Evans at Pennar Davies, Awst 1943.

62   Papurau Pennar Davies, Augustus Baer at W. T. Davies, 18 Chwefror (1944).

63   Papurau Pennar Davies, Gwynfor Evans at Pennar Davies, 8 Ionawr 1944.

64   Papurau Pennar Davies, Gwynfor Evans at Pennar Davies, 22 Mai 1944.

65   Papurau Pennar Davies, D. R. Griffiths at Pennar Davies, 22 Gorffennaf 1943.

66   *United Reformed Church, Minster Road Cardiff, Jubilee Booklet* (1977), t.13.

67   Wrth adolygu *Tir Diffaith* gan Aneirin Talfan Davies yn Y *Fflam* 1 (1946), 70.

68   Papurau Pennar Davies, llsg. 'Crefydd Cymru Fydd', t.11.

69   Papurau Pennar Davies, Pennar Davies at Nathaniel Micklem, di-ddyddiad (ond tua 1942).

Pennod 4

[1]   Papurau Pennar Davies, Gwynfor Evans at Pennar Davies, 27 Medi 1944.

[2]   Papurau Pennar Davies, Gwynfor Evans at Pennar Davies, 15 Tachwedd 1944.

[3]   Saunders Lewis, adolygiad o Keidrych Rhys (gol.), *Modern Welsh Poetry* (London, 1944), *Yr Efrydydd* 10 (1946), 53–5 (55).

[4]   Davies Aberpennar, 'Poem for Brother Alban', *Wales* 2 (1943), 67.

[5]   LlGC, Archif BBC Cymru, 'Yale University', 'Y silff lyfrau', 'Saunders Lewis', 'Gwenallt Jones', 'Iorwerth Peate', 1944–6; Papurau Pennar Davies, 'I farn â nhw: sgwrs rhwng Davies Aberpennar a T. Rowland Hughes', 'Welsh or Anglo?: a discussion between Davies Aberpennar and Keidrych Rhys', 'Cornel y llenor', 'Llyfrau'r flwyddyn (1945)', 'Munudau gyda'r beirdd', 'Welsh muse (Alun Lewis)', 'Welsh muse (R. S. Thomas)', 1944–6.

[6]   Papurau Pennar Davies, Silvan Evans at Pennar Davies, 6 Gorffennaf 1946.

[7]   Pennar Davies, 'The social tradition of Christian Wales' yn Pennar Davies et al., *The Welsh Pattern* (1945), tt.7–14 (7). Cynhwysir rhif y tudalennau yn y testun o hyn ymlaen.

[8]   Papurau Pennar Davies, 'Rejoice with them that rejoice', Rhuf. 12:15.

[9]   Papurau Pennar Davies, Gwynfor Evans at Pennar Davies, 12 Awst 1945.

[10]   Papurau Pennar Davies, J. E. Daniel at Pennar Davies, 9 Ionawr 1946.

[11]   Papurau Pennar Davies, Gwynfor Evans at Pennar Davies, 18 Ionawr 1946.

[12]   Papurau Pennar Davies, Gwynfor Evans at Pennar Davies, 24 Chwefror 1946.

[13]   Papurau Pennar Davies, J. Gwyn Griffiths at Pennar Davies, 23 Chwefror 1946.

[14]   Papurau Pennar Davies, Gwynfor Evans at Pennar Davies, 24 Chwefror 1946.

[15]   Papurau Pennar Davies, J. Gwyn Griffiths at Pennar Davies, 23 Chwefror 1946.

[16]   Papurau Pennar Davies, Fred Jones at Pennar Davies, 16 Ebrill 1946.

[17]   Papurau Pennar Davies, Pennar Davies at Gwyn Jones, 24 Ebrill 1946.

[18]   Gw. R. Tudur Jones, *Ffynonellau Hanes yr Eglwys: Y Cyfnod Cynnar* (Caerdydd, 1979), tt.135–6 am enghraifft o'r peth ac esboniad arno.

[19]   Pennar Davies, *Cinio'r Cythraul* (Dinbych, 1946), t.5.

[20]   'Golud', yn ibid., t.11.

[21]   Ibid., t.20.

[22]   Papurau Pennar Davies, Gwynfor Evans at Pennar Davies, 24 Chwefror 1946.

[23]   Saunders Lewis, adolygiad ar *Cinio'r Cythraul* yn *Y Fflam* 1 (1946), 54.

[24]   W. R. Watkin, adolygiad ar *Cinio'r Cythraul* yn *Seren Gomer* 38 (1946), 114.

[25]   A. W. Stevens, adolygiad ar Pennar Davies, *Mansfield College, Oxford: Its History, Aims and Achievements* (Oxford, 1947), *Mansfield College Magazine* 11 (1942–9), 167–8 (167).

[26]   Papurau Pennar Davies, Nathaniel Micklem at Pennar Davies, 24 Chwefror 1947.

[27]   Elaine Kaye, *Mansfield College Oxford: Its Origin, History and Significance* (Oxford, 1996), t.221.

[28]   Papurau Pennar Davies, CG 1.

[29]   Gw. J. Gwyn Griffiths, 'Och na pharhaent: Y *Fflam* (1946–52)', *Y Faner* 9 Mawrth 1979, 12–13.

[30]   Papurau Pennar Davies, J. Gwyn Griffiths at Pennar Davies, 2 Ebrill 1946.

[31]   Papurau Pennar Davies, J. Gwyn Griffiths at Pennar Davies, 14 Mai 1946.

[32]   Papurau Pennar Davies, 'Induction sermon of the Revd Windsor Hicks', Eff. 4:12.

[33]   Papurau Pennar Davies, Haniel Long at Pennar Davies, 6 Gorffennaf 1948.

[34]   Papurau Pennar Davies, Clem Linnenberg at Pennar Davies, 22 Mehefin 1949.

[35]   Papurau Pennar Davies, llsg. 'The Christian Tradition of Wales'.

[36]   Davies Aberpennar, 'God and the world in Henry Vaughan', *Wales* 21 (1945), 62–8, idem, 'Cerrig a bara: Iesu Grist a'r broblem economaidd', *Yr Efrydydd* 10 (1946), 32–4; W. T. Pennar Davies, 'Gair dros y bardd', *Y Dysgedydd* 127 (1947), 145–7; Davies Aberpennar, 'D. Gwenallt Jones', Aneirin Talfan Davies (gol.), *Gwŷr Llên* (Llundain, 1947), 43–70; idem, adolygiad o F. E. Hutchinson, *Henry Vaughan* (Llundain, 1946), *Wales* 26 (1947), 323–4; idem, 'George Herbert as a living artist', *Wales* 28 (1948), 468–81.

[37]   Davies Aberpennar, 'An imaginary conversation: Dafydd ap Gwilym and Keidrych Rhys', *Wales* 29 (1948), 523–31.

[38]   Papurau Pennar Davies, llsg. 'An imaginary conversation: John Elias and G. M. Ll. Davies', 'Cydymaith yr areithydd', 'A Welshman's booklist', 'Amos', 'Onesimus y caethwas', 'The slave who ran away', 1947–9.

[39]   Papurau Pennar Davies, Gwynfor Evans at Pennar Davies, 19 Rhagfyr 1948.

[40]   Davies Aberpennar, 'Dyddiadur Cymro', *Heddiw* 7 (1942), 81–5.

[41]   Pennar Davies, 'Gwybod a datguddiad', *Efrydiau Athronyddol* 11 (1948), 53–8 (53).

[42]   Ibid., tt.54, 53.

[43]   Papurau Pennar Davies, llsg. 'Iachawdwriaeth a her y cyfnod', t.10; cf. R. Tudur Jones, *Yr Undeb: Hanes Undeb yr Annibynwyr Cymraeg, 1872–1972* (Abertawe, 1975), t.375.

[44]   W. T. Pennar Davies, 'Cenadwri i'r eglwysi efengylaidd: 1', *Y Tyst*, 11 Awst 1949, 6–7 (6).

[45]   W. T. Pennar Davies, 'Cenadwri i'r eglwysi efengylaidd: 2', *Y Tyst*, 18 Awst 1949, 6–7 (7).

[46]   Ibid.

[47]   W. T. Pennar Davies, 'Iachawdwriaeth gymdeithasol y byd', *Y Dysgedydd* 129 (1949), 285–8 (286); ailgyhoeddwyd yn Pennar Davies, *Y Brenin Alltud* (Llandybïe, 1974), tt.47–52 (48). Cynhwysir cyfeiriadau'r tudalennau yn y testun o hyn ymlaen.

[48]   W. T. Pennar Davies, 'Dyfodiad Mab y Dyn', *Y Dysgedydd* 130 (1950), 13–17 (15); Davies, *Y Brenin Alltud*, tt.53–7 (55). Cynhwysir cyfeiriadau'r tudalennau yn y testun o hyn ymlaen.

[49]   W. T. Pennar Davies, 'Y gobaith cymdeithasol a syniadau cyfoes', *Y Dysgedydd* 130 (1950), 33–5 (35); Davies, *Y Brenin Alltud*, tt.65–8 (68). Cynhwysir cyfeiriadau'r tudalennau yn y testun o hyn ymalen.

[50]   Gw. W. T. Pennar Davies, 'Pelagius y Brython', *Diwinyddiaeth* 10 (1959), 33–6; dywed am Awstin, gwrthwynebydd Pelagius a phencampwr uniongrededd eglwys y Gorllewin, 'y byddai llawer ohonom yn dal bod agweddau ar ei athrawiaeth sy'n cablu dyn a Duw', 33.

[51]   Papurau Pennar Davies, Pennar Davies at Nathaniel Micklem, 15 Mai 1950.

[52]   Papurau Pennar Davies, CG 1.

[53]   Papurau Pennar Davies, Nathaniel Micklem at Pennar Davies, 19 Mai 1950.

[54]   Papurau Pennar Davies, Pennar Davies at Nathaniel Micklem, 15 Mai 1950.

Pennod 5

[1]   Yn dechnegol coleg anenwadol oedd y 'Presby', a gâi ei reoli gan y Bwrdd Presbyteraidd (Undodaidd) yn Llundain, gw. Dewi Eirug Davies, *Hoff Ddysgedig Nyth* (Abertawe, 1975).

[2]   Papurau Pennar Davies, Nathaniel Micklem at Pennar Davies, 10 Mehefin 1950.

[3]   Gw. D. Densil Morgan, *The Span of the Cross: Christian Religion and Society in Wales, 1914–2000* (Cardiff, 1999), tt.205–19.

[4]   Pennar Davies, *Athrawon ac Annibynwyr* (Abertawe, 1971), t.18.

[5]   Pennar Davies, *Saunders Lewis, ei Feddwl a'i Waith* (Dinbych, 1950), t.171.

[6]   Gw. Christopher Booker, *The Neophiliacs: a Study of the Revolution in English life in the Fifties and Sixties* (London, 1969), t.31; cf. Bernard Levin, *The Pendulum Years: Britain and the Sixties* (London, 1970), tt.282–94.

[7]   Pennar Davies, *Saunders Lewis*, t.171.

[8] Pennar Davies, 'Diwinyddiaeth T. Gwynn Jones', *Y Tyst*, 6, 13, 20, 27 Gorffennaf 1950 (6); adargraffwyd yn Pennar Davies, *Y Brenin Alltud* (Llandybïe, 1974), tt.73–94 (76–7).

[9] Pennar Davies, 'Diwinyddiaeth T. Gwynn Jones', *Y Tyst*, 13 Gorffennaf 1950; Pennar Davies, *Y Brenin Alltud*, t.84.

[10] Gw. Derec Llwyd Morgan, *Barddoniaeth Thomas Gwynn Jones* (Llandysul, 1972).

[11] W. T. Pennar Davies, *Y Ddau Gleddyf: y Berthynas rhwng Eglwys a Gwladwriaeth* (Lerpwl, 1951), t.9; cynhwysir rhif y tudalennau yn y testun o hyn ymlaen

[12] Pennar Davies, *Geiriau'r Iesu* (Abertawe, d.d.), t.20; cynhwysir rhif y tudalennau yn y testun o hyn ymlaen.

[13] Am Gredo Nicea (OC 381) a Diffiniad Chalcedon (OC 451) sy'n sail i'r disgrifiadau hyn o Berson Crist gw. R. Tudur Jones (gol.), *Ffynonellau Hanes yr Eglwys: y Cyfnod Cynnar* (Caerdydd, 1979), tt.141–3, 168–73.

[14] Pennar Davies, 'Gwybod a datguddiad: II', *Efrydiau Athronyddol* 11 (1948), tt.55–8 (56).

[15] Pennar Davies, *Geiriau'r Iesu*, tt.22–3; cynhwysir rhif y tudalennau yn y testun o hyn ymlaen.

[16] R. Tudur Jones, adolygiad ar W. T. Pennar Davies, *Y Ddwy Deyrnas: Y Berthynas rhwng Eglwys a Gwladwriaeth* yn *Mansfield College Magazine* 12 (1950–4), tt.114–16 (116).

[17] Dafydd Ap-Thomas at yr awdur, 29 Ionawr 2001.

[18] Papurau Pennar Davies, Iorwerth Jones at Pennar Davies, 22 Mai 1953.

[19] Gw. D. M. Davies, 'Argraffiadau o St. Andrews', *Y Dysgedydd* 133 (1953), 193–9; cyhoeddwyd anerchiad R. Tudur Jones, 'The Christian doctrine of the State', yn *The Congregational Quarterly* 31 (1953), 314–21.

[20] Pennar Davies, 'Argyfwng Annibynwyr America', *Y Dysgedydd* 133 (1953), 322–7.

[21] Pennar Davies, 'Kai Ta Omega', *Y Tyst* 6 Awst 1953, 6.

[22] Ivor Rees at yr awdur, 4 Medi 2002.

[23] Pennar Davies, 'Kai Ta Omega', 6.

[24] Pennar Davies et al., *Cerddi Cadwgan* (Abertawe, 1953), t.28.

[25] Ymhlith ei weithiau eraill yn ystod y cyfnod hwn oedd Davies Aberpennar, '"Boed anwybod yn obaith": Robert Williams Parry yn yr oes atomig', *Lleufer* 8 (1952), 3–10; Pennar Davies, 'The dilemma of the Welsh University', *Dock Leaves* 3 (1952), 13–17; Pennar Davies, 'Newid cynyddol', *Y Tyst* 15 Mai 1952, 5; Davies Aberpennar, 'Camp Bendigeidfran', *Llafar* (1952), 45–7; darlledwyd ei ddrama 'Amos' ar 26 Tachwedd 1950, a'i raglen nodwedd 'Michael D. Jones' ar 25 Tachwedd 1951, gw. Papurau Pennar Davies.

[26] Pennar Davies, 'Sober reflections on Dylan Thomas', *Dock Leaves* 5 (1954), 13–17 (13).

[27] Ibid., 13.

[28] Ibid., 13–14.

[29] Cf. Pennar Davies, 'Dy fodryb yw'r dylluan: awdur *Cerddi'r Gaeaf*', *Y Genhinen* 3 (1953), 125–30; W. T. Pennar Davies, 'Bardd y Lloer', *Llafar* (1954), 3–7; Pennar Davies, 'Tegla a'i feirniaid', *Yr Eurgrawn* 146 (1954), 180–2; idem, 'Gwelodd hwn harddwch: barddoniaeth W. J. Gruffydd', *Y Genhinen* 5 (1955), 66–71.

[30] Pennar Davies, 'Sober reflections on Dylan Thomas', 13.

[31] Pennar Davies, 'Barn Annibynwyr', *Y Tyst*, 14 Ionawr 1954, 6–7 (6).

[32] Isaac Thomas at yr awdur, Ionawr 2001.

[33] Papurau Pennar Davies, Pennar Davies at D. Gethin Williams, 9 Mawrth 1959.

[34] Papurau Pennar Davies, llsg. 'The foundation of the Christian hope', t.3.

[35] Ymddangosodd 'Dyddiadur Enaid' gan 'Y Brawd o Radd Isel' yn *Y Tyst* rhwng 16 Ionawr 1955 a 20 Chwefror 1956.

[36] Papurau Pennar Davies, llsg. 'The Church in the Bible'.

[37] Ivor Rees at yr awdur, 4 Medi 2002.

[38] Dewi Lloyd Lewis at yr awdur, 2 Medi 2002.

[39] Isaac Thomas at yr awdur, Ionawr 2001.

[40] Ibid.

[41] Pennar Davies, *Cudd Fy Meiau* (Abertawe, ail arg. 1998), t.187.

[42] Dewi Lloyd Lewis at yr awdur, 2 Medi 2002.

[43] Ibid.

[44] Papurau Pennar Davies, deunyddiau Aberhonddu.

[45] Pennar Davies, *Cudd Fy Meiau*, t.188.

[46] Papurau Pennar Davies, Minutes of Senate, November 1955, t.2.

[47] Ibid.

[48] Isaac Thomas at yr awdur, Ionawr 2001.

[49] Papurau Pennar Davies, Glyn Simon at Pennar Davies, 14 Hydref 1955.

[50] Gw. Morgan, *The Span of the Cross*, tt.220–2.

[51] Papurau Pennar Davies, llsg. 'Notes on the Christian doctrine of man', t.1.

[52] Papurau Pennar Davies, Glyn Simon at Pennar Davies, 5 Mawrth 1956.

Pennod 6

[1] Papurau Pennar Davies, Keidrych Rhys at Pennar Davies, 15 Chwefror 1957.

[2] Pennar Davies, Nathaniel Micklem, *The Abyss of Truth* (London, 1956), *Mansfield College Magazine* 13 (1955–60), 330–2; idem, 'The young Milton', *The Congregational Quarterly* 33 (1955), 160–71.

[3] W. T. Pennar Davies, 'Baledi gwleidyddol yng Nghymru yng nghyfnod y Chwyldro Piwritanaidd', *Y Cofiadur* 25 (1955), 3–22 (22).

4   Geoffrey F. Nuttall, 'Pennar Davies (12 Nov. 1911–29 Dec. 1996): *complexio oppositorum*', *Journal of the United Reformed Church Historical Society* 5 (1997), 574–5 (575).

5   Erik Routley, adolygiad o Pennar Davies, *Episodes in the History of Brecknockshire Dissent* (R. H. Johns, Brecon, 1959), *Mansfield College Magazine* 13 (1955–60), 2–3.

6   Pennar Davies, *Naw Wfft* (Dinbych, 1957), t.26.

7   Ibid., t.44.

8   Pennar Davies, *Cudd fy Meiau* (Abertawe, ail arg., 1998), tt.119, 31; codir pob dyfyniad o'r ail argraffiad.

9   R. M. Jones, *Llenyddiaeth Gymraeg 1936–72* (Llandybïe, 1974), t.309.

10   Saunders Lewis, 'Welsh writers of today' (1961) yn Gwyn Thomas ac Alun R. Jones (goln), *Presenting Saunders Lewis* (Cardiff, 1973), tt.164–70 (169, 170).

11   Pennar Davies, *Anadl o'r Uchelder* (Abertawe, d.d. ond 1958), t.5; cynhwysir rhif y tudalennau yn y testun.

12   R. M. Jones, *Llenyddiaeth Gymraeg 1936–72*, t.310.

13   Pennar Davies, *Episodes in the History of Brecknockshire Dissent*, t.9.

14   Glyn Richards, adolygiad ar *Anadl o'r Uchelder* yn *Mansfield College Magazine* 14 (1961–73), 124–6.

15   E. Tegla Davies, 'Anadl o'r Uchelder', *Y Dysgedydd* 138 (1958), 314–17 (314).

16   Saunders Lewis, 'Welsh writers of today', t.170.

17   John Rowlands, 'Pennar Davies: y llenor enigmatig', *Ysgrifau ar y Nofel* (Caerdydd, 1992), tt.219–40 (228).

18   Gw. R. Tudur Jones, *Diwinyddiaeth ym Mangor* (Caerdydd, 1972).

19   Papurau Pennar Davies, llsg. 'Memorandum on Theological Education', 15 May 1955.

20   Papurau Pennar Davies, llsg. 'Report to College Council'.

21   Pennar Davies, 'Y Cyfarfod Tanysgrifwyr yn Aberhonddu', *Y Tyst* 4 Mehefin 1958, 6.

22   Gw. Gwilym H. Jones, 'Cyfarch y Dr Isaac Thomas', *Y Traethodydd* 166 (2001), 197–208.

23   Pennar Davies, *Cudd Fy Meiau*, t.73.

24   *The Poems of Browning*, gol. John Woolford a Daniel Karlin, Cyf. 2 (London, 1991), tt.175–9 (177).

25   Pennar Davies, 'Y Capten Coll', *Y Genhinen* 9 (1958–9), 55.

26   Papurau Pennar Davies, Pennar Davies at Gethin Williams, 12 Rhagfyr 1958.

27   Isaac Thomas at yr awdur, Ionawr 2001.

28   Papurau Pennar Davies, llsg. 'Yr ail fis mêl', t.1.

Pennod 7

[1]   Papurau Pennar Davies, llsg. 'The Welsh Christian tradition', t.2.

[2]   Pennar Davies, *John Penry (1563–93)* (London, 1961), t.3.

[3]   Pennar Davies, '1660–62: y cefndir a'r canlyniadau', yn idem (gol.), *Rhyddid ac Undeb: Ysgrifau Ymneilltuol* (Llandysul, 1963), tt.19–28 (20).

[4]   Pennar Davies, 'Rhyddid a'r wladwriaeth', *Diwinyddiaeth* 17 (1966), 33–8 (36).

[5]   Pennar Davies, *John Penry,* t.17.

[6]   *Llyfr Gwasanaeth* (Abertawe, 1962), tt.149–76; Papurau Pennar Davies, llyfr 'Gweddi a Myfyrdod'.

[7]   Cf. Nathaniel Micklem (gol.), *Christian Worship* (Oxford, 1936); idem, *A Book of Personal Religion* (London, 1938); idem, *Prayers and Praises* (London, 1941).

[8]   Guto Prys ap Gwynfor at yr awdur, 14 Hydref 2002.

[9]   Papurau Pennar Davies, George Harrap at Pennar Davies, 19 Medi 1962.

[10]   Papurau Pennar Davies, Clem Linnenberg at Pennar Davies, 18 Medi 1962.

[11]   Papurau Pennar Davies, Clem Linnenberg at Pennar Davies, 2 Rhagfyr 1963.

[12]   Pennar Davies, *Rhwng Chwedl a Chredo* (Caerdydd, 1966), t.3.

[13]   Pennar Davies, 'Pelagius y Brython', *Diwinyddiaeth* 10 (1959), 33–8 (33).

[14]   B. R. Rees, *Pelagius, a Reluctant Heretic* (Woodbridge, 1988).

[15]   Pennar Davies, 'Pelagius y Brython', 33.

[16]   Pennar Davies, *Rhwng Chwedl a Chredo*, t.35; cynhwysir rhif y tudalennau yn y testun o hyn ymlaen.

[17]   Myn Ariaeth nad yw Iesu yn rhannu cyflawn dduwdod â'r Tad ac yn ôl Sabeliaeth tair gwedd ar yr un Duw yw'r Tad, y Mab a'r Ysbryd yn hytrach na thri pherson dwyfol ar wahân. Credai'r Gnosticiaid a'r Manicheaid fod y greadigaeth yn ddrwg yn ei hanfod tra bod Awstiniaeth, sef y gyfundrefn sy'n deillio o syniadaeth Awstin Fawr (oc 354–430), yn pwysleisio sofraniaeth Duw yn y gwaith o achub dyn er bod Pelagiaeth, a enwyd ar ôl y Brython Pelagius (oc *fl.*380–420), yn pwysleisio gallu dyn i gydweithio â Duw a chyfrannu at ei achubiaeth ei hun.

[18]   J. E. Caerwyn Williams, *Llên Cymru* 10 (1968), 126–31 (127).

[19]   Bobi Jones, adolygiad ar *Rhwng Chwedl a Chredo* yn *Y Traethodydd* 122 (1967), 140–1 (140); cf. R. M. Jones, *Llên Cymru a Chrefydd* (Llandybïe, 1977), 178–80.

[20]   J. Gwyn Griffiths at yr awdur, 5 Mai 1999.

[21]   R. Tudur Jones, adolygiad o *Rhwng Chwedl a Chredo* yn *Mansfield College Magazine* 14 (1961–73), 15–16.

[22]   W. T. Pennar Davies, 'The fire in the thatch', yn R. Brinley Jones (gol.), *Anatomy of Wales* (Peterston-super-Ely, 1972), tt.105–16 (115–16).

23 Papurau Pennar Davies, Bobi Jones at Pennar Davies, 18 Chwefror 1967; Pennar Davies, 'Cerddi diweddar Dr Bobi Jones', Y *Genhinen* 17 (1966–7), 15–19.

24 Pennar Davies, *Yr Efrydd o Lyn Cynon a Cherddi Eraill* (Llandybïe, 1961), t.11.

25 Ibid., tt.9–10 (10).

26 Alan Llwyd, *Barddoniaeth y Chwedegau* (Cyhoeddiadau Barddas, 1986), t.318; cf. Bobi Jones yn Robert Rhys (gol.), Y *Patrwm Amryliw*, Cyf. 1 (Cyhoeddiadau Barddas, 1997), tt.214–22; M. Wynn Thomas, 'Yr efrydd a'r almonwydden' yn Hywel Teifi Edwards (gol.), *Cwm Cynon* (Llandysul, 1997), tt.309–28.

27 John Rowlands, 'Pennar Davies: y llenor enigmatig', *Ysgrifau ar y Nofel* (Caerdydd, 1992), tt.219–40 (238).

28 Harri Pritchard Jones, adolygiad o *Caregl Nwyf* yn *Western Mail*, 1 Medi 1966, 13.

29 Pennar Davies, *Caregl Nwyf* (Llandybïe, 1966), t.26

30 Ibid., t.27.

31 D. T. Evans, *Mansfield College Magazine* 14 (1961–73), 296–8 (298).

32 Pennar Davies, *Meibion Darogan* (Llandybïe, 1968), t.5.

33 J. Gwyn Griffiths, *I Ganol y Frwydr: Efrydiau Llenyddol* (Llandybïe, 1970), t.219.

34 Papurau Pennar Davies, Gwynfor Evans at Pennar Davies, 16 Chwefror 1969.

35 Papurau Pennar Davies, Alun Llywelyn-Williams at Pennar Davies, 5 Ebrill 1969.

36 Papurau Pennar Davies, D. J. Williams at Pennar Davies, 1 Medi 1969.

37 Papurau Pennar Davies, D. J. Williams at Pennar Davies, 1 Ebrill 1969.

38 John Rowlands, 'Y llenor enigmatig', tt.231–5 (231).

39 M. Wynn Thomas, *Corresponding Cultures: The Two Literatures of Wales* (Cardiff, 1999), t.95.

40 Ibid., tt.96–7.

41 Papurau Pennar Davies, Pennar Davies at Gwynfor Evans, 19 Chwefror 1969.

42 Saunders Lewis, 'Gwastraffer arian dros y celfyddydau!', *Baner ac Amserau Cymru*, 23 Ebrill 1969, 1.

43 Papurau Pennar Davies, llsg. 'Getter and Spender: translated and adapted by Pennar Davies'.

44 Papurau Pennar Davies, llsg. 'Torri Tant: Drama Ffantasïol', t.32.

45 Guto Prys ap Gwynfor at yr awdur, 14 Hydref 2002.

46 Papurau Pennar Davies, John FitzGerald at Pennar Davies, 20 Mehefin 1966.

47 Papurau Pennar Davies, R. Tudur Jones at Pennar Davies, 2 Mawrth 1967.

48 Papurau Pennar Davies, R. Tudur Jones at Pennar Davies, 8 Mawrth 1970.

[49] Papurau Pennar Davies, Nathaniel Micklem at Pennar Davies, 20 Gorffennaf 1968.

[50] Papurau Pennar Davies, Clem Linnenberg at Pennar Davies, 15 Ionawr 1967.

[51] Papurau Pennar Davies, Clem Linnenberg at Pennar Davies, 4 Medi 1967.

[52] Papurau Pennar Davies, Clem Linnenberg at Pennar Davies, 7 Ebrill 1968.

[53] Papurau Pennar Davies, Clem Linnenberg at Pennar Davies, 1 Medi 1968.

[54] Papurau Pennar Davies, Clem Linnenberg at Pennar Davies, 23 Awst 1969.

[55] Papurau Pennar Davies, Clem Linnenberg at Rosemarie Davies, 29 Medi 1971.

[56] Papurau Pennar Davies, Geoffrey F. Nuttall at Pennar Davies, 21 Gorffennaf 1971.

[57] Papurau Pennar Davies, Geoffrey F. Nuttall at Pennar Davies, 21 Rhagfyr 1966.

[58] Papurau Pennar Davies, Geoffrey F. Nuttall at Pennar Davies, 27 Mehefin 1967.

[59] Papurau Pennar Davies, Geoffrey F. Nuttall at Pennar Davies, 23 Tachwedd 1969.

[60] Papurau Pennar Davies, Geoffrey F. Nuttall at Pennar Davies, 17 Mehefin 1970.

[61] Papurau Pennar Davies, Geoffrey F. Nuttall at Pennar Davies, 17 Chwefror 1968.

[62] 'From the President of the Free Church Council of Wales', *Western Mail*, 26 Hydref 1966, 8; am y trychineb a'i arwyddocâd crefyddol, gw. D. Densil Morgan, *The Span of the Cross: Christian Religion and Society in Wales, 1914–2000* (Cardiff, 1999), tt.230–42.

[63] Papurau Pennar Davies, Dug Norfolk at Pennar Davies, 1 Gorffennaf 1967.

[64] Papurau Pennar Davies, Pennar Davies at Gwynfor Evans, di-ddyddiad.

[65] Ibid; cf. Papurau Pennar Davies, Gwynfor Evans at Pennar Davies, 9 Tachwedd 1967.

[66] Papurau Pennar Davies, Pennar Davies at aelodau Pwyllgor Canolog Cyngor Eglwysi Rhyddion Cymru, 18 Mawrth 1968.

[67] Papurau Pennar Davies, papur di-deitl.

Pennod 8

[1] Papurau Pennar Davies, Clem Linnenberg at Pennar Davies, 23 Awst 1969.

²   Bobi Jones yn Robert Rhys (gol.), *Y Patrwm Amryliw* (Cyhoeddiadau Barddas, 1997), tt.219–22.

³   Pennar Davies, *Y Tlws yn y Lotws* (Llandybïe, 1971), t.73.

⁴   Ibid., tt.12–13.

⁵   Siân Megan, 'Astudiaeth feirniadol o weithiau llenyddol Pennar Davies' yn J. E. Caerwyn Williams (gol.), *Ysgrifau Beirniadol 9* (Dinbych, 1976), tt.312–51(346).

⁶   Gilbert Ruddock, 'Menter ac antur, cariad a hedd', yn Dewi Eurig Davies (gol.), *Cyfrol Deyrnged Pennar Davies* (Abertawe, 1981), tt.53–78 (55).

⁷   'Prifardd cysefin', yn Islwyn Jones a Gwilym Rees Hughes (goln), *Storïau'r Dydd* (Llandysul, 1968), tt.1–14; 'Gazales', yn Islwyn Jones a Gwilym Rees Hughes (goln), *Storïau '70* (Llandysul, 1969), tt.9–20; 'Mab y wawrddydd', yn Islwyn Jones a Gwilym Rees Hughes (goln), *Storïau '72* (Llandysul, 1972), tt.9–54; 'Y llwy serch', yn Islwyn Jones a Gwilym Rees Hughes (goln), *Storïau '74* (Llandysul, 1974), tt.39–48; 'Nel a Dyddgu', yn Urien Wiliam (gol.), *Storïau Awr Hamdden* (Llandybïe, 1974), tt.26–33; 'Crachlenor', yn Urien Wiliam (gol.), *Storïau Awr Hamdden 2* (Llandybïe, 1975), tt.32–7.

⁸   'The short stories of Kate Roberts', yn Sam Adams a Gwilym Rees Hughes (goln), *Triskel One* (Llandybïe, 1971) tt.11–26; 'T. E. Nicholas: bardd o ddyneiddiwr', yn J. Roose Williams (gol.), *T. E. Nicholas: Proffwyd Sosialaeth a Bardd Gwrthryfel* (Pwyllgor Cymreig y Blaid Gomiwnyddol, d.d. (1971)), tt.29–42; 'Literature in Wales in the twentieth century', yn J. E. Caerwyn Williams, *Literature in Celtic Countries* (Cardiff, 1971), tt.61–78; 'Llenyddiaeth yng Nghymru yn yr ugeinfed ganrif', *Y Traethodydd* 127 (1972), 156–70; 'Saunders Lewis: morality playwright', yn Sam Adams a Gwilym Rees Hughes (goln), *Triskel Two* (Llandybïe, 1973), tt.26–41; 'His criticism', yn Gwyn Thomas ac Alun Jones (goln), *Presenting Saunders Lewis* (Cardiff, 1973), tt.93–105; 'Meddylfryd Waldo Williams', yn James Nicholas (gol.), *Waldo: Cyfrol Deyrnged* (Llandysul, 1977), tt.183–202.

⁹   Gw. 'Y dyddiadur', *Y Genhinen*, 25/1 (1975) hyd rifyn 29/1 (1979).

¹⁰   Pennar Davies, 'God's Universe', yn Roger Tomes (gol.), *Christian Confidence: Essays on a Declaration of Faith of the Congregational Church in England and Wales* (London, 1970), tt.88–104 (102).

¹¹   Papurau Pennar Davies, Nathaniel Micklem at Pennar Davies, 18 Mai 1968.

¹²   Papurau Pennar Davies, Nathaniel Micklem at Pennar Davies, 18 Awst 1974.

¹³   Papurau Pennar Davies, Islwyn Ffowc Elis at Pennar Davies, 21 Ebrill 1971.

¹⁴   Papurau Pennar Davies, Gilbert Ruddock at Pennar Davies, 15 Mai 1971.

¹⁵   Papurau Pennar Davies, Crundale Congregational Church at Pennar Davies, 30 Ebrill 1971.

16   Papurau Pennar Davies, A. J. Davies at Pennar Davies, 11 Mai 1971.

17   Papurau Pennar Davies, Geoffrey F. Nuttall at Pennar Davies, 17 Mehefin 1970. Ystyr *philoneikia* yw 'sefyllfa'.

18   Papurau Pennar Davies, Gilbert Ruddock at Pennar Davies, 15 Mai 1971.

19   Pennar Davies, Gwynfor Evans, Alwyn D. Rees, Stephen J. Williams, Trebor Lloyd Evans, *Gwerth Cristionogol yr Iaith Gymraeg* (Abertawe, 1967), t.6.

20   Papurau Pennar Davies, papur di-ddyddiad (1971).

21   Pennar Davies, 'Y genedl yn y Testament Newydd', yn Dewi Eurig Davies (gol.), *Gwinllan a Roddwyd* (Llandybïe, 1972), tt.24–44 (27).

22   Pennar Davies, 'Towards a theology of language', yn D. Huw Jones a Paul Ballard, *This Land and People: A Symposium on Christian and Welsh National Identity* (Cardiff, 1979), tt.98–111 (109).

23   Pennar Davies, *Y Pethau Nid Ydynt* (Abertawe, 1973), t.6. Cynhwysir cyfeiriadau'r tudalennau yn y testun o hyn ymlaen.

24   Papurau Pennar Davies, W. Rhys Nicholas at Pennar Davies, 22 Mehefin 1973.

25   Papurau Pennar Davies, R. Tudur Jones at Pennar Davies 29 Mawrth 1971.

26   Gw. D. Densil Morgan *The Span of the Cross: Christian Religion and Society in Wales, 1914–2000* (Cardiff, 1999) tt.220–30.

27   Pennar Davies, 'Crefydd yng Nghymru', yn Frank Price Jones et al. *Y Chwedegau* (Avalon Books, 1970), tt.33–45 (40).

28   Ibid., t.43.

29   Ibid., t.45.

30   Pennar Davies, *Duw Ysbryd Glân* (Abertawe, 1970), tt.20–1 yn arbennig.

31   Pennar Davies, *Y Brenin Alltud*, (Llandybïe, 1974), t. 148. Cynhwysir cyfeiriadau'r tudalennau yn y testun o hyn ymlaen.

32   Gw. sylwadau R. Tudur Jones yn ei ragymadrodd i Pennar Davies, *Cudd Fy Meiau* (Abertawe, ail arg. 1998), tt.15–16.

33   Gw. Karl Barth, *The Theology of Schleiermacher: Lectures at Göttingen 1923–4* (Edinburgh, 1982), t.103.

34   Papurau Pennar Davies, Geoffrey F. Nuttall at Pennar Davies, 19 Ionawr 1977 a 15 Mawrth 1977.

35   Geoffrey F. Nuttall, adolygiad ar Pennar Davies, *Y Brenin Alltud* yn *Diwinyddiaeth* 26 (1975), tt.56–7 (57).

36   Papurau Pennar Davies, Geoffrey F. Nuttall at Pennar Davies, 15 Mawrth 1977.

37   Papurau Pennar Davies, Geoffrey F. Nuttall at Pennar Davies, 2 Ebrill 1975.

38   Papurau Pennar Davies, J. A. Winn at Pennar Davies, 17 Medi 1976.

39   Papurau Pennar Davies, Geoffrey F. Nuttall at Pennar Davies, 15 Mawrth 1977.

[40]   Noel Gibbard, adolygiad yn *Y Cylchgrawn Efengylaidd* 15 (1975), 26–8 (26).

[41]   Yr ymdriniaeth safonol â'r syniad o undod â Duw yn llenyddiaeth Cymru yw R. M. Jones, *Cyfriniaeth Gymraeg* (Caerdydd, 1994). Mae'n crybwyll defnydd Pennar Davies o'r dychymyg ar tt.6–9.

[42]   Pennar Davies, adolygiad ar R. Tudur Jones, *The Desire of Nations* (Llandybïe, 1973), *South Wales Evening Post*, 31 Awst 1973, 8.

[43]   Papurau Pennar Davies, R. Tudur Jones at Pennar Davies, 5 Hydref 1974.

[44]   Gw. uchod, t.94; Papurau Pennar Davies, Iorwerth Jones at Pennar Davies, 22 Mai 1953.

[45]   Iorwerth Jones, 'Y Prifathro a Mr Gwilym R. Jones', *Y Tyst*, 12 Chwefror 1976, 4.

[46]   Papurau Pennar Davies, R. Tudur Jones at Pennar Davies, 20 Chwefror 1976.

[47]   Am esboniad hwylus o'r wyddor gw. Eryl Wynn Davies, 'Beirniadaeth feiblaidd', yn idem, *Efrydiau Beiblaidd Bangor* 4 (Dinbych, 1988), 77–111.

[48]   Gw. Gwyn Davies, *Y Grym a'r Gwirionedd* (Pen-y-bont ar Ogwr, 1978), *passim*.

[49]   Pennar Davies, 'Y chwyldro mewnol', *Y Traethodydd* 133 (1978), 22–4 (23).

[50]   Papurau Pennar Davies, W. T. Gruffydd at Pennar Davies, 1 Rhagfyr 1976.

[51]   Papurau Pennar Davies, Clem Linnenberg at Rosemarie a Pennar Davies, 17 Ebrill 1975.

[52]   Papurau Pennar Davies, Trebor Lloyd Evans at Pennar Davies, 12 Gorffennaf 1976.

[53]   Papurau Pennar Davies, Gwynfor Evans at Pennar Davies, 20 Mehefin 1977.

[54]   Papurau Pennar Davies, Clem Linnenberg at Pennar Davies, 7 Ionawr 1976.

[55]   Papurau Pennar Davies, Clem Linnenberg at Pennar Davies, 7 Mawrth 1976.

[56]   Papurau Pennar Davies, Clem Linnenberg at Pennar Davies, 2 Rhagfyr 1974.

[57]   Papurau Pennar Davies, Clem Linnenberg at Pennar Davies, 25 Mehefin 1976. Mae'r llythrennau eidalaidd yn y gwreiddiol.

[58]   Ibid.

[59]   Papurau Pennar Davies, Clem Linnenberg at Pennar Davies, 23 Tachwedd 1977.

[60]   Papurau Pennar Davies, Geoffrey F. Nuttall at Pennar Davies, 14 Hydref 1975.

[61]   Papurau Pennar Davies, Geoffrey F. Nuttall at Pennar Davies, 9 Tachwedd 1976; gw. Papurau Pennar Davies llsg. 'Drew lecture on immortality'.

[62]   Pennar Davies, *Diwinyddiaeth J. R. Jones* (Abertawe, 1978).

[63]   Papurau Pennar Davies, Geoffrey F. Nuttall at Pennar Davies, 19 Gorffennaf 1978.

[64]   Pennar Davies, *Mabinogi Mwys* (Abertawe, 1979), t.29. Cynhwysir cyfeiriadau'r tudalennau yn y testun o hyn ymlaen.

[65]   Am Rees Howells a'i goleg gw. Norman Grubb, *Rees Howells, Intercessor* (Guildford, 1973).

[66]   Papurau Pennar Davies, Maurice Loader at Pennar Davies, 11 Medi 1975.

[67]   Papurau Pennar Davies, llsg. 'Rhagolygon wedi ymddeol'.

[68]   Papurau Pennar Davies, Alun Morgan at Pennar Davies, 25 Awst 1976.

[69]   Papurau Pennar Davies, Guto Prys ap Gwynfor at Pennar Davies, 15 Awst 1977.

[70]   Papurau Pennar Davies, Elaine Szakal at Pennar Davies, 14 Medi 1977.

Pennod 9

[1]   Papurau Pennar Davies, Ralf Norman at Pennar Davies, 15 Tachwedd 1979

[2]   Pennar Davies, 'Ystyried eiddo', *Y Faner* 2 Chwefror 1979, 14.

[3]   Papurau Pennar Davies, Saunders Lewis at Pennar Davies, 6 Chwefror 1979.

[4]   Papurau Pennar Davies, Meredydd Evans at Pennar Davies, 27 Mawrth 1979.

[5]   Papurau Pennar Davies, Geoffrey F. Nuttall at Pennar Davies, 17 Tachwedd 1979.

[6]   Papurau Pennar Davies, Geoffrey F. Nuttall at Pennar Davies, 29 Tachwedd 1979.

[7]   Papurau Pennar Davies, Saunders Lewis at Pennar Davies, 5 Chwefror 1980.

[8]   'Cyfarchiad', R. Geraint Gruffydd (gol.), *Cerddi Saunders Lewis* (Caerdydd, 1986), t.56.

[9]   Papurau Pennar Davies, Saunders Lewis at Pennar Davies, 5 Chwefror 1980.

[10]   Papurau Pennar Davies, Meredydd Evans at Pennar Davies, 21 Chwefror 1980.

[11]   Pennar Davies, Meredydd Evans a Ned Thomas, *Achos y Tri: Areithiau Llys y Goron Caerfyrddin* (Aberystwyth, 1980), t.9.

[12]   Ibid., t.10.

[13]   Ibid., tt.10–11.

[14]   Papurau Pennar Davies, Saunders Lewis at Pennar Davies, 21 Awst 1980.

[15]   Papurau Pennar Davies, Geoffrey F. Nuttall at Pennar Davies, 30 Gorffennaf 1980.

[16] Ibid.

[17] Papurau Pennar Davies, Gwynfor Evans at Pennar Davies, 5 Mai 1980.

[18] Papurau Pennar Davies, Saunders Lewis at Pennar Davies, 21 Awst 1980.

[19] Papurau Pennar Davies, R. Tudur Jones at Pennar Davies, 8 Tachwedd 1980.

[20] Papurau Pennar Davies, Geoffrey F. Nuttall at Pennar Davies, 30 Gorffennaf 1981.

[21] Papurau Pennar Davies, Pennar Davies at Clem Linnenberg, 26 Medi 1981.

[22] Dewi Eirug Davies (gol.), *Cyfrol Deyrnged Pennar Davies* (Abertawe, 1981).

[23] Papurau Pennar Davies, Saunders Lewis at Pennar Davies, 30 Awst 1982.

[24] Papurau Pennar Davies, Geoffrey F. Nuttall at Pennar Davies, 16 Mehefin 1981; llsg. 'Some eighteenth century Welsh hymnwriters'.

[25] Pennar Davies, *Cymru yn Llenyddiaeth Cymru* (Caerdydd, 1982), t.12.

[26] Papurau Pennar Davies, llsg. 'Diwinyddiaeth R. Ifor Parry'.

[27] Papurau Pennar Davies, Geoffrey F. Nuttall at Pennar Davies, 31 Awst 1983.

[28] Papurau Pennar Davies, Clem Linnenberg at Pennar Davies, 25 Medi 1986.

[29] Pennar Davies, *E. Tegla Davies* (Cardiff, 1983).

[30] Pennar Davies, *Yr Awen Almaeneg* (Caerdydd, 1983).

[31] Pennar Davies, *Llais y Durtur* (Llandysul, 1985), t.83.

[32] Papurau Pennar Davies, Gwynfor Evans at Pennar Davies, 22 Rhagfyr 1985.

[33] Gw. D. Densil Morgan, 'Pelagius and a twentieth century Augustine: the contrasting visions of Pennar Davies and R. Tudur Jones', *The International Congregational Journal* 1 (2001), 41–54.

[34] Pennar Davies, 'Cynulleidfaoliaeth', *Diwinyddiaeth* 32 (1981), 2–9 (7).

[35] Papurau Pennar Davies, R. Tudur Jones at Pennar Davies, 18 Tachwedd 1963.

[36] Papurau Pennar Davies, R. Tudur Jones at Pennar Davies, 22 Ionawr 1966.

[37] Papurau Pennar Davies, R. Tudur Jones at Pennar Davies, 29 Tachwedd 1966.

[38] Papurau Pennar Davies, R. Tudur Jones at Pennar Davies, 14 Tachwedd 1973.

[39] Papurau Pennar Davies, Clem Linnenberg at Pennar Davies, 26 Awst 1985.

[40] Pennar Davies, *Barth: Cyfres 'Be' Ddywedodd'* (Y Colegiwm Gymraeg, 1987), t.3.

[41] Guto Prys ap Gwynfor at yr awdur, 14 Hydref 2002.

[42]   W. T. Pennar Davies, 'Y Weinidogaeth', yn E. Stanley John (gol.), *Y Gair a'r Genedl: Cyfrol Deyrnged i R. Tudur Jones* (Abertawe, 1986), tt.95–111 (111).

[43]   Pennar Davies, 'Methodistiaeth ac Ymneilltuaeth', yn Elfed ap Nefydd Roberts (gol.), *Corff ac Ysbryd: Ysgrifau ar Fethodistiaeth* (Caernarfon, 1988), tt.15–31 (25).

[44]   Papurau Pennar Davies, Geoffrey F. Nuttall at Pennar Davies, 18 Tachwedd 1985.

[45]   Papurau Pennar Davies, Geoffrey F. Nuttall at Pennar Davies, 10 Mai 1985.

[46]   Papurau Pennar Davies, Bobi Jones at Pennar Davies, 28 Ionawr 1987.

[47]   Pennar Davies, *Llef: Casgliad o Gerddi* (Cyhoeddiadau Barddas, 1987), t.37.

[48]   Papurau Pennar Davies, Pennar Davies at Clem Linnenberg, 3 Chwefror 1987.

[49]   Pennar Davies, 'Cychwyn', *Taliesin* 63 (1988), 27–36; idem, 'A disservice to Welsh scholarship', yn Oliver Davies a Fiona Bowie (goln), *Discovering Welshness* (Llandysul, 1992), tt.40–3.

[50]   Pennar Davies, *Gwas y Gwaredwr* (Abertawe, 1991), t.9. Cynhwysir cyfeiriadau'r tudalennau yn y testun o hyn ymlaen.

[51]   Cf. beirniadaeth Derec Llwyd Morgan, *Y Beibl a Llenyddiaeth Gymraeg* (Llandysul, 1998), tt.128–30.

[52]   R. Tudur Jones, rhagymadrodd i Pennar Davies, *Cudd Fy Meiau* (Abertawe, ail arg. 1998), t.25.

[53]   John Rowlands, *Ysgrifau ar y Nofel* (Caerdydd, 1992), tt.219–40.

[54]   Meic Stephens, 'Pennar Davies', *The Independent*, 2 Ionawr 1997, 18.

[55]   Geoffrey F. Nuttall, 'Pennar Davies (12 November 1911–29 December 1996): *complexio oppositorum*', *Journal of the United Reformed Church Historical Society* 5 (1997), 574–5 (575).

[56]   F. M. Jones, 'Pennar Davies', *Blwyddiadur yr Annibynwyr* (Abertawe, 1998), tt.108–9 (109).

[57]   R. Gerallt Jones, 'Golygyddol', *Llais Llyfrau*, Gwanwyn 1997, 3.

[58]   Ibid.

[59]   Gwynfor Evans, 'Agoriad Coleg Coffa Aberystwyth', *Y Tyst*, 10 Rhagfyr 1981, 8; idem yn Dewi Eirug Davies (gol.), *Cyfrol Deyrnged Pennar Davies*, t.13.

Mynegai

à Kempis, Thomas, 61
Anscome, Elizabeth, 20
ap Gwynfor, Guto Prys, 125, 136, 164, 176
ap Talfan, Aneirin, 36
Ap-Thomas, Dafydd, 20, 77, 94
Asquith, Julian Edward George, 19–20
Awstin Fawr, 126, 128, 136

Baer, Augustus, 29, 32, 53, 58, 67, 159
Baillie, John, 97, 115
Bale, John, 18, 86
Bannerjee, Bimal, 19
Barraclough, Mr, 10, 30–1
Barth, Karl, 49, 58, 62, 66, 81, 128, 154, 156, 175–6
Beaton, Bunty, 15, 28
Binding, Doris May (gw. Davies, Doris May)
Bohlin, Torgny, 126
Bonhoeffer, Dietrich, 54, 156
Bowen, Euros, 78
Bowyer, Gwilym, 72, 77, 99, 174
'Brawd o Radd Isel, Y', 99
Brett, Cyril, 13
Brett-Smith, H. F. B., 18, 22
Brockingham, L. H., 49
Brooke, Charles Tucker, 34
Brunner, Emil, 49, 84, 90, 175
Bultmann, Rudolf, 149, 152

Cadman, W. H., 48
Cadoux, C. J., 49–50, 77
'Caledfwlch', 144
Carter, Jimmy, 159–60
Cauchon, Yvette, 29

Chakravaky, Amiya, 19
Chapman, George, 34, 51, 86
Constant, Harvey, 19

Daiches, David, 20
Daniel, Glyn, 128
Daniel, Goronwy, 170
Daniel, J. E., 58, 62, 70, 71, 72
Davies, D. J., 101, 165
Davies, Dewi Eirug, 137, 165, 171
Davies, Doris May (chwaer), 4–5, 7–8, 173
Davies, Ebenezer Curig, 99, 141
Davies, Edith Anne (mam), 3–4, 6–7, 16, 18, 23, 27–8, 33–4, 122
Davies, Edith Jessie (chwaer), 4–5, 7–8
Davies, Ednyfed Hudson, 141
Davies, Edward Tegla, 113–14
Davies, Elizabeth (modryb), 2
Davies, Emily, 136–7
Davies, Evan (ewythr), 1–2
Davies, Florence Graham (chwaer), 4–5, 7–8, 16
Davies, Gareth Alban, 43
Davies, Gomer, 11
Davies, Jane (mamgu), 1
Davies, Joseph (hen dadcu), 1
Davies, Joseph (tad), 1–2, 5–6, 7, 16, 23, 28, 33–4, 45, 64, 77–8
Davies, Margaret (hen famgu), 1
Davies, May, 15, 28, 46, 54–5
Davies, Rosemarie, 13, 15, 54–5, 69–70, 87, 99, 120–1, 122, 138, 160, 163–4, 165, 170, 172, 173, 178, 180
Davies, Ryan, 136

Davies, W. D., 12
Davies, William (tadcu), 1–2
Davies, William Thomas Pennar
  Anadl o'r Uchelder, 109–13
  arwisgo tywysog Cymru, 140–2
  Athrawon ac Annibynwyr, 158
  Athro yng Ngholeg Bala-Bangor, 73–87
  Athro a Phrifathro Coleg Coffa, Aberhonddu, 87–120
  Bibliography of John Bale, A, 22
  blynyddoedd ymddeoliad, 171–81
  Brenin Alltud, Y, 150–6
  Capel Minster Road, Caerdydd, 56–73
  Caregl Nwyf, 130–2, 182
  cefndir teuluol, 1–3
  Cerddi Cadwgan, 95–6
  Cinio'r Cythraul, 73–6, 182
  Coleg Balliol, Rhydychen, 18–23
  Coleg Caerdydd, 12–17
  Coleg Mansfield, Rhydychen, 48–51, 53–5
  Cudd fy Meiau, 106–9, 182
  Cylch Cadwgan, 43–7, 51–2, 55, 132–3
  Cymdeithas Cymru Newydd, 37–9
  Deon Cyfadran Llanbedr ac Aberystwyth, 164–5
  Duw Ysbryd Glân, 150
  Ddau Gleddyf, Y, 89–91
  Efrydd o Lyn Cynon, Yr, 129–30, 182
  Episodes in the History of Brecknockshire Dissent, 105
  Geiriau'r Iesu, 91–3
  Gwas y Gwaredwr, 179–80
  gweithred Pencarreg, 166–71
  Gwynfor Evans, 158–9
  John Penry, 123
  Llais y Durtur, 173
  Llef, 178
  Mabinogi Mwys, 161–3
  Mansfield College: Its History, Aims and Acheivements, 76–7
  Meibion Darogan, 132–5, 182

Naw Wfft, 105–6, 182
Pethau Nid Ydynt, Y, 148–9
plentyndod, 4–11
Prifathro Coleg Coffa, Abertawe, 122–64
Prifysgol Iâl, 23–7
priodi â Rosemarie Wolff, 54–5
protest Trawsfynydd, 94–5
protestiadau Cymdeithas yr Iaith, 145–8
Rhwng Chwedl a Chredo, 126–8
Rhyddid ac Undeb, 123–4
Saunders Lewis, ei Feddwl a'i Waith, 88
streic myfyrwyr Aberhonddu, 100–2
swydd yn adran Saesneg Aberystwyth, 72–3
Tlws yn y Lotws, Y, 142–3, 182
trychineb Aber-fan, 140
uno a Choleg Caerfyrddin, 115–20
Davis, Evan, 30, 47
Dodd, C. H., 48
Doubs, Lisette, 15
Driver, Cecil, 32
Duthie, Charles, 140

Edwards, G. A., 85
Edwards, J. Goronwy, 53
Eilian, John, 14
Eirian, Jennie, 168
Eisenhower, Dwight, 160
Eliot, T. S., 52
Elis, Islwyn Ffowc, 78, 145
Esgob Woolwich (gw. Robinson, John)
Etheridge, Ken, 39
Evans, D. L. Trefor, 117
Evans, D. T., 132
Evans, David, 38, 39
Evans, Eric, 13
Evans, Gwynfor, 20, 21, 40, 41, 46, 57–8, 66, 70, 71, 76, 95, 135–6, 140, 141, 147, 156, 170, 171, 173, 181, 183
Evans, Idris, 18, 45, 48
Evans, Idris C., 12

Evans, Meredydd, 145, 167, 168
Evans, R. Wallis, 12
Evans, Silvan, 67–8
Evans, Trebor Lloyd, 147, 159

'Fadfall Lwyd, Y', 28–9
Fairbairn, Andrew M., 48
Ferguson, John, 126
FitzGerald, John, 137
Fitzgerald, Mrs, 17, 47–8
Frazier, Don, 32

Gahan, Carmel, 164
Gandhi, Mahatma, 170
Garnon, D. Carey, 78
Garro-Jones, David, 13, 45
Geach, Peter, 20
Gibbard, Noel, 156
Graham, Billy, 110
Grensted, L. W., 97
Grey, John, 32
Griffiths, D. R., 21, 43, 58–9
Griffiths, Gwilym, 43
Griffiths, J. Gwyn, 12–13, 21, 29, 36,
    40, 43, 44, 47, 54, 57, 71–2, 95,
    128, 133, 171, 181, 183
Griffiths, Kate Bosse, 12, 43, 46, 54,
    57, 69, 72, 173, 181
Griffiths, Robert, 67
Griffiths, W. B., 12, 124, 174
Gruffydd, W. J., 13, 14, 97
Gruffydd, W. T., 158
Gwenallt (gw. Jones, D. Gwenallt)

Harrap, George, 125
Heard, Gerald, 30, 31
'Hengroen', 144
Herbert, George, 80
Hertwell, Herbert, 54
Heseltine, Nigel, 43
Hicks, Windsor, 78–9
Hildebrant, Franz, 55
Hirschwald, Herbert (gw. Hertwell,
    Herbert)
Horgan, Paul, 25
Howard, Christopher, 32
Howells, Rees, 162

Hughes, Arwel, 43
Hughes, Cledwyn, 170
Hughes, J. Williams, 77
Hughes, John, 43
Humphreys, Emyr, 38, 44
Hunter, A. M., 48
Huxley, Julian, 30
Huxley, T. H., 11
Hywel Dda, 52–3

James, Edith, 9
James, Haydn, 78
Jenkins, Myfanwy, 140
Jenkins, R. T., 77, 140
John, Margaret, 9
John, Walter P., 14
Jones, Bobi, 107, 111, 127–8, 129,
    142, 177–8, 183
Jones, D. Gwenallt, 67, 80, 96
Jones, Ernest Eurfyl, 53
Jones, F. M., 78, 181
Jones, Fred, 72
Jones, Glyn, 36, 44
Jones, Gwilym R., 157
Jones, Gwyn, 39, 70, 72–3, 78
Jones, Harri Pritchard, 131
Jones, Huw, 78
Jones, Iorwerth, 94–5, 157
Jones, J. R., 20, 97, 116, 149, 150,
    161
Jones, Jack, 39
Jones, John Morgan, 70
Jones, Joseph, 89, 98
Jones, R. Gerallt, 182, 183
Jones, R. J., 71, 95
Jones, R. Tudur, 49, 51, 86, 93, 94,
    123, 128, 127, 149, 156–7, 171,
    174–5, 176, 180
Jones, T. Gwynn, 88–9, 150
Jones, Tom Ellis, 77
Jones-Williams, Cynol, 94
Joyce, James, 67, 109

Kennedy, John F., 126
Kennedy, Robert, 138
King, Martin Luther, 138
Kramm, Hans Herbert, 54, 55

La Farge, Oliver, 25
Ladd, Mrs, 32
Lake, Islwyn, 78
Lawrence, D. H., 25, 28, 88
Lawrence, Freida, 25
Lewis, Alun, 67
Lewis, Ann, 1
Lewis, C. S., 22
Lewis, Dewi Lloyd, 100
Lewis, Glyn, 8
Lewis, Glyn Illtud, 38
Lewis, Howell Elvet, 77, 162
Lewis, Hywel D., 20
Lewis, Mair, 67
Lewis, Saunders, 27, 52, 66–7, 76, 85, 88, 109, 114, 136, 166–7, 168, 169, 170, 171–2, 183
Lewis, Thomas, 1
Lewis, Vernon, 94, 95, 101, 117
Lindsey, A. M., 18
Linnenberg, Clem, 29, 30, 32, 33, 42, 45, 53, 58, 79, 125,126, 130, 138–9
Linnenberg, Marianne, 79, 138–9
Llewellyn, E. W., 13
Loader, Maurice, 163
Long, Haniel, 25, 26, 79
Loyola, Ignatius, 107

Llwyd, Alan, 130, 177, 183
Llwyd, Morgan, 105
Llywelyn, Emyr, 145
Llywelyn-Williams, Alun, 42, 46, 135

Maddern, Edith Jessie (gw. Davies, Edith Jessie)
Malcolm, George John, 20
Marprelate, Martin, 123
Marsh, John, 49, 50, 54, 55, 66, 72
Megan, Siân, 143
Menhuin, Yehudi, 23
Merchant, Moelwyn, 12, 67
Michael, D. P., 12
Micklem, Nathaniel, 49–51, 54, 56, 59, 62, 64, 66, 71, 72, 73, 76–7, 85, 86, 87, 88, 95, 104, 124, 137, 144–5, 182
Morgan, Alun, 164

Morys, Huw, 105
Moss, Edith Anne (gw. Davies, Edith Anne)
Moss, Elizabeth (mamgu), 3
Moss, Maria Graham (modryb), 3
Moss, Martha Elizabeth (modryb), 3
Moss, Thomas John (ewythr), 3
Moss, William Henry (tadcu), 3

Nagle, Charles, 33
Nasir, Ahmed, 19
Newbury, George, 32
Nettleton, G. H., 34
Nicholas, W. Rhys, 149
Niebuhr, Reinhold, 49, 58, 84, 175
Niemöller, Martin, 54, 55
Nixon, Richard, 159, 160
Norman, Ralf, 166
Nuttall, Geoffrey F., 19, 77, 86, 105, 122, 139–40, 146–7, 149, 155, 160–1, 167–8, 169–70, 171, 172, 177, 181
Nuttall, Mary, 140

Olsen, Karl, 32
Orwell, George, 113
Osborne, James, 22
Oswald, Lee Harvey, 126

Parry, R. Ivor, 172
Parry, Robert Williams, 14, 97
Parry, Thomas, 77
Peate, Iorwerth C., 57
Pelagius, 62, 126, 127
Pennar, Geraint, 87, 122, 138, 164, 165, 172–3, 181
Pennar, Gwri, 164
Pennar, Hywel, 115, 164, 170–1, 181
Pennar, Rhiannon, 78, 87, 122, 164, 181
Pennar, Meirion, 64, 87, 164, 181
Pennar, Owain, 122, 164, 181
Penri, Gildas, 67
Penry, John, 123
'Prydwen', 144

Rachmaninov, Sergei, 23

Rees, Alwyn D., 140, 147
Rees, B. R., 126
Rees, Ivor, 95, 100
Richards, Glyn, 113
Richards, Thomas, 77
Roberts, Bleddyn Jones, 77
Roberts, D. P., 117
Roberts, Lynette, 37, 51
Roberts, Silyn, 14
Robinson, John, 88, 149
Routley, Erik, 105
Rowlands, John, 114, 130, 135, 171, 181, 183
Ruddock, Gilbert, 143, 146–7, 171, 183

Rhys, Keidrych, 36, 37, 38, 39, 44, 51, 67, 80, 104
Rhys, Prosser, 14

Sage, Ann, 1–2
Sakmann, Paul, 138
Scott, Florence Graham (gw. Davies, Florence Graham)
Schleiermacher, Freidrich, 62, 91, 94, 154
Selbie, W. B., 48
Simon, Glyn, 102–3
Simpson, Percy, 22
Snaith, Norman, 48
Stock, Ronald, 8
Stephens, Meic, 181
Stevens, A. W., 76
Sundaram, Mullavasal, 19
Szakal, Elaine, 164

Taylor, Ted, 24
Taylor, Vincent, 97
Thomas, Dylan, 28, 39, 43, 51, 96–7
Thomas, Isaac, 87, 97–8, 100, 101–2, 117–20
Thomas, J. Penry, 56

Thomas, M. Wynn, 135, 183
Thomas, Mary (hen famgu), 3
Thomas, Ned, 167
Thomas, R. S., 44, 67
Thomas, William (hen dadcu), 3
Tillyard, H. J. W., 13

Vaughan, Henry, 80
Vine, Aubrey, 77

Wallace, George, 125
Watkins, Vernon, 38–9, 43
Watkin, W. R., 76
Watts, Albert, 56
Webb, Charlie, 8
Welsh, Freddy, 5, 173
Wheeler, Olive, 16
Whitehouse, Alec, 66
Winn, J. A., 155
Williams, D. J., 135
Williams, Glanmor, 122–3, 141
Williams, Griffith John, 13, 179
Williams, Gwilym O., 20, 21, 77, 170
Williams, Harri, 20
Williams, Ifor, 77
Williams, Idris, 40
Wiliams, J. E. Caerwyn, 127
Williams, J. J., 97
Williams, Ronnie, 136
Williams, Rheinallt Nantlais, 12
Williams, Rhydwen, 43, 46–7, 55, 56
Williams, Tom Nefyn, 14
Williams, Waldo, 150
Williams, Watcyn Uthr, 9
Winser, David, 32
Witherspoon, Alexander, 33
Wolff, Brigitte, 120
Wolff, Héléne, 120
Wolff, Paul Walter, 54, 70
Wolff, Rosemarie (gw. Davies, Rosemarie)
Wynne, Meurig, 52